10 / 2006

HANNELORE IMOHR

Seit kurzem gibt es einen neuen Typ Schriftstellerin, der mir für den Augenblick der aussichtsreichste scheint: Die Frau, die Reportage macht, in Aufsätzen, Theaterstücken, Romanen. Sie bekennt nicht, sie schreibt sich nicht die Seele aus dem Leib, ihr eigenes Schicksal steht still beiseite, die Frau berichtet, anstatt zu beichten. Sie kennt die Welt, sie weiß Bescheid, sie hat Humor und Klugheit, und sie hat die Kraft, sich auszuschalten. Fast ist es, als übersetzte sie: das Leben in die Literatur, in keine ungemein hohe Literatur, aber doch in eine brauchbare, anständige, oftmals liebenswerte.

Erika Mann 1931

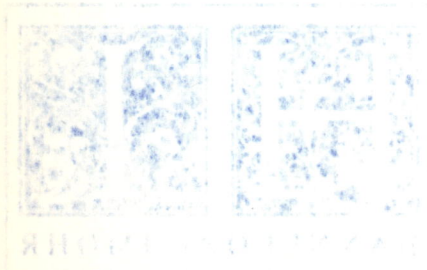

Erika Mann

Ausgerechnet Ich

Ein Lesebuch

Ausgewählt von Barbara Hoffmeister

Rowohlt Taschenbuch Verlag

Veröffentlicht im Rowohlt Taschenbuch Verlag,
Reinbek bei Hamburg, November 2005
Copyright © 2005 by Rowohlt Verlag GmbH,
Reinbek bei Hamburg
Umschlaggestaltung any.way, Cathrin Günther
(Foto: Grete Vester / Monacensia
Literaturarchiv und Bibliothek)
Gesamtherstellung Clausen & Bosse, Leck
Printed in Germany
ISBN 13: 978 3 499 24158 1
ISBN 10: 3 499 24158 7

Inhalt

«Sie war eine geborene Schauspielerin.»

«Sie hat eigentlich alles gehabt, was man braucht zum Leben. Sie war hochintelligent, sie war hochbegabt, sie war bild-hübsch und hatte eine sehr wunderbare Gegenwart.»

«Sie konnte so bös sein, wie sie lieb war.»

«Die Erika war eine ungeheuer starke Persönlichkeit, unge-heuer stark.»

«Und sie neigte zum Fanatismus. Das war ein Teil ihres Charakters. Ich meine, sie war einfach wahnsinnig leiden-schaftlich, in allem, was sie tat.»

Elisabeth Mann Borgese über die Schwester

Auftakt

«Die Qual unvermittelbaren Wissens»

Das Erwachen war schrecklich, der Sturz selbst dagegen hatte
sich als vergleichsweise schmerzlos erwiesen. Erstaunlicher-
weise, sollte ich sagen. Aber jetzt fühlte ich mich wacklig auf
den Beinen und in einer unheimlichen, ganz verrückt machen-
den Weise gequält. Nur einmal zuvor hatte ich ähnlich gefühlt.
Da war ich vierzehn, mein Bruder Klaus und ich waren auf
eine lange, wichtige Radtour gegangen. Wir wollten die Welt
sehen, und dies war unser erster aufregender Schritt in diese
Richtung. Nach Tagen einer anstrengenden Reise hatten wir
einen Berggipfel in den österreichischen Dolomiten erreicht.
Wir hatten unsere Räder hinaufschieben müssen – es hatte
uns viele Stunden und viel Schweiß gekostet. Selig sahen wir
der Fahrt bergab entgegen. Wir würden unsere Füße nicht bewegen müssen; über unsere Lenker gebeugt – halb auf ihnen
liegend – würden wir um die Kurven rasen, lautlos, feder-
leicht, nichts fühlend als Geschwindigkeit, Wind und Kühle.

«Großartig!» riefen wir einander zu, als der Flug begann,
«prima! Ich fühl mich wie ein geölter Blitz, du nicht?»

Klaus, etwas schwerer als ich, fuhr ein bißchen schneller
und war hinter einer Kurve verschwunden, als ich plötzlich

merkte, daß mein Rad außer Kontrolle geriet. Meine Bremsen schienen nicht zu funktionieren. Die mit feinem Staub bedeckte Straße war glatt; sosehr ich auch versuchte, langsamer zu werden, näherte ich mich doch der Kurve mit einer Geschwindigkeit von 80 bis 90 Stundenkilometern. Ich würde es niemals schaffen. Die Straße bog scharf nach links ab. Ein häßlicher Abhang gähnte zur Rechten. Aber während der Sekunden kurz vor meinem Sturz – Sekunden, die natürlich wie eine Ewigkeit schienen – bekam ich mit, daß ich nicht dort hinunterstürzen würde. Baumstämme verbarrikadierten den Hang. Ich würde entlangschlittern, genau in diese Bäume hinein. Die Aussicht war alles andere als angenehm, aber ich war nicht wirklich erschrocken. «Hoffnungslos», sagte ich ruhig zu mir, «na, jetzt geht's los.»

Ich muß eine ganze Weile bewußtlos gewesen sein. Klaus war bereits weit unten, als ihm auffiel, daß ich nicht mehr da war, und sein Weg bergauf war eine Sache von eineinhalb Stunden.

Zuerst hatte ich keine Ahnung, was mir passiert war. Ich wußte kaum, wo ich war. Ich stand jedoch auf, und Klaus stellte fest, daß meine Glieder normal funktionierten. Ich blutete nicht einmal, und insgesamt schien ich vollkommen in Ordnung zu sein.

«Was soll das ganze Theater?» fragte er und holte tief Luft. «Du hast hier eine Ewigkeit gelegen!»

«Wirklich?» sagte ich. «Ich weiß es nicht.»

Geheimnisvollerweise war mit meinem Rad alles in Ordnung, und Klaus begann zu vermuten, daß ich versuchte, ihm einen Streich zu spielen.

«Nett von dir!» grummelte er. «So eine Schau mitten in unserer besten Fahrt abzuziehen und mich für nichts und wieder nichts zurückkommen lassen!»

«Zurück von wo?» fragte ich. «Wo bist du gewesen?»

Klaus lachte böse, während ich versuchte, mein Gedächtnis zurückzuerlangen.

«Hör mal!» sagte ich, und etwas in meiner Stimme ließ ihn mit dem Lachen aufhören. «Ich kann dir nicht genau sagen, was passiert ist, ich weiß es nicht. Aber ich fühle mich nicht wohl. Ich fühle mich schrecklich. Es macht nichts, daß ich laufen kann. Ich kann vielleicht sogar mein Rad fahren. Das macht auch nichts. Ich fühle mich komisch – ich kann gar nicht beschreiben, wie. Willst du mir nicht *bitteschön* glauben?»

Klaus zuckte die Achseln. «Du bist übermüdet», sagte er, «das ist alles!»

Ich hätte heulen können.

«Die Straße ist schlecht», sagte ich, «sie ist sehr schlecht und tückisch. Laß uns nicht so schnell fahren. Ich möchte nicht, daß dir auch diese schreckliche Sache passiert – diese schreckliche, schreckliche Sache – diese schreckliche Sache …»

Ich konnte meine eigene Stimme wie von außen hören, und ihr anhaltendes Summen erschreckte mich nicht wenig.

«Natürlich nicht, Liebes», sagte Klaus sanft, «sicher nicht! Nun mach dir keine Sorgen!»

Sein hochmütiges Mitgefühl, sein skeptisches Wohlwollen verletzten und beleidigten mich maßlos. Etwas Furchtbares war passiert – etwas, das ich nicht hatte verhindern können, obwohl ich es hatte kommen sehen. Ich hatte vorher keine große Angst gehabt und spürte jetzt keine allzu großen Schmerzen. Aber etwas war nicht in Ordnung, ganz und gar nicht in Ordnung mit mir, und nicht nur mit mir. Die Landschaft um uns herum hatte sich verändert; da war etwas Giftiges im Grün der Wälder, und die goldenen Wolkenränder sahen bösartig und nach Schwefel aus. Die staubbedeckte Straße vor uns war trügerisch. Eine Kurve folgte der anderen, so daß man nie genau wußte, wohin man fuhr, während es doch offensichtlich war, daß man sich in Gefahr befand. Aber Klaus konnte es nicht verstehen. Er wollte nicht einmal *mir* glauben, der das Unaussprechliche tatsächlich passiert war und die ihn anflehte, vorsichtig zu sein, ihn anflehte, auf sich aufzupassen – nicht mehr, nur: auf sich aufzupassen.

Ich war damals vierzehn Jahre alt und natürlich davon überzeugt, daß ich alles wußte, was es über das Leben zu wissen gab. Aber dies – so wurde mir mit einem Schauer klar – war etwas Neues unter meiner Sonne, etwas, das, wenn es mir irgend jemand gestern erzählt hätte, ich nicht hätte fassen können. Die Qual, die mich festhielt, war die Qual des unvermittelbaren Wissens, die Qual einer wichtigen Einsicht, die die Welt zu teilen sich weigerte.

(*Ausgerechnet Ich*, Ausschnitt, 1943)

Frühe Reise-schriftstellerei

1929 – 1932

New York

Wir fuhren zweiter Klasse, weil man uns glauben gemacht hatte, es sei dort ebenso schön wie in der ersten, was sich als ein Irrtum erwies. Erika hatte ihre Kabine mit einer Frau aus Pforzheim und deren zwei halbwüchsigen Töchtern, die alle drei die Eigenart besaßen, noch nie im Kino gewesen zu sein und sehr zur Seekrankheit zu neigen, sich aber andrerseits gerade vor dieser Krankheit ganz besonders zu fürchten. – Klaus wohnte mit einem jungen Metallarbeiter aus München-Giesing, der ihm übrigens sehr sympathisch war, und zwei Herren aus dem New Yorker Getto, beide mit goldenen Zähnen. Das Essen war ziemlich gut. Nach dem ersten Dinner schrieb uns ein gewisser Herr Schofel ein Brieflein, er sei auch gebildet und passe, so wie wir, nicht recht ins hiesige Milieu.

Wir machten uns inzwischen schwerwiegende Sorgen. Man hatte uns gesagt, amerikanische Journalisten seien höflich nur gegen wohlhabende Leute, wenn sie uns aber zweiter Klasse ankommen sähen, könnten sie uns leicht für ärmlich halten. Denn daß sie rudelweise, uns zu interviewen, an Bord eilen würden, war doch wohl ausgemacht. Nach langem Tüfteln setzten wir folgende Depesche auf: «Von Reise außerordentlich ermüdet; möchten sämtliche Reporter erst im Hotel empfangen.» – Das war etwas, anderes blieb noch zu überlegen.

Bekanntlich müssen alle Fremden, die in Amerika beachtet werden wollen, eine Puschel haben, ein «hobby», aber etwas Ausgefallenes muß es sein. Tenor Slezak hatte sich für eine weiße Ziege entschieden, Roda Roda trägt die rote Weste sowieso, Emil Ludwigs Frau ist Afrikanerin, Graf Keyserling kann nur bestimmte Sektmarken trinken. Was blieb uns also? – Wir schwankten zwischen Schildkröten, einer Stutzuhr und einer Bruthenne. Dann fiel uns die Sache mit den Zwillingen ein. Es mußte etwas Rührendes haben, wenn wir als Zwillinge reisten, auf den Plakaten wirkungsvoll aussahen, von Gott gewollt und dabei sensationell, gerade durch seine Bescheidenheit würde dieser Trick unfehlbar wirken. Wir kabelten Liveright: «Haben vergessen, Euch mitzuteilen, daß Zwillinge sind.»

Nachdem wir uns solcherart von den Sorgen befreit hatten, stürzten wir uns etwas mehr in den Taumel der Geselligkeit. Unsere Deckstühle standen dort, wo es zur ersten Klasse hinaufging, so daß wir sowohl mit unseren Kameraden aus der zweiten als auch mit einigen feinen Bekannten, die erster fuhren, Kontakt behielten. Diese fanden es besonders raffiniert von uns, dort unten zu liegen, da oben eine öde Steifheit herrschte, und kamen des Tags zum Plaudern an unsere Stühle, während sie uns abends delikate kleine Essen im Grillroom gaben. Bei solchen Schmausereien spielte die strahlendste Rolle ein rheinischer Industrieller, der geborene Karnevalskönig und Weinkenner, ebenso gutmütig wie genußsüchtig. Hauptteilnehmer war Gustav Schützendorf, der höchstgeliebte Escamillo und Mephisto unserer Kindertage, der zu seinem Engagement an die Metropolitan-Oper fuhr; bei ihm war die lustige und schöne Grete Stückgold, Metropolitan-Star auch sie. – Manchmal spielten wir auch Schiffstennis und Kegel, das hat uns aber dann die Rote versaut. Dieses Geschöpf, eine der frechsten Pforzheimerinnen, mischte sich, ganz rotgekleidet, unter uns, trieb mit uns den eleganten Sport des Oberdecks und bat uns auch noch, sie zu photographieren. All das erweckte, nicht zu Unrecht, Neid und Gehässigkeit ihrer Freundinnen, die brachten die ganze Affäre vor den Kapitän, und mit ihr wurde uns das Betreten der First-Class-Reviere verboten.

Eines Morgens – hatte man überhaupt noch daran geglaubt? – standen die Konturen der Wolkenkratzer im Grau, und vom Nebel verschönt, hob die Freiheitsstatue den Arm. Wenn uns *einen* Augenblick auf dieser Reise feierlich zumute war, so damals. Wir ahnten etwas: *New York.*

Die wundervolle Nervosität der Ankunft ergriff uns mit den andern; die Feindschaft mit der Roten war vergessen, Herr Schofel nahte sich mit dem Blumenstrauß. Schützendorf winkte mit kostbarem braunen Handschuh, ein paar Journalisten waren trotz des warnenden Telegramms gekommen, aber wir waren viel zu aufgeregt, um englisch zu sprechen.

Am Kai erwarteten uns: der Freund Ricki, der in New York seit ein paar Monaten sein Wesen trieb, Mister Friede, Teilhaber bei Liveright, blendender junger Mann mit Schnurrbärtchen und Verführerlächeln, schließlich ein Abgesandter der

Universität Princeton, dessen Qualitäten ins Auge fielen. Ricki umarmte uns, dabei weinten wir alle.

In den Zimmern des Astor-Hotels glühen grüne Lämpchen auf, wenn für den Besucher unten in der Office etwas abgegeben wird, ein Brief, eine «message», ein Telegramm. Dann kann er auf einen Klingelknopf drücken, der neben dem Lämpchen angebracht ist, und die Nachricht wird ihm gebracht.

Wenn du die Klappe zu deinem Schreibtisch aufmachst, geht auch drinnen elektrisches Licht an, eine witzige kleine Rampenbeleuchtung. Die altbewährte Schreibtischlampe täte es auch; doch so macht es mehr Spaß. «Dem Kind im Manne –»

Aber wenn du aus der Tür dieses Astor-Hotels trittst, hast du direkt den Broadway vor dir. Wenn dir pathetische Gefühle kommen bei diesem Anblick, unterdrücke sie nicht. Es war Alfred Kerr, der feststellte, er habe am Broadway oder unten in Wall Street «eine neue Schönheit» geschaut: Wenn auch du diese Empfindung hast, verkleinere sie nicht. Sei andächtig, wenn du zwischen diesen unglaublichen Gebäuden spazierengehst, diese steilen Perspektiven hinunterschaust, die etwas von einer neuen und strengen Gotik haben: sei andächtig und gerührt.

Später dann, wenn du eine Zeitlang spazierengegangen bist, sollst du natürlich zu räsonieren anfangen: über die schlechte Justiz, das Negerproblem, die Sensationspresse, die Prohibition und den primitiven Geschmack. Aber erst, wenn du ziemlich viel spazierengegangen bist.

Unser Freund Ricki trug Blumen aus. Die deutsche Dame, bei der er angestellt war, erwies sich ihm, seiner schwarzen Glutaugen und seines Mundes wegen, als gar zu schwärmerisch zugetan; aber er verdiente ganz nett, und es war lustiger als Tellerabwaschen, das hatte er auch schon gemacht. Er brachte weiße, rote und gemusterte Sträuße zu Opernpremieren, Hochzeiten, Tees; manchmal bekam er stattliche Trinkgelder, die er gern einsteckte. – Zuweilen fand er sich mit einigen Blumentöpfen im Astor-Hotel ein und wollte Tee mit kleinen Kuchen haben. Die verantwortlichen Herren unten waren etwas betreten, wenn er so, Haar in die Stirn und keß aufgemacht, mit seinen Blumenarrangements durch die Lobby trabte. Aber sie gewöhnten sich an ihn, ließen ihn sogar in unsere Stuben, wenn wir ausgegangen waren, und meldeten uns dann, «this fellow» sei oben. Es stellte sich heraus, daß sie ihn für unsern Bruder hielten, und er war es ja wirklich beinahe. Sogar nahm ihr empfindliches Moralgefühl nicht einmal Anstoß daran, wenn er bei uns oben übernachtete, was öfters vorkam, da er sehr weit draußen wohnte und abends meist zu faul war, heimzugehen.

Ricki brachte uns mit seinen Freunden zusammen.

Der eine, ein sehr zartes Kind aus Berlin, war Ausläufer für eine große Firma in Wall Street. Besonders gefiel uns der kleine Student Henry, der kindisch weit aufgerissene schwarze Blitzaugen hatte, auch ein lieblich schlaues Gesicht und zudem einen jener enormen Studentenpelzmäntel, auf den er hemmungslos stolz war; dieses läßt sich verstehen, denn solche Pelze, die nur amerikanische junge Leute tragen, haben einen eigenen Charme, indem sie einerseits ein kapriziös damenhaftes, andrerseits ein rauh nordpolfahrerisches Aussehen geben. – Henry bedeutete die erste Begegnung mit dem Typ des amerikanischen student, von dem wir nachher noch reden werden. Wir merkten gleich, daß er uns gut gefallen würde. – Dann hing Ricki sehr an einem Griechen, der irgendwo an der Stadtperipherie Limonade und Eis verkaufte. Dieser lebhafte und sentimentale Mensch hätte Ricki nötigenfalls tagelang ohne Gegenleistung ernährt, er schickte seiner Mutter wöchentlich eine Kleinigkeit nach Griechenland und hatte ein ganz unvergleichliches Mienenspiel, auch Achselzucken, skeptische und enthusiastische Handbewegungen wie keiner sonst.

Aber wir können die netten jungen Leute nicht alle aufzählen, ihre Zahl ist Legion. Vielleicht werden wir von dem einen oder dem andern noch später berichten. Jedenfalls mangelte es an Umgang nicht.

Wir zogen herum: vom Negerviertel in die Italienerstadt, vom chinesischen Theater in die Metropolitan-Oper, von der Fünften Avenue ins stinkende Getto. New York ist eine der allerallerschönsten Städte (ästhetisch gewertet, abgesehen also von schlechter Justiz, Negerproblem, Sensationspresse und Prohibition). Nirgends fanden wir den Begriff der *Stadt* so erfüllt: alle Völker durcheinandergemischt und lauter Lichtreklamen dazwischen.

Sicher ist New York nicht sehr typisch amerikanisch, in gewissem Sinn ist Berlin «amerikanischer». Ein alter Schwindel ist auch, daß es ein so besonders rasendes Tempo habe; dergleichen ist nur so oft behauptet worden, bis man es glaubte. Daß es auf der Höhe von Neapel liegt, vergißt man; es hat einen südlich unseriösen Einschlag, etwas Träges, Schiebendes, Vergnügungssüchtiges; sogar der wundervolle Lichtreklamenunfug scheint oft nicht mehr dem Geschäft zu dienen, sondern spielender, eitler, großartig kindischer Selbstzweck zu sein. – Man hat die Geräusche New Yorks zu scharf und ratternd stilisiert und weitererzählt. Daß es viele Autos gibt, stimmt; aber weil es viele sind, fahren sie langsam, tuten auch gar nicht, sonst würde einem das Trommelfell springen. – Berlin rattert viel mehr, wörtlich und symbolisch genommen.

Wir essen Reis und uralte Eier im chinesischen Restaurant,

verdächtig süße Konfitüren im syrischen; in den großen Cafe-
terias hat man sich selbst zu bedienen, man bekommt etwas
fettige und widerliche Blechtabletts, aber geeiste Milch, Melo-
nen und wundervolle, billige Austern. Manchmal speisen wir
auch elegant, in französisch aufgemachten Lokalen, aber
eigentlich ist es dort am wenigsten lustig.

Wir gewannen Einblick in die «falsche Bohème», der wir manchen drolligen und manchen hübschen Abend zu verdanken
haben; schließlich auch manche Freundschaft, die man dauerhaft wissen möchte. – Der Begriff der «Bohème» ist ja sogar in
Städten, in denen er immerhin noch Existenzberechtigung
hat, etwas Antiquiertes, Abseitiges und mumienhaft Komi-
sches. Und nun in New York erst. Hier gilt dieses Wort gar
nicht mehr, ist ein verstaubtes Opernrequisit. Nur noch der
Künstler hat Daseinsberechtigung, der am Leben der Nation
Anteil nimmt, es pädagogisch beeinflußt, indem er seine Probleme Gestalt werden läßt. – Trotzdem macht es einer ganzen
Gruppe Menschen Freude, inmitten von Wolkenkratzern
«Künstlervölkchen» zu spielen, Schwabing, Montparnasse zu
kopieren. Ihr Viertel heißt Greenwich Village. Der Spießer
geht, wie ins Panoptikum, hin.

Unser ausgezeichneter Freund Friede, derselbe, der uns mit
Verführerlächeln am Kai erwartet hatte, gehörte auch ein bißchen dazu. Er war, mit feinem Schnurrbärtchen, ovalem Gesicht und schmelzenden Augen, der allerreizvollste Typ An-
gelsachse, ein bißchen ästhetizistisch, Snob in irgendeiner
Ecke seines Wesens, aber im übrigen von einem echten und in
manchen Augenblicken sogar überwältigenden Charme – aus
Gefallsucht gütig, kokett und menschenfreundlich, genieße-
risch und empfindsam; und Mrs. Friede mindestens ebenso
anziehend.

Bei ihm gab es diese typischen New Yorker kleinen Bohème-feste, mit viel Whisky, viel Gin, nachher sahen sich Herren und Damen gemeinsam Fuchsens pikant illustrierte Sittenge-schichte an. Bei solchen Festen war es, wo wir viele unserer Freunde kennenlernten.

Monsieur Galentière singt so wunderhübsch Pariser Chan-sons. Er rekelt sich dabei auf dem Sofa und nähert sich kosend allem, was in seiner Nähe liegt. Später erfährt man, daß er eine sehr künstliche und geistreiche Prosa schreibt und *alle* euro-päischen Intellektuellen kennt.

Ihm befreundet ist der Verleger Joseph Brewer, der gerne witzige und ausgefallene Dinge herausbringt. Seine expressio-nistischen Geschäftslokale sind eine kleine Sehenswürdigkeit, und wen man bei Mr. Friede *nicht* kennengelernt hat, trifft man einen Tag später beim Empfang des Mr. Brewer.

Um einige Schattierungen düsterer und seriöser ist der iri-sche Poet und Kritiker Ernest Boyd. Dieser hat einen roten Vollbart und verfaßt grundgescheite Artikel. – Waldo Frank, dem großes Talent nachgesagt wird, ist der Typ «leicht senti-mentaler Naturbursche». Anita Loos, die auf Photographien fasziniert, ist in Wien.

Lassen wir dahingestellt, ob der Reporter und Dichter Syl-vester Viereck wirklich ein Vetter unseres Exkaisers ist; auf jeden Fall war er Wilhelms Vorkämpfer und Propagandist in Amerika und sogar schon zu Zeiten, da es noch weniger harmlos war. Er hat von Sigmund Freud sich das Attest aus-stellen lassen, daß er unzweifelhaft einen *Vaterkomplex* habe; unter diesem Vorwand läßt er sich mit Bernard Shaw und dem Papst ein, allerdings auch mit Mussolini, der ihm zu kna-benhaft sein sollte. Nervös und ehrgeizig wandert er durch die Kontinente, wo es geht, mit Weltberühmtheiten anbandelnd. Nach Kaiser Wilhelm ist es Lord Alfred Douglas, einstmals mit soviel Zärtlichkeit «Bosie» genannt, den er am herzlichsten protegiert.

Übrigens hat Sylvester Viereck wirklich schöne Gedichte gemacht. Seit langer Zeit arbeitet er an einem Epos, das die erotischen Abenteuer des Ewigen Juden behandelt. Es steht zu hoffen, daß dieses Epos stark autobiographischen Charakter tragen wird.

Außerhalb und oberhalb steht *Mencken*, in dessen Hotelzimmer wir einmal zu Mittag aßen und vorzüglichen Rotwein tranken. Er hat jene wundervolle Vitalität, die wir schon bei Sinclair Lewis in Berlin geliebt hatten. Wie sind europäische Prominente (Deutsche besonders)? Zugeknöpft, steif, aus Hemmungen hochmütig und unberechenbar. Die amerikanischen haben Witz und Elan, allerdings weniger Hintergrund und Geheimnis. Sinclair Lewis, der ein Erzähler von ganz großem Stil ist, benimmt sich lustig, wie ein Gassenjunge; ebenso Mencken, der gefürchtetste und geliebteste Kritiker, Satiriker und Ankläger des puritanisch-imperialistischen Amerikas. Er erzählt Anekdoten, führt ein zwar geistreiches, aber unruhiges und unkonzentriertes Gespräch, das amüsant von einem Gegenstand zum andern springt. Wenn einer auf die Prohibition die Rede bringt, reagiert er wie auf die rote Fahne der Stier. Er erklärt diese Einrichtung als heuchlerische und verderbliche Farce; außerdem, sagt er, wisse er unter Tausenden Amerikanern, die ihm bekannt seien, nicht *einen*, welcher nicht tränke – seine alte Großmama inklusive.

Senken wir geheimnisvoll unsere Stimme, denn wir wollen von Rudolf K. Kommer aus Czernowitz reden, dem Freund und Helfer Max Reinhardts. Man darf nicht behaupten, daß er zur New Yorker «falschen Bohème» gehöre; er gehört überall und nirgends hin. Den charmanten Seehundskopf schief gehalten, die Zigarette zwischen den Lippen hängend, residiert er im Ambassador-Hotel, seelenruhig immer, durch nichts aus der Fassung zu bringen, gibt bei «Voisin» erlesene kleine Luncheonparties, *kennt alle Welt*, vom Winkeljournalisten bis zu Otto H. Kahn, ist jedermann dienlich, hilft jedem, ohne Gegenleistung zu fordern, schreibt nichts, übersetzt nicht einmal; hat seine Finger in Hollywood und Paris, in Berlin und Venedig, in Salzburg, London und Wien. Er ist, dies soll einstens auf sein Grab geschrieben sein, eine der letzten undurchschaubaren Existenzen unserer Zeit.

Den Palast seines gewaltigen Freundes und Gönners Otto H. Kahn zu sehen, ist ein Abenteuer. So blasiert sind wir nicht, daß es uns nicht doch ein bißchen eiskalt den Rücken hinunterläuft, wenn bei einem schlichten Privatmann, der sich im Leben als liebenswürdig beredter, sympathisch ergrauter Herr präsentiert, die Rembrandts und Frans Hals, Montegnas und Botticellis an den Wänden herumhängen.

Die Existenz der ganz großen amerikanischen Vermögen hat in unserer Zeit etwas Schwindel- und sogar Furchterregendes, gerade wenn man mit Männern zusammenkommt, die über diese phantastische Geldmacht gebieten und die meist sanft, kunstliebend und warmherzig sind. Es ist Tatsache, daß die Gewalt, die solchen Leuten eignet, der unserer früheren absoluten Fürsten gleichkommt oder sie übertrifft. *Ihnen ist nichts unmöglich* – und daß dergleichen im Jahre 1928 zulässig ist, erweckt Schrecken. Die Idee drängt sich auf, daß eine Situation, die sich so ungeheuerlich zugespitzt hat, reif dafür ist, in ihr Gegenteil umzuschlagen.

Über so viel Prominenz sind wir von den alten Freunden abgekommen. – Haben wir eigentlich, daß Ricki Maler ist, schon erwähnt? Er macht wunderliche und groteske, dabei exakte und magisch klare Traumlandschaften, darin Krüppel spazieren und Bäume ihr stummes, intensives Leben führen.

Wir fanden es also nicht länger passend für ihn, Blumen auszutragen, und überredeten ihn, in das Geschäft eines großen Münchener Bilderhändlers einzutreten, der ihn brauchen zu können behauptete. Nachher stellte sich heraus, daß er ihn als Ausläufer und Klosettputzer haben wollte; am ersten Tag schon gab es Erstaunen, als Ricki, an einem Rubens vorüberschlendernd, die Bemerkung fallen ließ: «Ja, ja – bei dem kann man doch noch was lernen –», eine Glosse, die der alte Händler nachher kichernd allen seinen Kunden erzählte: «Wissen Sie, was unser Klosettputzer heute gesagt hat? – Beim Rubens könnte er doch noch was lernen!»

In gemeinsamer Arbeit verfaßten wir einen maßvollen, aber strengen Brief an den taktlosen Greis, in dem wir ihm klarmachten, daß er sich in Ricki geirrt habe und sich darum von ihm trennen müsse.

Wir hatten in New York schon den Eindruck, als sei Amerika mit modernen malerischen Genies nicht sehr üppig gesegnet – während seine Literatur doch den Vergleich mit jeder zeitgenössisch-europäischen verträgt –, dieser Eindruck hat sich, als wir später eine große Ausstellung in Chikago sahen, traurig bestätigt. Das originellste zeichnerische Talent, das wir in New York angetroffen haben, hieß Eva Herrmann – und so deutsch war sie auch sonst. Dieses bemerkenswerte Mädchen, welches von einer schwierigen und seltenen Schönheit ist, hat nicht nur von uns, sondern auch von Vater, Onkel und Umgebung die denkbar unverschämtesten und begabtesten Karikaturen gemacht. Die Nachmittage in ihrem Atelier vergißt man nicht mehr; es liegt im achtunddreißigsten Stock eines Broadway-Hotels, man schaut in die Straße wie in einen Abgrund,

darin schlängelt sich abends, leuchtendes, rasendes Band, die
Autoarmee.

Jetzt, in der Rückschau, scheinen diese ersten Wochen in
New York die größten, wichtigsten und schönsten Eindrücke
der ganzen Reise zu enthalten und in sich zu sammeln.

Die Begegnung mit New York *muß* für jeden jungen Europäer Erlebnis von einschneidender Bedeutung sein, oder er ist
ein hoffnungslos Verstockter. Streifzüge durch New York sind
nicht wie Streifzüge durch eine andere Stadt. Es ist, als sei die
Abenteuerlichkeit *aller* Städte zusammengedrängt und man
könnte darin spazierengehen.

Wir schauen vormittags einen Rembrandt, einen Picasso
beim Kunsthändler an und nehmen den Nachmittagstee im
Heim der Christlichen Jungen Mädchen, wohin eine Professo-
rengattin uns eingeladen hat – es gibt Semmeln und Milchkaf-
fee; eine junge Dame, die als Krankenschwester um die Welt
fährt, sagt plötzlich, während der Mahlzeit: «Wie finden Sie,
Frau Professor, daß ich von Jahr zu Jahr *glücklicher* werde?» –
Wir essen beim großen Kahn in Wall Street zu Mittag, andächtig gestimmt, weil um uns herum die Finanzschicksale
von fünf Erdteilen sich entscheiden – wir steigen aufs Wool-
worth-Building, um das Riesenhafte von oben zu schauen; wir
sind nachts in Harlem, dem schwarzen Viertel, oder am Hafen, um die Schiffe abfahren zu sehen, oder in der Carnegie-
Hall, um eine Beethoven-Symphonie, von Toscanini dirigiert,
zu hören. Wir sitzen im chinesischen Theater, wir fahren ans
Meer, wir streunen in Warenhäusern herum und im Gebäude
der «Times»-Redaktion, um zuzuschauen, wie mit Maschi-
nengeratter «geistige Nahrung» für Millionen hergestellt
wird.

Das sind nicht Streifzüge wie in einer anderen Stadt.

Moskau

Wohnet, wenn ihr nach Moskau kommt, nicht in den großen Hotels! Hier weht kein Hauch eines neuen Geistes, das ist Neppwirtschaft, aber eine mit Doppel-P geschriebene.* Alles ist ziemlich fein; natürlich nicht ganz so, wie in den guten Hotels anderer Städte, aber dafür viermal so teuer. Für eine mittellange Droschkenfahrt wollte der patriarchalisch wirkende Kutscher zwölf Rubel haben, macht fünfundzwanzig Mark. Denken wir nicht mehr daran!

Bei einem ersten Aufenthalt in Rußland sollte man sich, eifriger noch als in anderen Ländern, jeden Tag, den Gott werden läßt, vorhalten: Vergiß die Vorurteile, so du dir gemacht, die positiven wie die negativen, urteile nicht – schaue! Das Problem, über das du zu urteilen hättest, ist ungeheuer, und Winzigkeiten sind es, die du gesehen hast. Berichte also über die geschauten Winzigkeiten!

Wir waren dankbar, daß wir Moskau nicht von Europa, sondern von Asien aus erreichten; nicht nach der kurzen Reise Berlin–Warschau, sondern nach der großen von Harbin über Sibirien. So entgingen wir der Gefahr, Moskau als europäische Stadt aufzufassen, die es nicht ist, sondern erlebten es als letzten Exponenten des russischen Reiches, dessen strom- und wälderreiche Landschaft so viele Tage lang an uns vorübergeglitten war.

Man hat pflichtgemäß zu konstatieren, daß das Moskauer Straßenbild «proletarisiert» sei, es entspricht den Tatsachen: bürgerlich gekleidete Leute sind selten, elegante fehlen fast ganz. Außerdem fallen viele und scheußliche Bettler auf, einarmige, humpelnde, blinde, ganz verfallene –, aber man er-

---

* Anspielung auf NEP = Neues Ökonomisches Programm.

zählt uns, das sei im zaristischen Rußland auch nicht anders
gewesen. – Übrigens drängt der Verdacht sich dem Beobach-
tenden auf, die betonte Schäbigkeit, welche die Kleidung des
Durchschnittes charakterisiert, sei durch Armut weniger als
durch proletarisches Stilgefühl zu erklären. Dieselben Leute,
die es verschmähen, reine Wäsche – oder überhaupt Wäsche –, ganze Schuhe – oder überhaupt Schuhe – zu tragen,
drängen sich am Abend in den Vergnügungsparks, Kinos,
Theatern; an lauter Orten also, die hier ziemlich kostspielig
sind. Was organisiert ist, scheint auch gut zu verdienen. Eine
andere Frage ist es, wie es auf dem Lande draußen dem kleinen Bauer ergeht. –

Stellen wir uns, als wenn das Wirtschaftliche, das Politische,
Organisatorische uns ganz und gar nicht interessierte, tun wir
vorübergehend völlig ruchlos, ästhetizistisch; dann bleibt als
Ergebnis, als unvergeßliches, großes – *die Stadt.* Moskau,
Mütterchen Rußlands innerstes und heiligstes Herz.

Es gibt wenig Städte – vielleicht nur noch Paris –, in denen
das Spazierengehen so viel Freude wie hier macht, trotz des
«proletarisierten» Straßenbildes. Immer wieder findet sich
Neues, Fremdes, Ungeahntes: versteckte Durchgänge, Mäuer-
chen, Plätze. – Und dann ist da der wundervolle Spaziergang
am Wasser entlang, wo man auf den unbetretbaren Kreml den
Blick hat; diesen Weg sind wir täglich gegangen, und täglich
beschlossen wir, daß er nicht leicht seinesgleichen findet.
Tagsüber baden in dem Gewässer, das man, wüßte man's nicht
besser, für einen Kanal halten könnte, nackt, wie Gott sie geschaffen, die Burschen und jungen Männer, angesichts des
Kreml, dessen schöne Türme und Baulichkeiten zuschauen.
Abends rudern sie, es gibt Geplansch und Gelächter, indessen
spielt hinterm Kreml in allen Farben der Sonnenuntergangs-
himmel. Wenn es später wird, ragen die schwarzen Silhouet-

ten der Paläste und Kirchen, eine magisch-großartige Opern-
dekoration, in die blaß sich vorbereitende Nacht.

Dann sind da die Kirchen, die mit den goldenen und die mit
den bunten Kuppeln; am stattlichsten die Erlöserkirche, mo-
numentales Bauwerk in Weiß und Gold, repräsentativer Stil
des vorigen Jahrhunderts; am schönsten die Basiliuskirche auf
dem Roten Platz, überraschender, barbarisch bunter Kuppelbau, vielleicht das märchenhafteste, unglaublichste und
frömmste Gebäude der Erde. So hatte man sich immer das
Schloß vorgestellt, das in Strindbergs «Traumspiel» aus der
Erde wächst. Von diesem Gotteshaus kommen so merkwürdige Strömungen her, daß man nicht glauben will, es sei von
Menschenhänden errichtet. Man ist überzeugt, es ist nächt-
licherweise aus dem Boden gestiegen, was die Engel selber mit
den Zauberkräften eingerichtet haben. Eines Nachts wird es
wohl auch wieder verschwinden. Drinnen findet man die Kirche in verschiedene kleine Kapellen eingeteilt, in denen matt-
goldene Dunkelheit herrscht. Es wird Gottesdienst gehalten,
ziemlich viel Volk hat sich zusammengefunden, allerdings
größtenteils ältere Leute, aber auch einige junge. Vor den Iko-
nen brennen große Kerzen.

Indessen steht auf öffentlicher Tafel draußen angeschrieben:
«Religion ist Opium fürs Volk.» Das ist offiziell, von der Regierung. Es macht einen wunderlichen Eindruck und stimmt
nachdenklich, daß trotzdem in allen Gotteshäusern und Kapellen gebetet, gesungen und gehuldigt wird; und daß die Diktatur dieses religiöse Treiben der Nation nicht zu verbieten
wagt.

Moskau wird von seinen Kirchen beherrscht, die Kirchen
sind es, die ihm das Gepräge geben. Es ist, als Stadt, denkbar
unamerikanisch, hat einen altertümlich winkligen Einschlag.
Moskau und Chicago sind absolute Gegensätze; eher liegt

Moskau mit Nürnberg oder Rom auf derselben Linie. Daran ändert nichts, daß auf den Straßen so viel Radio gespielt wird; auch nicht, daß neurussische Architektur amerikanischen Einfluß spüren läßt, obwohl sie, naiverweise, als «bolschewistischer Stil» bezeichnet wird. Auf das neue Telegraphengebäude, welches auch in Kansas City stehen könnte, zeigt man sich mächtig stolz; allerdings ist es schon seit einem Jahr fertiggestellt und doch noch nicht im Betrieb. Nur die Demonstrationszüge führt man drum herum.

Alle Einzelheiten, die wir gezeigt bekommen, in Ehren: aber am wesentlichsten werden in der Erinnerung die stundenlangen Spaziergänge bleiben. In der Erinnerung soll das alles später wieder aufsteigen: das schlechte Pflaster, die runden Kuppeln, überall auftauchend, die ratternden Wagen, die Bettler und Straßenverkäufer. In jeder Auslage Lenins Porträt, welches im Gesamtbild der Stadt eine vielleicht noch größere Rolle spielt als das des Mussolini in Rom. (Aber man sieht Lenin lieber denn Mussolini.) Zur Zeit unseres Aufenthaltes machte dem Leninschen Bild das des Dichters Maxim Gorki Konkurrenz. Der Sechzigjährige wurde nach langer Abwesenheit in der Heimat enthusiastisch gefeiert. Von jedem Zeitungskiosk und aus jedem Geschäft schaute sein intensiv lebendiges Katergesicht uns an; das Gesicht des Mannes aus dem Volke mit Schnauzbart und eindringlichen Augen.

Aber Trotzkis Bild fehlt in Moskau. Die Verbannten werden nicht ausgestellt – –

Vergessen wir nicht, ein Hoch auf die VOKS auszubringen; es ist das Institut «für kulturelle Verbindung der Sowjetunion mit dem Ausland» –, und der Fremde wäre verloren in Moskau ohne diese glänzend funktionierende Einrichtung. Die VOKS befindet sich unter Leitung der Frau Kamenewa, Trotzkis Schwester, einer gescheiten und energischen Frau, die man mit guter Absicht an diese Stelle gesetzt hat. Denn die Organisation des Propagandadienstes muß der Regierung überaus wichtig sein, da nur eine ständige und intensive Reklame halbwegs die schlauen und infamen Verleumdungen unschädlich zu machen vermag, die unaufhörlich über die Sowjetrepublik in die Welt gesetzt werden. Ein Land, über das in *allen* anderen Ländern der Welt mit so leidenschaftlichem Eifer geschimpft wird, *muß* etwas dafür tun, daß fremde Durchreisende mit positiven Eindrücken nach Hause kommen.

Also: Frau Kamenewa tut was dafür. Der Eindruck, den sie uns machte, war schon bedeutend, als wir sie beim deutschen Botschafter, dem von Versailles her hochberühmten Grafen Brockdorff-Rantzau, kennenlernten; dieser Eindruck steigerte sich noch, als wir sie im Bureau, bei ihrer Arbeit beobachten konnten. – Ihr unterstellt ist eine Schar von intelligenten und vorzüglichen jungen Damen, die in allen lebenden Sprachen parlieren, mit amerikanischen Globetrottern, deutschen Lehrerinnen, französischen Schriftstellern umzugehen wissen. Sie machen Tagespläne, schlagen vor, richten ein. – Was interessiert Sie, meine Herrschaften, besonders? Neue Filme, Bildergalerien, alte Klöster, Gefängnisse, Große Oper, Arbeiterheime? Alles zu haben, das Telefon klingelt, der Bleistift fliegt übers Papier. – Die VOKS funktioniert.

Wir lassen uns also etwas einrichten.

Da wir uns zum Beispiel für russische Filme ganz ausnehmend interessieren, werden uns, zwei Vormittage lang, die besten vorgeführt. Das grandiose Bilderbuch, dem eine politische Werbekraft ohnegleichen eignet, rollt sich ab; es wird ein ganz großer Eindruck. Der unbeschnittene «Potemkin», «Zehn Tage, die die Welt bewegten» –: dieser tendenziöse Geschichtsunterricht ist ohne Frage das Atemberaubendste und

Ungeheuerlichste, was die Filmkunst bis heute hervorgebracht hat.

Wir gehen artig in die Bildergalerien, aber die russisch-nationale ist eine Enttäuschung. Sie bietet eigentlich nur das Grausigste, sentimentale oder blutdürstige Schinken, die obendrein auch noch gesinnungsmäßig sehr anstößig sind. Meistens finden wir Heilige, Krieger oder Zaren dargestellt, wie sie sich bei Schlachten oder Gottesdiensten betätigen, dazwischen ganz bedenklich bürgerliche Familienidylle. Und das Publikum drängt sich vor diesen künstlerisch monströsen, inhaltlich veralteten Malereien. Warum duldet dergleichen die radikale Diktatur? Sollte sie hier, was man ihr sonst nicht nachsagen kann, übertriebene Pietät walten lassen? –

Herrliches dagegen in dem Museum für westlich-moderne Kunst, das in zwei Gebäuden untergebracht ist. Einige unvergeßliche van Goghs, Cézannes, Gauguins (da ist ein gelbes Wirtshauszimmer mit Billardtisch von van Gogh: es ist eine der unerhörtesten Farbenkompositionen, die jemals geschaffen) – ein paar süße Landschaften und Frauengesichter Renoirs, ein paar faszinierende «blaue» Picassos, auch ein paar abstrakte, die noch faszinierender sind. –

Weniger Glück erlebten wir mit dem Theater. Wir hatten uns, in New York schon, darauf gefreut, nach dem amerikanischen Amüsiertheater das russische Gesinnungstheater zu sehen. Aber alles Wichtigere, von Tairoff bis Meyerhold, war geschlossen, oder gastierte anderswo. Wir mußten uns also mit bolschewistischem Sommertheater begnügen.

Wir sahen ein Stück, das so ähnlich wie «Der bewaffnete Zug» heißt, Revolutionsreißer von der harmlosesten Sorte und mit viel Schießerei. Piscator würde daraus eine technisch-bravouröse Sensation gemacht haben, hier ist alles primitiv, beinahe schäbig. Inhalt des Stückes ist eine geringfügige Epi-

sode aus dem Bürgerkrieg, eine Plänkelei zwischen Roten und
Weißen, um irgendeines waffenstrotzenden Eisenbahnzuges
willen. Merkwürdigerweise sind die Konservativen *seriöser*,
wenn auch unsympathischer dargestellt als die Roten. Ihr Offizier, kulanterweise vom besten Schauspieler der Truppe gespielt, trägt entschieden heroische Züge, nur ist er leider in
zerrüttetem Zustand und schwer hysterisch (wie sich am
Schluß herausstellt, sogar Kokainist). In einer naiv burlesken
Szene wird, gerade im Gegensatz zum soldatischen Typus, der
Bourgeois verspottet; eine Gesellschaft von Bürgern benimmt
sich hühnerhaft töricht, feige und blöd. – Die Roten hingegen
zeigen sich gutmütig, schwerfällig, lustig, übrigens auch gelegentlich etwas hasenfüßig, aber sonst als nette Kerle mit Zieh-
harmonika, roter Fahne, Gesang. Es ist kein Versuch gemacht,
sie zu Heroen und Halbgöttern zu stilisieren, was angenehm
auffällt. –

Die Darbietung als Ganzes ist ohne Spannung und Kraft,
nicht in *einer* Nuance neuartig, überraschend. Manche Szenen
sind frisch und lebendig, bleiben aber auf dem Niveau unserer
Bauerntheater. Wenn die Roten etwa einen fremdländischen
Soldaten fangen, ihn erst für gefährlich halten und aufhängen
wollen, dann erst merken, daß er so schweigsam und störrisch
war, nur weil er doch keine Silbe Russisch verstand. Aber wer
«Lenin» ist, weiß er dann doch, und so verbrüdern sie sich. –
Lustig, auf Tegernseer Niveau.

Endresultat: man muß im Winter wieder nach Moskau
kommen. Denn auch die Schulen, Universitäten sind geschlossen oder nicht in vollem Betrieb. Trotzdem machen die
schlauen VOKS-Leute einiges noch für uns ausfindig. Bei vielen unserer Streifzüge begleitete uns Dame «Hütchen», man
weiß doch noch, wer sie ist: jene reizvoll Zarte, die den Erd-
kreis nach Theaterstücken durchsucht. Sie machte in Moskau

begreiflicherweise einen gedrückten Eindruck, zog sich schlicht an, sprach meistens leise und behauptete, sie sei ungern gesehen.

Sie war auch dabei, als wir den russischen Komponisten Glière besuchten, dessen Ballett «Der rote Mohn» in der Großen Oper sehr gefeiert worden war. Glière scheint kein phänomenales, aber ein sehr erfreuliches Talent von stark romantisch-nachwagnerischer Prägung, dem viel Melodisches einfällt. Die Stunden bei ihm hatten etwas Melancholisch-Idyllisches; es gab zwar guten Tee und russische Konfitüren, aber die Wohnung war, bei aller Traulichkeit, leicht bedrükkend. Der Musiker, obwohl er sogar offiziell in Gnaden und anerkannt ist, schien nicht in guter Verfassung; er möchte fort, aber das ist undurchführbar. Er müßte Weib und Kind dalassen, dürfte auch nur eine kleine Summe Geldes mitnehmen. So bleibt er in seinem Zimmerchen, wo es ein bißchen stickig ist, und träumt am Klaviere. Seine Gattin ist sehr lieb und matronenhaft, sein Junge, sympathisch-linkisch, schreibt kleine Geschichten, «in Tschechows Stil». – Glière selber übrigens sieht frappierend Max Reinhardt ähnlich, hat auch dasselbe nachdenklich ironische Lachen durch die Nase.

Was man von diesem Besuch mitnimmt, ist ein starkes Mitleidgefühl. Es muß für einen Künstler, dessen Natur das politische Pathos fernliegt, nicht eben leicht sein, unter des Proletariats Diktatur sein Leben zu fristen.

Es gilt aber, dieses Mitleid zu überwinden, indem man sich sagt, daß es auf die Künstler alleine nicht ankommt. –

Wir besuchen auch soziale Institute; da es besonders charakteristisch scheint, wollen wir vom «Haus des Bauern» erzählen.

Das Haus des Bauern ist ehemals elegantes Restaurant gewesen und kann heute vierhundert Bauern oder auf dem

Lande tätige Agitatoren, wenn sie dem Gouvernement Moskau angehören, Unterkunft gewähren (für die Bauern der gesamten Sowjetrepublik gibt es ein anderes Haus, vor der Stadt). Das Moskauer bietet auch Verpflegung und eine Beratungsstelle in juristischen Angelegenheiten. Es ist, mit den Hotels verglichen, billig; für manchen Bauern immer noch viel zu teuer. Die Schlafsäle sind sauber wie in einem guten Krankenhaus, die Lese- und Wohnräume, deren Türen und Decken an das zaristische Restaurant erinnern, anständig eingerichtet. Überall sehr viel Statistiken und Tabellen, die, wie vorteilhaft Kollektivwirtschaft sei, nachweisen; welche Rolle im Wirtschaftsleben die Frau spiele, und so weiter. Einem bestimmten Bauern, der als Musterexemplar seiner Klasse gepriesen wird, sind mehrere Plakate gewidmet: dieser führt nicht nur eine vorzügliche Wirtschaft, sondern schreibt auch noch in Zeitungen, so sehr bewegen ihn die öffentlichen Angelegenheiten; übrigens sieht er wirklich sehr intelligent aus.

Das Haus des Bauern bietet auch die verschiedenartigsten Museen: eines für Heimarbeit, das von Bauern hergestellte Dinge zeigt: Spielzeug, Schuhe, Möbel, Stickereien (das hält sich also doch noch neben der Fabrik; oder wird künstlich gehalten?); ein anderes zeigt landwirtschaftliche Geräte, und ein drittes dient der Tierheilkunde; da gibt es die abscheulichsten Dinge zu sehen, in Spiritus aufbewahrt oder nachgebildet in Wachs, alle Krätzen und Übel, denen die Kreatur ausgesetzt ist, und auch solche, die der Mensch beim Tiere sich holt. Wir haben sogar das Kalb mit den zwei Köpfen geschaut; allerdings ausgestopft; aber es wirkte doch wie lebendig.

Im Treppenhaus hängt Lenins Riesenporträt, und zwar in *Korn* ausgeführt, ein Mosaik aus gelben, braunen, schwarzen und weißen Körnern. Im Treppenhaus, in den Schlaf- und Lesesälen, in den Museen gehen die Bauern aus und ein; mit den breiten Backenknochen und Stirnen, dem harten Kittel und der singenden, weichen und wilden Sprache.

Das wären so geschaute Winzigkeiten. Dahinter steht riesenhaft: *das Problem.*

Aber hier ist nicht der Platz und nicht die Möglichkeit, auch nur *ein Wort* in diese weltgeschichtliche Diskussion zu werfen.

Chaud, hot, heiß, caliente

Fes, Anfang Juni
Jetzt ist es in Nordafrika natürlich auch tüchtig heiß – 48 Grad, ganz trocken die Luft, und nur ein Wind geht, der aus dem Höllenofen zu kommen scheint, so brennend weht er daher. In den Stuben hockt die Hitze. Sie drückt und preßt, man glaubt, sie brodeln zu hören, aber das sind Fliegen, Brummer mit Libellenflügeln und allerlei kleines Ungetier, das sich wohl fühlt. Am besten fährt man, so geschwind es geht, mit dem Auto durchs Land. Die Bewegung ist angenehm, die Scheiben hat man abmontiert, so kann der Wind ins Haar und ins Gesicht, und ein heißer Wind ist besser als keiner.

Es ist lästig, daß die Heuschrecken noch immer nicht tot sind. Plötzlich surrt ein Schwarm von ihnen hoch, das, was du zunächst für welkes Laub (wo freilich sind die Bäume?) gehalten hattest, so bräunlich unbeweglich lag es auf der Straße, steigt auf, erweist sich als große Zahl langbeiniger, stieläugiger Geschöpfe, die es leider nicht vermeiden, mit voller Wucht dir gegen die Nase zu prallen, auch gegen die Augen im Pechfall, wobei sie eine gelbliche Flüssigkeit ausspritzen, die unge-wöhnlich weh tut. Eigentlich, hatte man uns erzählt, sei die Zeit dieser Wesen vorbei, und es ist wahr, daß wir oft auf tote Schwärme stoßen, die uns unangenehm unter den Rädern knistern. Früher, vor ein paar Wochen noch, sei es eine wahre Kalamität gewesen mit ihnen. Kilometerlang haben sie kein Ende genommen, alles haben sie kahlgefressen, Busch und Baum, zentimeterhoch übereinander seien sie in den Feldern gehockt, und nichts habe sie vertreiben können als großer Lärm. So sei die Kapelle der Fremdenlegion des öfteren be-müht worden, die mit Trommeln und Posaunen die Landplage weitertrieb.

Es ist Spanisch-Marokko, durch das unser Auto fährt, der schmale Strich zwischen Ceuta und Larache. Sonderbar, die Araber spanische Brocken ausstoßen zu hören, es macht ihnen solche Schwierigkeit. «Caliente!» rufen sie; sie sagen statt «Guten Tag» lieber «Heiß, heiß»; einen so heißen Tag gut nennen zu sollen, widerstrebt ihnen offenbar. Aber wie dicht sie sich auch kleiden. Alle die bunten Westen, Beutelhosen, Burnusse sind aus schwerem Material, dicker Seide, badetuch-artigem Rauhstoff. Überm Kopf die Kapuze, kommen sie da-her – «Caliente, caliente!»

Wir fahren von früh bis spät, der Hitze davon: Am Abend wird es plötzlich schön. Während der Tag noch hell ist, fängt der Mond schon an zu leuchten, so trocken ist die Luft. Und gibt es nicht mehr Sterne als bei uns? Sie stehen so dicht auf ihrem blassen Himmel, daß es wie Schneegestöber aussieht, wenn man die Augen ein bißchen zumacht; und das muß man, schon wegen der Untiere.

Wir lesen Leute auf, einen Araber mit Kind, Ölkrug und al-lerlei Geschirr. Er saß am Wegrand und flehte. Das Geschicht-chen, welches er uns erzählte, machte auf Glaubwürdigkeit keinen Anspruch, auch die kleinen Schluchzer nicht, mit denen er es ausstaffierte. «Zahnschmerzen!» wimmerte er, «und das fremde Kind nackt im Busch gefunden. Das letzte Hemd geopfert für den Knaben; wie kalt jetzt die Luft, o, wie weit noch die Stadt!» Er verbeugte sich zu vielen Malen und faltete vor der Stirn die Hände zum demütigen Gruß. Für die Gefälligkeit, die er erbat, glaubte er all solches uns schuldig zu sein. Wir wiederum fühlten uns ihm für seine Darbietung sehr verpflichtet. So hießen wir ihn einsteigen. Im Spiegel beobachteten wir sein Treiben. Konnte er nicht plötzlich von hinten zustoßen, mit spitzem arabischem Gegenstand, und sich auf so mörderische Art in den Besitz unseres mausgrauen Autos bringen? Er aber zählte friedlich Geld, lauter große Scheine. Wollte er sie gar zum Zahnarzt tragen?

Auf unserer Hotel-Terrasse, wo es viele Bäume und wunderbare Blumensträucher gibt, sie zu bewahren, sitzt die Hitze und wartet auf uns. Die Touristen kommen mählich heim. Ganz grau und mitgenommen alle. Chaud, hot, heiß, caliente – man hört kaum ein anderes Wort. Wie sie nur alle so pflichttreu sein mögen? Sie waren aus, bei den Sehenswürdigkeiten, haben maurische Ruinen besichtigt und die Arbeiten der Eingeborenen. Teppiche haben sie gekauft, die schleppen sie nun heim in ihre Herrenzimmer. Was ist den Ländern eingefallen, wieder so mäßige Vertreter auf Reisen zu schicken? Weshalb sind die Amerikanerinnen so laut, spitznäsig, unschön, während wir doch wissen, was für reizende Amerikanerinnen es in Wirklichkeit gibt? Warum sind die Deutschen so schroff, die Franzosen so beamtenhaft? Und zu Hause wohnen die Liebenswertesten. Aber Reisen ist doch eher eine sympathische Angewohnheit, eine neugierige, lebhafte?!

Man trinkt lauwarmes Zeug in großen Mengen, denn Eis ist gefährlich hierzulande. Man sitzt im Dunkeln unterm Sternenhimmel, damit kein Licht die Insekten anlocke. Wir wollen noch ausgehen in die Araberstadt. Dort gibt es starken, süßen Kräutertee, eine Trommelmusik, bärtige Kapuzenleute und die weißverhüllten Damen, die sich Stirn und Kinn so sonderbar tätowiert haben, daß sie ganz erzürnt und spitzbärtig aussehen. Es besteht große Hoffnung, daß die meisten von ihnen nett sind. Denn sie sind ja hier zu Hause, keine Touristen, nicht verreist.

Marseille

In Marseille mit dem Zug anzukommen ist so komfortabel wie irgendwo, denn Sie nehmen am Bahnhof ein Taxi und sind nach einer etwas aufregenden kleinen Fahrt in Ihrem Hotel. Die Einfahrt mit dem Wagen hingegen trägt schon einen leicht katastrophalen Charakter.

Marseille gehört zu den Städten, die größer sind, als es ihnen zukommt; das heißt: größer, als man es von ihnen erwartet. Das eigentliche Marseille liegt übersichtlich und zusammengedrängt, man erfaßt seine Konstruktion beim ersten Spaziergang. Die imposante und vielgerühmte Hauptstraße, die «Canebière» heißt, bildet sein Zentrum und Rückgrat; sie teilt es ein und macht es übersichtlich. Sie mündet auf den Alten Hafen, wie ein Strom ins Meer; oben wird sie von der stattlichen Rue de Rome gekreuzt. Geschäftsstraßen laufen ihr parallel oder schneiden sie. Sie verflechten sich ineinander, machen Bogen und Ecken, werden zum Gassengewirr. Aber an der Canebière kann man sich immer wieder orientieren.

Der Hafen und die untere Hälfte der Canebière mit ihrer

Umgebung ist das Marseille, in dem man sich auskennt. Die Vorstädte aber sind endlos ausgebreitet, ungegliedert und amorph.

Sie sind schrecklich häßlich und beinahe ohne Charakter. Nur wenn man sehr genau hinsieht – besser noch, hin*riecht*, denn Marseille hat einen sehr besonderen und unvergeßlichen Geruch –, geht einem die Ahnung auf, daß diese schmutzstarrende, von lärmenden Fahrzeugen überfüllte Peripherie doch schon zu der einzigartigen Stadt gehört, vielleicht der abenteuerlichsten Stadt Europas.

Wenn Sie von Avignon kommen, ist die Straße über *Salon* der über *Aix* vorzuziehen: sie ist hübscher. Die Einfahrt ist in beiden Fällen dieselbe. Wenn es sich trifft, daß Sie zwischen fünf und sieben Uhr abends ankommen, ist es besonders teuflisch. So ausgedehnt diese Vorstädte sind, so bis zum Platzen voll von Menschen und ratternden Vehikeln aller Art –, Verkehrsordnung gilt nicht. Sie können genau so gut rechts vorfahren, wie links. Nur der Trambahn eigentlich prinzipiell links, was bei uns zulande bekanntlich eine der *aller*unverzeihlichsten Sünden ist; und wenn es einen kleinen Zusammenstoß mit dem entgegenkommenden Gefährt gibt, wird es im Getriebe weiter nicht viel Aufsehen machen. Erschrecken Sie nicht, wenn die Trambahnen hupen, wie sie es eigentlich nicht tun sollten, – sie haben dadurch etwas von Zwittern und Mißgeburten – so als wollten Hunde plötzlich wiehern –; das gehört zu den Besonderheiten dieser Stadt. – Gönnen Sie sich erst eine gruselige Sensation und stellen Sie sich vor, Sie müßten in dem kleinen Hotel wohnen, das dort in der finsteren Ecke liegt und so pompös «Hôtel de Paris *et* de Rome» heißt, weil *eine* Kapitale nicht genügt –, und wie es sich schlummert, so ganz auf Wanzen gebettet. Dann leuchtet Ihnen – Sie hätten es kaum noch für möglich gehalten – ein Triumphbogen

entgegen; Sie biegen, wirklich triumphierend, in die Rue de
Rome ein; und von der Rue de Rome endlich, endlich in die
Canebière.

Da Sie *leider* Ihren Baedeker vorsichtshalber außer diesem
Büchlein mit sich führen, finden Sie an Hotels eine reiche
Auswahl. Ich weiß nicht, ob Sie wohlhabend genug sind, im
Hôtel de Noailles abzusteigen, das seine luxuriöse Front der
Canebière zuwendet – trösten Sie sich, wenn es zufällig im
Moment nicht geht, eigentlich ist es unten am Hafen viel net-
ter.

Dort kommen vor allem zwei Hotels für Sie in Frage, das
Hotel *Beauvau* und das Grand-Hôtel *de Genève*. Letzteres hat
sehr maßvolle Preise. Sie bekommen schon für 30 fr. ein Zimmer, das sogar sauber ist. Versuchen Sie eines zu erwischen,
das einen Balkon mit dem Blick auf den Hafen hat; es ist ein
bezaubernder Blick. Das Hotel Beauvau hat eine feinere Tradition und herrschaftlichere Räumlichkeiten; es ist auch ein bißchen teurer. Die arrivierte Literatur bevorzugt es; diesen Winter hatte *Jean Cocteau* sich vorübergehend dort niedergelassen
und einige der Zimmer, die Sie für 60 fr. nach ihm mieten können, mit seinen Geräten und seinen Träumen erfüllt. – Ein
kleines Ehrendenkmal nebenbei für Monsieur *Leflondre*, den
Nachtportier des Beauvau. Er ist so versiert, wie würdevoll
und gefällig und der empfehlenswerteste Guide durch die My-
sterien des Alten Hafens. – Außer diesen beiden käme vielleicht noch das etwas bescheidenere *Hôtel Méditerranée* für
Sie in Frage, das auf der anderen Seite des Hafens, dem Beauvau schräg gegenüber, liegt.

Wenn Sie mit dem Auto gekommen sind, bringen Sie es am
zweckmäßigsten in die *Garage de L'Opéra*, Rue Sainte. Das ist
ziemlich nahe von Ihrem Hotel und nach einigem Suchen
werden Sie es sicher finden, wenn nicht gar Leflondre mit

Ihnen kutschiert. Verwechseln Sie nicht die Börse mit der Oper, dazu neigt man im Anfang, weil beide gleich konventionell und stattlich repräsentativ aussehen. In beiden wird Lärm gemacht, aber die Garage liegt also hinter dem Gebäude, wo man dafür zahlt, ihn zu hören.

Wenn Sie des Wagens los und ledig sind, wollen Sie sich gewiß mit einem Wermut oder einer Tasse Schokolade erfrischen (es ist nun nachmittags fünf Uhr). Sie haben die Wahl zwischen den großen Kaffeehäusern der Canebière, wo Sie von glasbedeckten Veranden aus Gelegenheit haben, das muntere Treiben des Volkes zu beobachten; (dicke französische Bourgeois und geschminkte Kleinbürgerdamen schieben sich zwischen Matrosen und Kolonialsoldaten dahin;) oder Sie wählen einen etwas friedlicheren Aufenthalt – zum Beispiel die *Cintra*-Bodega, die unten am Hafen liegt, im selben Gebäude wie das Hotel Beauvau, und die Ihnen gewiß gefallen wird, denn sie ist gemütlich braun getäfelt und es gibt dort ausgezeichneten Sherry und Porto, das ist eine Spezialität des Hauses, von dem Niederlassungen auch in Paris, Lyon und sonstwo existieren. – Wenn Sie sich gestärkt haben, wollen Sie aber ein bißchen in der Stadt herumschauen. Sie schlendern wieder an der Börse vorbei, kaufen beim großen Zeitungskiosk ein deutsches Journal, erfahren, daß bei uns die Preissenkung gewiß nächste Woche beginnen soll; schlendern getröstet weiter; die Canebière nimmt Sie auf, trägt Sie weiter in der Flut ihres enormen Verkehrs. Sie lösen sich aus ihr, dieser bunten Flut, um im Büro der *American Expreß Company* nachzufragen, ob Post für Sie da ist (denn dorthin haben Sie schlauerweise Ihre Korrespondenz geleitet). Lassen Sie sich's nicht verdrießen, daß es nur zwei Rechnungen sind, schlendern Sie weiter.

Man bummelt so herum, geht zum Friseur und in die Läden.

Avis für die Damen: in Südfrankreich, speziell in Marseille, wenn irgend möglich, *nicht* zum Friseur gehen. Alles sieht soweit recht proper aus, – feine Gerätschaften, nette Menschen. Aber es geht zu, wie wenn Buster Keaton etwas unternimmt, Kaffee kocht, Holz spaltet. Mit sachlicher Miene verdirbt man uns, meine Damen, die Frisuren, – schneidet alles kurz und klein, macht Locken, wo wir keine mögen, tut uns Seife ins Haar, ohne sie wieder zu entfernen, gibt uns fettes Haarwasser, da wir trockenes lieben, – ich weiß selber nicht, wieso, aber es ist kein Staat zu machen mit den Friseuren in Südfrankreich. Shampoon mitnehmen, selber waschen, oder, allenfalls, dem Frisierladen des Noailles-Hotels die Chance lassen, uns Lügen zu strafen. Was die Läden angeht, in denen wir das Geld ausgeben, das wir nicht mehr haben wollen, so gibt es hübsche Ledersachen zum Beispiel, – fürs Auto, für die Reise, fürs Hotelzimmer in der *Maison Allemande*, Rue Haxo, unweit der Canebière. Oder Spitzenzeug, feines, belgisches für wenig Geld im Haus *Bonhomme Verot*, Rue de l'Académie. In dieser Straße sind überhaupt die Spitzen daheim, sie liegen wie Obst vor den Läden auf dem Tisch, hängen hinunter aufs Pflaster, bunte und weiße, auch Gobelins und Teppiche, – das sieht schon beinah afrikanisch aus. Wenn man da ein bißchen weitergeht, kommt man auf den großen Fischmarkt, – *Halles Charles de la Croix*, Rue Vacon. – Aber die ernsthaften Läden sind auf der Canebière, oder auch in der Rue St. Ferréol. Dort haben wir sogar eine *Etam*filiale. Achtung, die Damen, die bloß Etamstrümpfe mögen! Kleider würde ich nicht kaufen in Marseille. Die, mit denen man uns lockt, sind alle nicht besonders schön, und es kommen so besonders schöne, wenn wir etwas weiter sind, etwas näher an Cannes.

Inzwischen ist es Zeit zum Abendessen geworden. Sie grübeln, welches Restaurant das originellste sein könnte, und

werden am ersten Abend doch bei *Basso* landen, das ist wieder
unten am Hafen. Kommen Sie frühzeitig, dann erwischen Sie
noch einen Tisch an den Fenstern der ersten Etage. Von dort
aus übersehen Sie den ganzen Alten Hafen samt allen Mu-
schelverkäufern und buntem Volk, bis zur Schwebebrücke, die
ihre imposante Eisenkonstruktion in einen abendlich verklär-
ten Himmel hebt. Es ist eine schöne Stunde, um zu sitzen und
dem Getriebe zuzuschauen. Der Abend kommt hier in großer
Klarheit herauf.

Sie werden eine *Bouillabaisse* bestellen, weil sie klassisch ist
(Sie wissen: die scharfe Suppe, in der *alles* schwimmt, wenn
Sie Glück haben, sogar Languste); sie ist bei Basso gar nicht so
besonders gut; – eine sehr versierte Dame – ihr Beruf ist doch
wirklich im Augenblick Nebensache – verriet uns, daß sie dort
aus Konserven hergestellt wird. Die Langusten sind fast so
teuer, wie bei Kempinsky, was eigentlich auch ungehörig ist.
Essen Sie Austern, sie schmecken wie konzentriertes Meer
und kosten hier wenig. Auch sonst bietet die Speisekarte von
Basso recht köstliche Dinge.

Morgen mittag werden Sie sich vielleicht für das Restaurant
Pascal entscheiden, es liegt ein paar Minuten von Basso,
gleichfalls am Hafen und ist etwas billiger und weniger be-
rühmt. Oder für das kleine Lokal *Charley*, oben, am Boulevard
Garibaldi, das niemand kennt und wo man in sehr intimem
Milieu reizend speist. – Aber es ist ja noch heute abend.

Während Sie Ihren Café noir trinken, wird es ganz dunkel.
Wir an Ihrer Stelle könnten uns nun nicht mehr beherrschen,
sondern müßten gleich in die Gäßchen hinterm Alten Hafen
laufen, die das eigentlichste Marseille sind, sein Geheimnis,
sein Charme. Man hat Sie gewarnt, hinzugehen und düstere
Andeutungen gemacht, es sei arg gefährlich. Das ist es aber
nur dann, wenn Sie es mit den Leuten rein gar nicht verste-

hen, oder wieder Ihren ganzen Schmuck angelegt haben. Einer Dame mit zu auffallenden Ohrringen freilich sind unlängst, zugleich mit dem Geschmeide, die Ohren abgeschnitten worden. Das ist authentisch. – Wenn Ihnen das winkelige und altersgraue Vergnügungsviertel also zu verdächtig aussieht, können wir Ihnen nur raten, in die *Oper* zu gehen, wo gerade eine Dame aus Mailand als Toska gastiert; oder in das große *Variété*, das, seitlich der Canebière, in der Rue de L'Arbre, zwischen der *Maxim-Bar* und den *Nouvelles Galeries* liegt und wo Sie wohl eine sehr farbenprächtige Show mit Girls, Marschmusik und knalligen Dekorationen vorfinden werden; oder in eines der *großen Kinos* an der Canebière, wo heute abend zum Beispiel «Die Vier von der Infanterie» laufen, so daß Sie endlich etwas über den Krieg erfahren werden. (Überall in Frankreich laufen Kriegsfilme, genau wie in Deutschland und in den Buchläden liegen Kriegsbücher aus, sogar solche von unserem blutrünstigen Ernst Jünger; das Interesse der Menschheit für diesen schauerlichen und stumpfsinnigen Gegenstand hat etwas Besorgniserregendes.) – Wir begleiten Sie also weder zu Toska, noch zur Revue, noch zum getonfilmten Massenmord, sondern, wenn es schon Cinéma sein soll, ziehen wir eines der ganz kleinen, dreckigen vor, die am Eingang zum Puffviertel, unten am Hafen liegen. Dort läuft ein ganz alter Ramon Novarro-Film, einer aus der guten, alten, stummen Zeit; und während oben Ramon, der eigentlich ein junger König ist, eine junge Dame zu küssen versucht, die aber nicht weiß, mit wem sie es zu tun hat und deshalb sehr spröde ist –, lassen sich um uns herum, viel bereitwilliger, kindlich angemalte kleine Mädchen von ihren Matrosen in die Arme nehmen.

Den Schlepper, der sich uns an die Sohlen heftet, schütteln wir ab, weil er ein unangenehmes Gesicht hat und nicht mehr weiß, als wir. Der Quai erweitert sich zu einem kleinen Platz, der aussieht, als wäre er früher einmal sehr fein und still gewesen; dort liegen ein paar größere Dancings, wir treten ein, um einen Pernod fils zu trinken. Es ist noch nicht sehr viel Betrieb; ein paar englische Matrosen in kleidsamen Uniformen mit eiförmig schmalen, hochmütig hübschen Köpfen üben Charlestonschritte, wozu die Damen herzhaft in die Hände schlagen.

Wir gehen wieder; etwas mehr den Quai hinauf kennen wir ein paar kleine Chinesen- und Negerkneipen, die besonders gemütlich sind.

Wir biegen in die Seitengäßchen ein, wo der eigentliche Betrieb sich abspielt. Der weiche Gegenstand, über den man stolpert, kann ebensowohl eine tote Ratte, wie eine aufgeweichte Kartoffel sein. Die finsteren Sträßchen, die steil aufwärts führen, sind nichts anderes als Gossen, man prüfe lieber nicht nach, was da alles hinuntergeschwemmt wird. Lieber gebe man auf seinen Hut acht, denn die bunten Damen, die so exzentrisch und ungenügend bekleidet vor ihrem Kämmerlein auf dem Schemel sitzen, – hinter sich gleich das Bett, – haben es auf ihn abgesehn und wehe dir, sind sie seiner habhaft geworden. Dann mußt du der kreischend Entspringenden in ihre kleine Häuslichkeit folgen; nicht auszudenken, was dir dort geschieht.

An einer Ecke leuchten besonders verführerisch die Funkellichter. Dort konzentrieren sich die großen, seriösen Etablissements: die maisons *Aline, Auline, Theo, Claire de Lune.* Vor jedem sitzt eine ältere Dame im Umschlagtuch und verspricht dir die Wunderdinge, die du drinnen haben könntest. Sie übertreibt kaum. Alles, was sie dir verheißt, ist vorrätig, auch die besonderen Filme; obendrein wirst du nicht übervorteilt, niemand klaut dir die Brieftasche und, wenn du nichts anderes begehrst, brauchst du nur unten, im Empfangs- und Tanzsalon eine Flasche Landwein für 30 fr. trinken, oder ein Bier. Häuser dieser Art sind kleinbürgerlich. Der Reiz dieses ganzen Viertels besteht eben darin, daß es französisch-bürgerliche Gemütlichkeit mit einer schärferen, radikaleren, afrikanischen Stimmung vereinigt.

Aus allen Bars winkt man, du möchtest eintreten. In einer schäkern drei slawische Fräuleins mit ein paar französischen marins, die schon zu viel Pernod fils getrunken haben. Schäkere ein bißchen mit und zieh weiter. – Wir lieben am meisten von allen ein Negerlokal, das sich in einer der schmutzig überschwemmten Seitengassen findet. Es ist immer zum Brechen voll von schwarzen Burschen in ihren blauen Arbeitskitteln; wunderbar, ihnen zuzuschauen, wie sie tanzen und lachen. Nicht ganz zu unserer Freude fanden wir diesen Winter die geliebte Kneipe plötzlich im Besitz einer mitteldeutschen Familie, die in ihrer großen Unternehmungslust das florierende Etablissement aufgekauft hatte. Neger wiegten traulich ein sächsisch lallendes Kind und zeigten dem Wurm ihre schönen Zähne; eine blonde Hausmutter verlangte gereizt nach ihrem Strickstrumpf, den sie verlegt hatte, und ein Kellner Fritz aus Berlin lief mit den Getränken herum. Die tüchtigen deutschen Menschen verrieten uns, daß sie die Neger wegzudrängen gedächten, um das Lokal in eine Herberge für Landsleute zu verwandeln; dann wird es nicht mehr so lustig dort zugehen, die Negerknaben aber werden hoffentlich bald ein mindestens ebenso schönes, finsteres und enges Loch finden, wo sie steppen, singen und mit Zähnen, Augen und Messern blitzen können. –

Einmal muß man nach Hause gehen, wir schlendern wieder zum Quai hinunter und zurück ins Hotel. Matrosen bewegen sich in langen Ketten torkelnd zu ihren Herbergen. Ein paar

Araber zanken sich in rauhen Lauten. Uns verlockt im Vor-
übergehen noch ein Lokal, das als verankertes Schiff im Wasser liegt und wo es fröhlich zuzugehen scheint. Aber für diesmal beherrschen wir uns.

Ahnt Ihnen nun schon, wie schön diese Stadt ist? In unserem
Zusammenhang bedeutet sie den Eingang zur Côte d'Azur. In
Wahrheit aber ist sie der Ausgang zum schwarzen Erdteil.
Man ist in 24 Stunden in Algier. Afrika scheint mit tausend
Farben und Gerüchen herüberzudringen. Dabei bleibt Marseille – wir sagten es schon – durchaus französische Provinzstadt mit ihrer komischen Behäbigkeit, ihrer zivilisierten
Enge. Es ist nur zu verständlich, daß europäische Intellektu-
elle, die *beides* brauchen – den Atem der Ferne und das Gefühl
europäischer Gebundenheit –, Marseille lieben und dort gerne
arbeiten. Stefan Zweig hat dort viel geschrieben; Joseph Roth
erzählte uns von sich dasselbe.

Sie werden vormittags zur *neuen Kathedrale* wandern, deren etwas phantastischer byzantinischer Kuppelbau sich über
den Hafen erhebt – prachtvoll dekorativ aus der Ferne,
schlechter Stil in der Nähe, etwa wie Sacré Cœur von Paris –;
oder zur *Notre-Dame-de-la-Garde*, deren goldenes Riesen-
standbild vom hohen Felsen her die abfahrenden Schiffe seg-
net und die nahenden begrüßt. Wenn Sie bildungslustig sind,
besichtigen Sie die *alte Kathedrale St. Lazare*, oder das *Museum der schönen Künste*. Fahren Sie, wenn Sie Autoreisen-
der sind, die glänzende Rennstraße hinunter, die *Prado* heißt
und zum *Musée du Vieux Marseille* führt, wo Sie sich an
mancherlei altprovenzalischen Kostümen und Geräten ergöt-
zen können.

Sehr schön ist die Spazierfahrt unten am Meer, Richtung
Toulon hinaus, vorbei an Notre-Dame-de-la-Garde. Die

Straße endet in einer großartigen Wildnis von gelbbraunen Felsen, die schon ganz die harten Konturen afrikanischer Landschaft haben. – Nicht reizlos und ganz unbekannt, weil etwas kompliziert und häßlich durch die Vorstädte zu erreichen, ist der Ausflug nach *Moulin du Diable* (Richtung Salon). Das kahle und öde Dorf liegt auf Felsen, von denen man einen großen Blick haben kann, wenn man etwas weiter spaziert. Hier oben wohnen einige Maler, vor allem Schweizer. Sonst ist in Marseille nicht viel zu finden, was Kunst macht, wenigstens nicht viel mit bekanntem Namen.

Halten wir uns, zurückkommend, nicht noch einmal auf der Canebière auf. Kaufen wir den bärtigen Gesellen keine grünen kleinen Vögel ab, die sie uns so beredt anbieten, essen wir keine Fischsuppe mehr, sondern packen wir unsere Koffer, die nur halb ausgepackt waren.

X . . .

Wir nähern uns *Monte Carlo*, wir sind schon fast da. Diese Stelle dürfte die geeignete sein, einen kleinen Abschnitt einzuschieben; der Abschnitt soll *das Spiel* betreffen. Wir hatten oft Gelegenheit, es zu erwähnen, aber an der Côte d'Azur ist seine Bedeutung eine so ausschlaggebende, es ist in der Tat so repräsentativ, so charakteristisch für diese Küste – und nun gar für ihren legendenumwobensten Ort: Monte Carlo – daß ihm wohl ein eigenes römisches X zukommt. Wir sagten schon, gleich zu Anfang, daß für viele, die an die französische Riviera reisen, der ganze Aufenthalt gleichbedeutend ist mit: Spielen. So sind nicht alle, aber «Auch-Spielen» ist fast obliga-

torisch für den, der zwischen Marseille und San Remo sein
Vergnügen oder seine Erholung sucht.

Die Fremden allein hätten es niemals zuwege gebracht, daß
der Spielbetrieb mit einer so dämonischen Stärke eine ganze
Landschaft beherrschte. Der Urgrund dieses Phänomens liegt
in der Natur des Südfranzosen, nicht in der des Fremden, der
oft nur mitmacht, mitergriffen wird. Jedes dritte dieser ländlichen kleinen Cafés zeigt hier an, daß es einen Bouletisch
habe. Wo es keinen gibt, spielen die Männer mit Passion Kar-
ten; nicht nur abends, sondern von Mittag an, Stunden und
Stunden. In jeder kleinen Kaschemme und in den Foyers der
glänzendsten Kasinos und Theater sind jene Glückskästen
aufgestellt, wo hinter einer Glasscheibe Pferde oder Hasen
laufen, und man muß es so einrichten, daß sie an bestimmten
Zahlen haltmachen oder in bestimmte Löcher fallen. Oben hat
man immer Einfrancstücke hineinzuwerfen; Zweifrancsstücke
bei den feineren Kästen. Wenn man eine halbe Stunde lang
spielt, kann man ziemlich viel Geld verlieren. – Mit solchen
Zauberkästchen ist die Küste förmlich gespickt. Sie sind alle
sehr bunt und niedlich ausgestattet und phantastisch ab-
wechslungsreich in den Systemen. Wir haben begeistert vor
unzähligen gestanden und nur zu oft 27 frs. auf einmal vertan.
«In jedem echten Mann ist ein Kind, das spielen will.» Bei Gelegenheit dieses weisen Zitates wäre das Problem zu berühren:
warum Künstler oft so rabiate Spieler sind. Mir scheint das
mit dem Infantilismus zusammenzuhängen, der, meistens
oder immer, zum Phänomen des künstlerischen Genies gehört. Kampf und Spiel sind die Urbetätigungen des Menschen,
alles andere bleibt sekundär, von der Gesellschaft und der Zivilisation erzwungen. Jeder Künstler hat atavistische Züge.
Das Kind und der Barbar sind in ihm, der es durch Intellekt
und Willensleistung bis zum Vorkämpfer der Zivilisation, bis

zu ihrem wahren Repräsentanten gebracht hat, immer lebendig, oder lebendig doch in einem geheimen, unterbewußten
Teil seines Wesens. Am Spieltisch feiert nicht nur das Kind,
sondern wahrscheinlich auch der Barbar Triumphe. Das Rollen der Kugel symbolisiert auf eine primitive und eben fast
kindisch vereinfachte Art die gnadenlose Willkür des Schicksals. Vor unseren Augen werden Existenzen vernichtet, weil
die Kugel zweimal hintereinander bei «Zéro» hält. In die sadi-
stische Schadenfreude des Zuschauens – atavistisches Lustge-
fühl, antizivilisatorisch-kindisch-barbarisch – mischt sich als
prickelnde Sensation: daß es auch *uns* hätte treffen können. Es
ist verständlich, daß Balzac und Dostojewski hingerissen vor
diesem primitiven Gleichnis des Schicksals standen. – Wir machen diese Randbemerkung, ehe wir in die Spielsäle eintreten,
wo wir Dichter neben geldbesessenen Kaufleuten und seelisch
abgetöteten Amerikanerinnen werden sitzen sehen.

Das populärste Spiel der Riviera heißt *Boule; Bakkarat* ist
mehr eine Angelegenheit der Reichen und das eigentliche
Roulette immer noch ein Privileg des Fürstentums Monaco.
Boule und Roulette haben dieselben Grundprinzipien, nur ist
Roulette viel amüsanter und möglichkeitenreicher. Das
macht: Boule hat nur neun, Roulette sechsunddreißig Zahlen.
Die Null ist bei beiden Spielen die Zahl, die einem *alles* zerstört: wenn sie ausgerufen wird, gehört alles der Bank, alle
Zahlen, auch rouge, noir, gerade, ungerade, alles, alles. Nur
wer wagehalsig Zéro gesetzt hatte, gewinnt mit der Bank.
Wenn auf dem Roulettetisch die Kugel hingegen bei der Zahl
hält, auf die du durch Gotteszufall getippt hattest, bekommst
du das fünfunddreißigfache deines Einsatzes zurück. Das
lohnt sich. (Im entsprechenden Fall bei Boule würdest du nur
das achtfache einheimsen.) Will man es vorsichtiger treiben,
mit geringerer Verlust- und also auch mit geringerer Gewinn-

chance, setzt man so, daß die Aussicht 50 zu 50 ist (bei Roulette und Boule genau die gleiche Sache): also *Rouge,* oder *Noir, Gerade* oder *Ungerade,* es gibt da die verschiedensten Möglichkeiten. Es gibt auch noch andere und etwas kompliziertere: man setzt auf bestimmte *Gruppen von Zahlen,* auf *Zahlenkolonnen,* so daß die Chance ein Drittel gegen zwei Drittel steht. Gewinnt man in diesem Falle, wird der Einsatz verdreifacht. Das hat alles seine Richtigkeit und scharfe Logik; auch wenn man etwa *zwischen den Zahlen* setzt, sich also für mehrere gleichmäßig interessiert, an mehreren gleichzeitig teilhaben möchte.

Man lernt es schnell, nur zu schnell. Gutmütige ältere Herren beraten einen zudem oft aus purer Hilfsbereitschaft; während die Kokotten es eher tun, um etwas abzubekommen. Das Arge ist, daß fast immer der, welcher zum erstenmal in seinem Leben spielt, *gewinnt.* Das ist eine der Listen und Vorführungskünste des grünen Tisches, so fängt er sich neue Opfer. Das nächste Mal wird man verlieren, wie man heute gewonnen hat, und die Kurve des grausigsten Peches und der herrlichsten Chance, über der schon manchem der Verstand abhanden kam, wird in ihrem dämonischen Zickzack auf und ab zucken. –

Der *Bakkarat*spieler sieht auf Boule und Roulette etwas verächtlich herab, denn nicht bei der rollenden Kugel, sondern am Bakkarat-Tisch werden die ganz ganz imposanten Summen riskiert.

Wir haben genug Betrachtungen angestellt: treten wir ein. Es ist das Kasino von Monte Carlo. Wir müssen im Vorraum unseren Paß vorzeigen; Gott sei Dank, daß wir seit neuestem 21 Jahre alt sind, sonst kämen wir gar nicht herein. Jugendlichen Eintritt verboten – was sein Vernünftiges hat, denn wo schon das Alter die Fassung verliert, was könnte da erst der

unbeherrschten Jugend passieren! Wenn du dein Ticket vor-
zeigst, lassen die gestrengen Herren in altväterisch bunten
Fräcken dich durch die breite Glastüre eintreten – aber du bist
immer noch in einem Vorraum. Es ist ein prächtiger Vorraum,
lichterfüllt und viele ansehnliche Menschen treiben sich hier
herum, teils mit deprimierten, teils mit festlich angeregten
Mienen. Rechts, wenn man vom Eingange kommt, geht es
zum Büfett-Restaurant, dort können wir nachher eine Schokolade trinken und einen vorzüglichen kleinen Kuchen dazu
essen. Hinten, wo ein paar Stufen hinaufführen, geht es zum
Opernhaus. Aber nur für den Augenblick verlockt uns das
Eigentliche: die *Spielsäle.* Sie sind wirklich das erstemal hier?
Nun bin ich gespannt, was für ein Gesicht Sie machen, wenn
wir eintreten.

Offen gesagt bin ich etwas enttäuscht. Sie hätten die Augen
weiter aufreißen sollen. Sie sehen ja um sich wie in einem
Raum, den Sie schon lange kennen. Ich habe doch recht? Und
nun fangen Sie schon an, es zu erklären.

«Wissen Sie – es ergeht mir so komisch hier. Ich bin doch das
erstemal in diesem Kasino, in einem richtigen Kasino eigentlich überhaupt das erstemal in meinem Leben. Dabei kommt
es mir vor, als wäre ich schon hundertmal hier gewesen. Wissen Sie, man hat das alles schon so furchtbar oft geschildert gelesen, nicht nur in der Spielergeschichte von Dostojewski, oder
in der von Stefan Zweig, sondern in unzähligen Büchern. Und
dann ist es in hundert Filmen und Operetten und Theaterstük-
ken gezeigt worden; in Filmen besonders –: schauen Sie doch,
diese alte Dame, die da so grimmige Augen beim Spielen
macht, sie sieht genau wie aus dem Kino aus! Und dann auf
Photos hat man es gesehen und so viele Leute haben es einem
geschildert. Wissen Sie, es ist wirklich gar nicht das Gefühl, als
wenn man das erstemal hierher käme.» –

Sie sagen so oft «wissen Sie», aus Verlegenheit und um mich zu versöhnen. Natürlich ist es etwas verletzend, wenn man jemanden in eine neue Welt einzuführen gedachte und dann stellt sich heraus, daß es ihm schon eine wohlbekannte war. Übrigens verstehe ich Ihre Reaktion. Mir ist es auch schon manchmal so ergangen, zum Beispiel, als ich in Spanien das erstemal zu einem Stierkampf kam. Nichts war mir neu, vielmehr war mir völlig zumute wie einem, der etwas *wieder* sieht: so sehr hatten Operndekorationen, Film und Kitschpostkarte mich an Farben, Atmosphäre und Gesamtbild der Arena gewöhnt. Es gibt Sensationen, die durch die Surrogate, die man von ihnen herstellt, abgenutzt sind, ehe man sie in ihrer Echtheit kennenlernte. – So auch die Spielsäle von Monte Carlo.

Das «Pfeffermühlen-Kabarett»

1933 – 1936

Über Herkunft und Hoffnung des kleinen Zeittheaters

Meine Damen und Herren,
darf ich Ihnen zunächst sagen, wie sehr ich mich freue, hier und heute in Ihrer Mitte zu sein. Ich freue mich tatsächlich ganz besonders, und ich weiß sehr wohl die besondere Freundlichkeit zu würdigen, daß ein tschechischer Klub vom Rang des «Přítomnost» mich zu sich bittet, damit ich einen Vortrag halte. Beim Aussprechen des Wortes «Vortrag» freilich wird meine Freude ein wenig durch Angst verschleiert. Ich kann nämlich gar keinen Vortrag halten, – ich habe noch nie im Leben einen gehalten, und ich weiß buchstäblich nicht, wie man es macht.

Zu der freudigen Angst aber, die mich erfüllt, weil ich hier sprechen soll, gesellt sich noch ein weiteres Gefühl: Der Kummer nämlich darüber, daß ich es nicht tschechisch tun kann. Ein alter Freund von mir hat neulich gesagt: «Es ist merkwürdig, meine Frau ist mir so sympathisch, – aber ich beherrsche sie nicht.» So und nicht anders ergeht es mir mit Ihrer schönen Sprache, – sie ist mir so sympathisch, aber ich beherrsche sie nicht, zu meinem Kummer.

Zerrissenen Gefühls also, zwischen Freude, Angst und Kummer, fange ich an, ein bißchen zu erzählen.

«Unterwegs mit der Pfeffermühle. Über Herkunft und Hoffnung des kleinen Zeittheaters», kein Vortrag von Erika Mann.

«Die Pfeffermühle» ist kein Emigrationskind, vielmehr ist sie älter, und ehrwürdiger als etwa das Dritte Reich. Wir gründeten sie schon im November 1932, um sie am 1. Jänner 1933 in der Münchner «Bonbonniere» zu eröffnen. Wir, – das waren ein paar junge Münchner Künstler, – vor allem die Giehse, Therese Giehse, der Stolz damals der Münchner Kammerspiele und unser Stolz noch heute, Magnus Henning, unser Musikant, mein Bruder Klaus und ich.

Wir hatten zwei Hauptgründe, so eine Pfeffermühle aufzustellen. Es ging bergab mit dem Theater. Seit langem befriedigte es den Schauspieler, der sich ihm verschrieben hatte, so wenig wie das Publikum. Woran es eigentlich lag, wo die Wurzel dieses Niederganges versteckt war, – wir wußten es nicht zu sagen, – er demonstrierte sich uns in einem Gemisch aus schlechten Stücken, törichtem Geschäftsgebaren, überzahlten Stars, unbezahlten Ensemblemitgliedern, – und, alles in allem, in einer Atmosphäre, die weder mit Kunst mehr viel zu tun hatte noch mit dem sogenannten Leben, – wenn Sie mir diese falsche Gegenüberstellung erlauben wollen, – denn wirkliche «Kunst» auf der Bühne hätte ja Leben enthalten, – und wirkliches «Leben» auf der Bühne hätte Kunst bedeutet. Das war der eine Grund, – wir waren nicht glücklich im Theater. Sogar die Giehse nicht, obwohl sie *alles* spielte, was gut und teuer war – und wir hatten die größte Lust, etwas anderes zu probieren, – etwas, das weniger kostspielig und leichter beweglich wäre als das Theater. Aber davon später.

Die zweite Erwägung, die es uns aussichtsreich erscheinen ließ, eine Pfeffermühle zu bauen, lag in München selbst verankert, in der aparten Situation, die diese Stadt in diesen Monaten inmitten des Reiches innehatte. Es ging bergab mit dem Theater, – überall, – aber es schien bergauf zu gehen mit München um diese Zeit.

München war dem aufstrebenden Nationalismus durchaus abhold, – man kannte das, man selber war als Brutstätte mißbraucht worden, hatte es sich zutraulich gefallen lassen, aber nun hatte man es ziemlich satt. Man war nicht übertrieben geistfreundlich von Natur, – das hätte sich mit dem dunklen Bier nicht vertragen – aber man sah im Geiste mit Recht einen Gegensatz zum, eine Waffe gegen das Nazitum. Und so ergab sich das Seltsame, daß in diesen Monaten Leute des freien Geistes von Berlin nach München zu emigrieren begannen. Leopold Schwarzschild traf ein, um das «Tagebuch» in München zu redigieren, manch anderer folgte seinem Beispiel.

Genug: Ein guter Wind wehte für unsere Pfeffermühle. München ist reich an Tradition. Brettl und höhere Kabarettkunst hat dort Triumphe gefeiert, ehe wir noch in der Welt waren. «Die elf Scharfrichter», Wedekinds und seiner Kameraden Gründung, müssen herrlich gewesen sein, – an ihren Gedichten sich zu schulen, war fruchtbar und lehrreich; aber auch etwas später noch, als wir immerhin schon Schulkinder waren, gab es in der Bonbonniere Kabarettvorstellungen von großem Glanz. Gussy Holl sang die Lieder von Kurt Tucholsky, und von einem Tänzer namens Ingo weiß man in Schwabing noch heute, daß er unvergleichlich gewesen ist.

Die «Pfeffermühle» begann am 1. Januar 1933 mit einem Programm, das diese Tradition nicht verleugnete. Von einem eigenen Stil war noch wenig zu spüren, wir tappten munter in den großen Spuren umher, wobei wir den Versuch machten, die Dinge als lächerlich hinzustellen, die uns lächerlich vorkamen, und für die zu werben, um die es uns zu tun war. München freute sich herzlich mit uns – die urreaktionären «Münchner Neuesten Nachrichten» waren völlig hingerissen.

Am 30. Januar wurde Hitler Reichskanzler, und als er, nebenan, im Hofbräuhaus, seine Antrittsrede hielt, hatten wir schon ein neues Programm. Wir spielten gegen ihn an, Wand an Wand mit ihm und unter dem Jubel seiner Untertanen, oder vielmehr der «Geführten», wie das jetzt heißt. Erst nach dem Reichstagsbrand veränderte München sein Gesicht. Wohl unter dem Einfluß des dunklen Bieres fand man es dort von den Kommunisten tatsächlich dermaßen häßlich, den Reichstag angezündet zu haben, daß nun wirklich etwas zu geschehen hatte. Die Wahlen verliefen wie man weiß, Ritter von Epp zog ein in München, schon erfolgten die ersten Verhaftungen aus den Kreisen des freien Geistes. Der Herr Wirt wollte, daß wir weiterspielten, unter SA-Schutz, es sollte uns gewiß nichts passieren.

Wir reisten dann ziemlich plötzlich.

«Die Pfeffermühle» draußen wieder zu Leben zu erwecken, war nicht ganz leicht. Nachdem wir uns ein halbes Jahr lang vergeblich gemüht hatten – erst war Paris uns geeignet vorgekommen –, fanden wir in Zürich ein kleines Kutscherlokal an verrufenem Platz in der Altstadt, den «Hirschen». Das war im September '33. Wir warben ein paar neue Leute an, auch Schweizer waren dabei, Österreicher, ein Russe, und führten fort, was wir in München begonnen hatten. Die Goslar kam hinzu. Wir waren alle ziemlich fleißig und leidenschaftlich bei der Sache, unserer Sache. Dabei entfernten wir uns unwillkürlich mehr und mehr von der Sache unserer Vorbilder, – der Elf Scharfrichter oder der kleinen Revuen, wie wir sie aus dem Nachkriegsberlin kannten.

Wir hatten es schwer bei der sogenannten Programmgestaltung. Alles, was wir sagen wollten, mußte allgemein verständlich gesagt sein, einem jeden zugänglich. Wir durften nichts voraussetzen an irgendwelchen literarischen oder politischen Kenntnissen oder Sympathien. Es sollte für Zürich ebenso möglich sein wie für Bratislava, so sehr wie für Amsterdam. Das zu machen, was man Programm nennt, war uns streng verboten, – übrigens hätte es sich mit unseren Vorstellungen von der künstlerischen Seite unserer Sache kaum vertragen. Alle Anspielungen auf die Verhältnisse des Landes etwa, wo wir uns gastweise aufhalten durften, waren verpönt, – wir sahen uns vor die Aufgabe gestellt, mit kleinsten Mitteln, fast ohne dekorative Beihilfe (denn dafür hatten wir weder Geld noch Platz), zu siebt oder acht, wie wir waren, etwas auf die Beine zu stellen, das unserer Überzeugung, unserem Grimm und unserer Hoffnung Ausdruck verlieh, – einen indirekten, ins Künstlerische übersetzten Ausdruck, – keinen grell plakathaften, der unerlaubt gewesen wäre, vor den behördlichen wie vor den künstlerischen Gesetzen.

Vor allem hatten wir den Wunsch, nicht exklusiv zu sein, – nicht nur zu denen zu sprechen, die «es» ohnedies schon wissen, sondern ein breites, unbefangenes Publikum zu interessieren, weil wir etwa wollten, daß die Bauern in den kleinsten schweizer Dörfern und die Angelverkäufer in den holländischen Nestern die Dummheit hassen sollten, wie wir sie hassen; und weil wir wußten, daß es nichts nützen würde, wenn wir ihnen nur vorsagen: «Haß du, bitte die Dummheit», – stellten wir ein Scheusal her, ein übergroßes und mächtiges Gespenst, das alles in apokalyptisch-heroischem Unsinn redete, wie wir ihn von der Dummheit zu hören gewohnt sind, und das dermaßen greulich und ekelerregend war (Sie erinnern sich vielleicht, – die Giehse hat das dargestellt, ganz in rosa und mit einer abstoßenden Engelperücke), daß jedem, der es sah, die Lust auf Dummheit bis auf weiteres verging.

Oder wir versuchten es mit den alten Märchen, indem wir ihren volkstümlich anerkannten Inhalt, ihre volkstümlich anerkannte Moral auf die Dinge des heutigen Lebens bezogen. Dilettantismus, Größenwahnsinn und Verbrechen wollten wir an den Pranger stellen? Aber da gab es doch das Grimmsche Märchen von des Fischers Fru, Ilsebill, die so lange aufstieg, König, Kaiser und Papst wurde, bis der Himmel sie zerschmetterte, da sie nämlich Gott selber werden wollte, in ihrer unvergleichlichen Hybris. Unvergleichlich – aber wir verglichen mit einem Lebenden in aller Stille, und das Publikum, in schweigendem Übereinkommen mit uns, verglich ebenso.

Verzeihen Sie mir bitte, wenn ich auf solche, gewiß unbedeutende Einzelheiten hinweise, – aber mir liegt daran, die Methode zu beleuchten, nach der wir unsere Versuche, «Gesinnung» darzustellen, ausführen. Die Fischerin übrigens werden wir gleich nachher für Sie aufführen als Illustration quasi für die unter Ihnen, welche sie noch nicht kennen, und für die, denen sie schon bekannt ist, als hoffentlich nicht unerwünschte Reminiszenz.

In die C. S. R. kamen wir vor etwa einem Jahr zum ersten Mal, – wir hatten damals schon eine holländische und drei schweizer Touren hinter uns. Sie wissen, wie freundlich man uns hier aufgenommen hat, und daß von Anfang an auch so viele anderssprachige Menschen – Tschechen, Ungarn etc. – zu uns kamen, darüber waren wir ganz gerührt und glücklich. Auch sonst ist viel Anlaß, glücklich und gerührt zu sein in diesem Lande, – wir gingen in der alten Stadt spazieren, im Hradschin und in den Gassen, die hinaufführen, – man kam sich ganz verzaubert vor dabei, Sie wissen es besser als ich.

Ein großes Erlebnis war es, Voskovec und Werich zum ersten Male zu sehen – ich war von dem, was sie spielten, überzeugt und gefangen nach den ersten fünf Minuten. Das kam so nahe unserer Vorstellung von einem Theater, wie es heute sein muß und im Grunde sehr viel anders gar nicht sein darf. Da war all das, was wir suchen, – die lebendige Buntheit, die auf ein breites Publikum zu wirken imstande ist, – die schauspielerische Persönlichkeit, die, was sie spricht und tut, gültig erscheinen läßt, die Haltung und Gesinnung, die ins Volk gebracht wird, während es sich nur belustigt glaubt, die Direktheit, mit der dieses Volk angesprochen wird, und dabei die Luft von künstlerischer Kühnheit, die über dem Ganzen liegt. Es war alles danach angetan, um glücklich und gerührt zu werden – wieder einmal – in Prag, und es war, um nachdenklich zu werden und um Antwort zu suchen auf Fragen, die wir uns selber stellen und die von außen her oft genug an uns gestellt werden. Kunst für Theater, – Kunst also für die schaulustige Menge, – ist sie heute gut und richtig, wenn sie keine Beziehungen zu den Dingen unseres Lebens hat, wenn sie keinerlei entfernte Beziehungen aufweist, – sagen wir ruhig, – zur Politik? Zur Politik im weitesten Sinne wohlverstanden, – zur Politik, wie sie täglich und stündlich hineinspielt in unser Leben, in das Leben jedes einzelnen, und wie sie schlechthin nicht wegzudenken ist aus diesem Leben. Ich habe es zum Beispiel nie verstanden, wie ein Mensch sagen kann, etwa, das deutsche Ding berühre ihn nicht weiter, denn er sei unpolitisch. Aber es ist das menschlich Allgemeinste, worum es hier geht, und die menschlich allgemeinsten Werte und Errungenschaften sind es, die sich in großer Gefahr befinden!

Unpolitisch? Gewiß, – von Natur sind wir es alle, das Leben wäre hübscher, leichter, verantwortungsloser, wenn wir es hätten bleiben dürfen: «Ich wollte, die Revolution wäre erst gemacht, damit man endlich mit der Literatur wieder anfangen dürfte», das hat ein junger Franzose gesagt, der jetzt tot ist, René Crevel, ein Poet seines Zeichens: Er starb freiwillig, und ich glaube, daß es ihm zu lange gedauert hat, – er hätte so gerne gleich mit der Literatur wieder angefangen, – aber die Revolution, wie er sie meinte, lag noch in allzu ungreifbarer Ferne.

Eine andere Frage, – und es ist die, die solche Stimmen aus dem Publikum am häufigsten an uns richten: Glauben wir an eine Erfolgsmöglichkeit? An die Chance einer wirklichen Einflußnahme auf diejenigen, die uns zuhören? Man muß bescheiden sein, und jeder kämpfe mit der Waffe, die ihm zur Verfügung gestellt ist. Einflußnahme im Sinne von Bekehrung? Im Sinne von sich-auf-die-Brust-schlagender Einkehr und Reue auf seiten des zu Bekehrenden? Gewiß nicht! Aber wir haben kein Propagandaministerium und nicht das, was «dort» in beinahe schon belustigendem Zynismus ein «Ministerium für Volksaufklärung» genannt wird. Wir haben nichts als unsere eigene Stimme und Person. Wenn diese Stimme und Person glaubwürdig wirkt, auf die Menschen, wenn es nur gelingt, dem Gesprochenen und Dargestellten die Autorität zu verleihen, die von jeder ehrlichen Bemühung ausgeht, daß sie durch ein wenig Talent und Können gestützt ist, wenn täglich nur einige Wenige nachdenklich werden und sich besinnen, an all den vielen Abenden des Jahres und in allen den vielen Städten und Städtchen, die wir bereisen, – man muß bescheiden sein, – und die «Pfeffermühle» wäre glücklich, wenn sie ihr winziges, – winziges, – winziges Teilchen dürfte beigetragen haben zum Sieg der Besinnung und der Vernunft in Europa.

Auto(angst)traum   Erstes Münchner Programm

Wie ist mir denn, wie wird mir denn?
Ich träume ja so sonderbar!?
Wie widerlich, wie unheimlich, –
Und alles ist, als wär es wahr!

Man stiehlt mein Auto, halt den Dieb,
Und man straft mich, ich leide sehr,
Ich leide viel mehr, als mir lieb,
Ich bin kein Masochist, mein Herr.

Und fahre doch so vorsichtig,
Am Tage stets so gut ich kann,
Wie ist mir denn, wie wird mir denn,
Wie fang ich denn zu träumen an?

Parken verboten, bremsen verboten,
Langsam fahren ist nicht erlaubt!
Hupen verboten, vorfahr'n verboten,
Autos verboten überhaupt.

Ei die feinen Strafbefehle, –
Wie sie gelblich sind und schön,
Bis ich diese Briefe zähle
Wird es Zeit sein aufzustehn.

Trinken verboten, –
Es ist verboten mit dem Wagenführer zu schrei'n,
Weinen verboten,
Lachen verboten,
Es ist verboten, Berliner zu sein.

Wie ist mir denn, wie wird mir denn?
Ich träume ja, so grauenvoll, –
Ach, das Benzin, das kostet mehr,
Viel mehr doch als es kosten soll.

Die Landwirtschaft, die tut hinein,
Was sie sonst nicht verkaufen kann,
Kartoffelsaft und Schweinefleisch
Und Butterbrot kommt auch noch dran.

Jetzt kostet es per Liter schon
Mein ganzes Geld und stinkt dazu, –
Wie ist mir denn, wie wird mir denn?
Ach, laßt mich doch in Ruh!

Verboten, verboten, Strafen, Steuer, Steuer, Strafen,
Strafen, Todesstrafen!
Laßt mich schlafen!
Todesstrafen, Steuer! Steuer!
Ungeheuer! Aaaaahhh!

Hinaus, hinaus!

Mit dem ist es jetzt aus!

Der fährt uns jetzt kein Auto mehr!

Geglückt, geglückt,

Der ist verrückt,

Da freuen wir uns sehr!

Auf dem Fundbureau Erstes Münchner Programm

FINDER Guten Tag.

BEAMTER Nur einer auf einmal, bitte!

FINDER (sieht sich scheu um) Ich bin nur einer.

BEAMTER Was liegt vor?

FINDER Ein Schirm und ein Ring.

BEAMTER Sie behaupten, die beiden Gegenstände gefunden zu haben?

FINDER Ich habe die beiden Gegenstände auf einer Bank im Englischen Garten gefunden.

BEAMTER Nähe?

FINDER ???

BEAMTER Nähe??

FINDER Nein, – äh, – ziemlich weit unten so auf dem Weg nach, – beim Milchhäusel, – glaube ich.

BEAMTER Nähe Milchhäusel.

FINDER (nickt glücklich)

BEAMTER Die *beiden* Gegenstände auf *einer* Bank?

FINDER Ja, – das heißt nein, – der Schirm lag hinter der Bank und der Ring lag auf der Bank.

BEAMTER Sie verwickeln sich *schon* in Widersprüche. Haben Sie Anhaltspunkte?

FINDER Wofür?

BEAMTER Also keine?

FINDER Ich weiß nicht ...

BEAMTER Wie wollen Sie den kleinen Ring, – (sehr streng) ich sehe eben, er ist *aus Gold!*, – auf der Bank bemerkt haben?

FINDER Ich ging hinter der Bank vorbei und da sah ich den Schirm ...

BEAMTER Wie Sie den Ring bemerkt haben wollen!

FINDER (leise und verzweifelt) «Haben wollen», – ich wollte ja gar nicht, ich *habe leider* erst den Schirm bemerkt und dann elenderweise auch noch den Ring!

BEAMTER Wie kamen Sie dazu, *hinter* der Bank vorbei zu gehen, – man geht *vor* Bänken vorbei!

FINDER Ich war, – äh, – ich war in Gesellschaft und ich wollte der Dame schnell etwas sagen und da gingen wir eben hinter die Bank.

BEAMTER (sagt's ihm auf den Kopf zu) Der Ring gehört der Dame, mit der Sie «hinter der Bank» gewesen sind.

FINDER Aber ... dann würde ich ihn doch nicht herbringen!!!

BEAMTER (sehr plötzlich) Wie kommt der bräunlichrote Flecken an den Schirm?

FINDER Das weiß *ich* doch nicht, – ich habe die beiden Gegenstände *gefunden*, – und da glaubte ich ...

BEAMTER Sie glaubten, hier vor Verfolgung sicher zu sein!

FINDER Idiot!

BEAMTER (ruhig, wie diktierend, zum Schreiber) Beamtenbeleidigung, geht zu Protokoll. – Wie viel Uhr war es, als Sie der beiden Gegenstände habhaft wurden?

FINDER (der allmählich anfängt, blödsinnig zu werden) Habhaft wurden, habhaft wurden ... 1, – nein, 3 Uhr!

BEAMTER Morgens?

FINDER Ja, nachts, ich kam ...

BEAMTER Sie kamen *woher*?

FINDER Aus dem Dampfbad.

BEAMTER Um drei Uhr morgens?

FINDER Aus einer Gesellschaft, die nach dem Dampfbad war, – ich war dort eingeladen.

BEAMTER Im Dampfbad?

FINDER In der Gesellschaft, mein Gott, bei Freunden, es wurde spät ...

BEAMTER *Wo ist die Dame?*

Finder Welche Dame, um Gottes Willen?

BEAMTER Durch Verstocktheit werden Sie Ihre Lage nur verschlimmern.

FINDER (den Tränen nahe) Was wollen Sie denn von mir, – ich habe weder gemordet, noch gestohlen.

BEAMTER Man legt nicht Ringe und Schirme *auf* und *hinter* Bänke.

FINDER Ich habe sie ja nicht gelegt.

BEAMTER Aber *gefunden?* He, – gefunden doch, nicht wahr, – denn daß dies alles hier *Ihnen* gehört, wollen Sie doch wohl nicht behaupten?!

FINDER (stumpf) Ich hätte es ja auch behalten können.

BEAMTER Aber das war Ihnen zu gefährlich, wie, – das war doch wohl zu riskant, was mein Herr?

FINDER (stürzt zur Tür) Lassen Sie mich gehn, – ich werde wahnsinnig!

BEAMTER Der Herr verläßt das Zimmer nicht.

FINDER Ich kann nicht mehr, – ich werde absolut irrsinnig. Was ist denn bloß los mit mir, mein Gott, was ist los. Was legt man mir zur Last, Herr Fundbureauvorsteher, wenn Sie es mir bloß eingestehen, Verzeihung, mitteilen wollten, was

ist denn, was ist denn ... meiner Ansicht nach bin ich verrückt, – ein harmloser Geisteskranker, Herr Richter, Sie
werden zugeben, aus unschädlicher Verrücktheit bin ich
hergekommen, um die Gegenstände abzuliefern, weil weil
sie mir ganz einfach nicht gut genug gefallen haben, um sie
zu behalten, – sehen Sie, der Schirm hat einen bräunlichro-
ten Flecken. Sie waren so gütig, es vorhin gleich zu bemerken, *bitte* lassen Sie mich gehn, – ich kann nicht mehr, ich
kann nicht mehr, – ich, – Nervenzusammenbruch (er weint).

BEAMTER Nur durch ein Geständnis ...

FINDER Aber was Sie wollen, hören Sie, was Sie wollen! Ich
habe die Sachen gestohlen, nicht wahr, das ist es, – jawohl,
geklaut, – regelrecht geklaut sind die Dinger, einer älteren
Frauensperson aus der Nase gezogen, – allen Ernstes,
Schirmchen wie Ringlein, – ach, Herr Scharfrichter, – ich
Unglückseliger!

BEAMTER (milde und gelöst) Sie waren hungrig.

FINDER Der Hunger und die Müdigkeit, – Milde, Herr Frank
II, – lassen Sie Milde walten!

BEAMTER (erhebt sich) 8 Tage Gefängnis, abführen.

FINDER Dem Himmel sei's gedankt! (Er bricht an der Schwelle
zusammen)

Ende

Schönheitskönigin Zweites Münchner Programm

Vorsicht mit den Instrumenten,
Achtung, Eile, Achtsamkeit,
Ja, mein Kind, in Deinen Händen
Liegt das Leben der Patienten
Und ihr Glück für Lebenszeit.

Ich bin die Schönheitskönigin
Im wahren Sinn
Im wahren Sinn des Wortes
Ich operiere und massiere
Korrigiere, plagiiere
Die Schönheit allerorts.

Was nicht hübsch ist, wird geschnitten
Und massiert wird, was zu fett,
Um die Schönheit wird gelitten
Hier auf dem Massagebrett.
Bitte wollen Sie sich legen
Auf den Rücken, Frau Direktor,
Gräfin müssen sich doch pflegen, –
Wer wird weinen, Herr Inspektor?
Einen Bauch hat jene Dame, –
Na, Sie werden Sie ja kennen, –
Namen darf ich ja nicht nennen, –
Frau von Batik ist ihr Name.

Eine Kundin fand da neulich, –
Ach, mein Mund ist ganz abscheulich, –
Und besonders wenn ich lache.
Ich zerlegt ihn mit dem Messer,

Jetzt gefällt er ihr schon besser, –
Das war eine große Sache.
Mit der Gabel ward der Nabel
Jener Dame extrahiert.
Jetzt an Mundes statt
Sie den Nabel hat
Und der Mund ward tiefer nun placiert.

Ich bin ... (Refrain)

Droben liegt ein Herr darnieder
Den besuch ich heute wieder
Und verbinde ihm die Nase
Gott ist das ein armer Hase.
Denn der Pfarrer, der ihn taufte,
Und der Stammbaum, den er kaufte,
Gar nichts, gar nichts wollte frommen
Und ich selber mußte kommen.
Ach das Herrchen drängt es mächtig
Auch mal ganz dabei zu sein, –
Seine Nase war nicht klein, –
War nicht grade, war verdächtig,
Eine neue Nase möcht ich,
rief der unzufriedne Herr,
Und nicht weniger, nicht mehr.
Ich nahm die Nase in die Hand,
Die ich von mir aus reizend fand,
Und schnitt ihr tief in ihren Rücken.
Zur Rechten sieht man, wie zur Linken,
Eine halbe Nase heruntersinken, –
Haut auch den Sattel noch in Stücken.
Die Biegung korrigierte ich

Mit einem Stückchen Ohr, –
Die Länge, die verkürzte ich,
Die Oberlippe schürzte ich,
Was ich dabei verlor,
Massiert ich in das Kinn hinein, –
Das wird nun recht martialisch.

Ich bin ... (Refrain)

Ende

Der Koch Zweites Münchner Programm

Mich kennt man doch, ich bin der Koch.
Der Küchenchef, der Mächtige,
der alles kann, der alles weiß,
von Parmesan bis Trüffelspeis
und bis zum Schokoladeneis –
Bin ich der Koch.

Zu allererst krieg ich mein Geld,
Ich bin schon reich –
Wenn man mich nicht bei Laune hält,
Da koch ich gleich vor Wut
Nur grauenhaftes Zeug –
Ich pfeffere die Suppen Euch,
Daß Euch die Augen übergehn,
Ich salz die Mehlspeis aus Versehn –
Das kann ich doch –
Ich bin der Koch.

Ich schrei die Küchenjungen an –
Ich bin vergnügt –
Wenn einer selber kochen kann
wsst – – der fliegt.
Die dürfen spülen, putzen, schälen –
Der Koch bin ich.
Ich könnte Ihnen viel erzählen,
Mit manchem könnte ich Sie quälen
Und brüsten mich.

Als ich die Katze totgeschlagen,
Weil sie so naschhaft war und dreist,
Hab ich sie gar nicht lang begraben –
Sie ward verspeist.
Ich klopfte sie und salzte sie –
und würzte sie und walzte sie –
Die Küchenkatze ward serviert
Als feines Côte d'agneau –
Der Gast, der nach dem Braten giert,
Genoß sie so!

Er schmatzte froh:
«Wie heißt er doch,
Der Küchenchef, der Meisterkoch?»
Ich bin der Koch!

Am liebsten koche ich Pasteten,
Und delikat.
Da ist viel Raffinement vonnöten,
Und keiner weiß bei den Pasteten,
Was er da hat.

Ich lasse alle Speisen stehen,
Bis Schimmelpilze drauf zu sehen,
Dann schneide ich sie kurz und klein,
Und rühre sie und spuck hinein,
Und mach noch dies und das hinein,
Damit die Speisen würzig seien.

Ich hacke sie und backe sie,
Garniere sie, verziere sie
«Pasteten à la Wilhelm zwo»
Verzehrt der Gast, und freut sich so,
Daß sie von höchstem Raffinement,
Ein Labsal sind für den Gourment –
Er preist ihn für und für und noch,
Den Küchenchef, den Meisterkoch –
Ich bin der Koch!

Manch Gast bestellt beim Ober sich
Recht sorgsam und recht ausführlich
Ein Irishstew auf Führerweis,
Und freut sich kindisch auf die Speis.
Wenn ich grad schlechter Laune bin,
Dann schick ich folgendes ihm hin –
Spaghettirest und russisch Borschtsch
Schütt ich zusammen frank und forsch,
Ein wenig deutsches Lamm hinein
Wird dem Gerichte dienlich sein –
Der Paprika wird nicht gespart
Beim Irishstew auf Führerart –.
Der Gast weint leis, weil es so scharf,
Und er es nicht bemäkeln darf.
Serviert von oben, frißt er's doch – –
Ich bin der Koch!

Die Dummheit Zweites Exil-Programm

Ich bin die Dummheit, hört mein Lied
und nehmt es nicht zu leicht.
Nichts gibt's, soweit das Auge sieht,
das mir an Dummheit gleicht.
Der Schnee ist weiß, das Meer ist tief,
ich aber, ich bin dumm,
der Teufel, der mich einstens rief,
der wußte wohl warum.
Die Menschheit fürchtet den Verstand,
sprach Satanas zu mir.
Dich hat noch keiner recht erkannt,
mein liebstes Mordgetier.
Ja, um Gotteswillen, bin ich dumm!

Der Leute Hirn verklebe ich,
ich nag' an der Substanz.
Von ihrem Stumpfsinn lebe ich,
es ist ein toller Tanz.
Besonders bin ich eingestellt,
auf Herren, die regier'n.
Und die auf dieser ganzen Welt
mich freudig akzeptier'n.
Die Herren tun alles, was ich will
in blut'ger Narretei.
Und ihre Völker halten still.
Denn ich bin stets dabei.
Ja, um Gotteswillen, bin ich dumm!

Am Ende steht der Untergang,
den ich herbeigeführt.
Paßt auf, es dauert nicht mehr lang,
und dann ist es passiert.
Was sagt ihr? Nein?! Ihr kennt mich jetzt?
Ich selbst hätt' es vollbracht?
Ihr meidet und benennt mich jetzt?
Was hab ich bloß gemacht …?!
Wär's möglich, daß …? Pfui, die Vernunft!
Welch tödlich sanftes Licht.
Schon bin ich ohne Unterkunft,
weh, ich begreif es nicht …
Ja, um Gotteswillen, war ich dumm!

Kälte   Zweites Exil-Programm

In Winterkälte ward ein Jahr geboren, –
Es ist so zart, – seid sorgsam mit dem Kind!
Man hat der Jahre manches schon verloren,
Und heutzutage geht ein scharfer Wind.

Der Schnee ist bläulich in der dünnen
    Kälte, –
Die kleinen Bäume frieren arm und kahl;
Zwei Raben kreisen hungrig über'm
    Felde, –
Ein Bauer stapft daher, wie Rübezahl.

Warum ist es so kalt?
Warum tut Kälte weh?
Warum? Die Welt wird bald
Nur lauter Eis und Schnee.

Kalt ist die Welt, – sie macht sich nichts zu wissen,
Von dem und jenem, was es leider gibt.
Gleichgültigkeit, dies kühlste Ruhekissen,
Ist sehr gefragt und allgemein beliebt.

Wer faselt da von Ungerechtigkeiten?
Von Mord und Marter, die zum Himmel schrein?
Was kümmert's mich, wenn andre Leute streiten?
Laßt mich in Ruh, – ich mische mich nicht ein!

Warum sind wir so kalt?
Warum, – das tut doch weh!
Warum? Wir werden bald
Wie lauter Eis und Schnee!

Beteiligt Euch, – es geht um Eure Erde!
Und Ihr allein, Ihr habt die ganze Macht
Seht zu, daß es ein wenig wärmer werde,
In unserer schlimmen, kalten Winternacht!

Die ist erfüllt von lauter kaltem Grauen, –
Solange wir ihm nicht zuleibe gehn;
Wehrt Euch und kämpft, – und dann laßt uns doch
    schauen,
Ob die Gespenster diesen Kampf bestehen!

Bestehn? Ich glaub' es nicht!
Die Sonne siegt zum Schluß!
Warum? Weil solches Licht
Am Ende siegen muß!

.–.–.–.–.–.–.–.–.–.–.–

am 1. Januar, 1934.
Zürich (Hirschen).

Der Prinz von Lügenland   Drittes Exil-Programm

Ich bin der Prinz von Lügenland,
Ich lüg, daß sich die Bäume biegen, –
Du Lieber Gott, wie kann ich lügen,
Lüg alle Lügner an die Wand.

Ich lüge so erfindungsreich
Das Blau herunter von den Himmeln.
Seht Ihr die Luft von Lügen wimmeln?
Es weht der Wind vom Lügenteich.

Der liebe Sommer naht sich jetzt,
Schon sprießen Knospen an den Bäumen,
Lieb Veilchen gelb die Wiesen säumen,
Im Kriege ward kein Mann verletzt.

Ha, Ha, Ihr glaubts, ich merk' es ja.
Ich kann's in Euren Mienen lesen.
Obwohl es lügenhaft gewesen,
Steht es vor Euch wie Wahrheit da.

Lügen ist schön,
Lügen ist gut,
Lügen bringt Glück,
Lügen schafft Mut,
Lügen haben hübsche lange Beine.
Lügen macht reich,
Lügen sind fein,
Wirken wie wahr,
Waschen Dich rein,
Gehn wie Hündlein folgsam an der Leine.

Bei mir daheim im Lügenland
Darf keiner mehr die Wahrheit reden, –
Ein buntes Netz von Lügenfäden
Hält unser großes Reich umspannt.

Bei uns ists hübsch, wir habens gut,
Wir dürfen unsre Feinde morden.
Verleihn uns selbst die höchsten Orden
Voll Lügenglanz und Lügenmut.

Wer einmal lügt, dem glaubt man nicht,
Wer immer lügt, dem wird man glauben.
Zum Schluß läßt sich's die Welt nicht rauben,
Daß er die lautre Wahrheit spricht.

Lügen ist recht,
Lügen ist leicht,
Alles ist gut,
Wenn man's erreicht, –
Lügen sind zu unserm Zweck die Mittel.
Lügen bringt Ruhm

Dem Lügenland,
Lügen sind bunt
Und elegant;
Dumme Wahrheit geht in grauem Kittel.

Ein Prinz bin ich aus Lügenland,
Ich will die Wahrheit überdauern.
Verborgen hinter Lügenmauern,
Halt ich den wahrsten Stürmen stand.

Ich misch das Gift, ich schür den Brand,
Nur so schütz ich mein Reich vor Kriegen.
Wer mir nicht glaubt, den straf ich Lügen,
Ich selbst, der Prinz von Lügenland!

Die Welt hat gern mit mir Geduld,
Und sollt' sie auch zu Grunde gehen.
Mich hört man auf den Trümmern krähen:
Daran sind nur die andern Schuld!

Lügen sind sanft
Lügen sind fein
Machen Euch still
Singen Euch ein,
Bis zu einem gräßlichen Erwachen.
Laßt's nicht geschehn!

(Hier geht der Vortragende nach vorn, reißt sich die Kappe
vom Haar, und schleudert die letzten vier Zeilen beschwörend
ins Publikum.)

Glaubt ihnen nicht
Schleudert die Wahrheit
Ins Lügengesicht!
Denn die Wahrheit ganz allein kanns machen!

Der Revoluzzer Drittes Exil-Programm

Der deutschen
Sozialdemokratie gewidmet

War einmal ein Revoluzzer,
Im Zivilstand Lampenputzer;
Ging im Revoluzzerschritt
Mit den Revoluzzern mit.

Und er schrie: «Ich revolüzze!»
Und die Revoluzzermütze
Schob er auf das linke Ohr,
Kam sich höchst gefährlich vor.

Doch die Revoluzzer schritten
Mitten in der Straßen Mitten,
Wo er sonsten unverdrutzt
Alle Gaslaternen putzt.

Sie vom Boden zu entfernen,
Rupfte man die Gaslaternen
Aus dem Straßenpflaster aus,
Zwecks des Barrikadenbaus.

Aber unser Revoluzzer
Schrie: «Ich bin der Lampenputzer
Dieses guten Leuchtelichts.
Bitte, bitte, tut ihm nichts!

Wenn wir ihn' das Licht ausdrehen,
Kann kein Bürger nichts mehr sehen,
Laßt die Lampen stehn, ich bitt!
Denn sonst spiel' ich nicht mehr mit!»

Doch die Revoluzzer lachten,
Und die Gaslaternen krachten.
Und der Lampenputzer schlich
Fort und weinte bitterlich.

Dann ist er zuhaus geblieben
Und hat dort ein Buch geschrieben,
Nämlich, wie man revoluzzt
Und dabei doch Lampen putzt.

Schreiben
in der Emigration
1936 – 1939

Hitler: Eine Gefahr für den Weltfrieden
(Vortrag im Madison Square Garden, N.Y.)

Meine Damen und Herren,
all unsere Zusammenkünfte und Versammlungen, Versammlungen von Freunden der Zivilisation und des Friedens – und
das ist gleichbedeutend mit Versammlungen der Feinde des
Faschismus –, all unsere Versammlungen, ob «linksgerichtet»
oder konservativ, ob jüdisch oder nicht, sollten vor allem mindestens ein Merkmal haben, das sie deutlich von den Treffen
unserer Gegner drüben auf der anderen Seite unterscheidet.
Bei unseren Versammlungen soll und darf niemals gelogen
werden. Unsere Situation ist günstiger. Wir haben einen großen Vorteil auf unserer Seite, obwohl er keinesfalls offensichtlich ist. Die Wahrheiten, die uns wichtig sind, sind mächtiger

und überzeugender als alle Unwahrheit, die von einem Propagandaministerium nur zu einem Zweck geschaffen und erdacht wurde: nämlich zur Verbreitung der Unwahrheit.

Mein heutiges Thema lautet – und es ist ein weites Feld, das ich unmöglich umfassend in der kurzen mir zur Verfügung stehenden Viertelstunde erschöpfend behandeln kann: «Die Frau im Dritten Reich». Und da es meine erklärte Absicht ist, die Wahrheit und nichts als die Wahrheit zu sagen, auch wenn diese Wahrheit unbequem ist, muß ich einen Punkt gleich zu Beginn zugeben: Es waren die Frauen, die Hitler gewählt haben.

Es würde zu weit führen, den Stellenwert und die Gefahren des Frauenwahlrechts zu erörtern, aber es ist eine Tatsache, daß das emotionale Element gerade im Fall von stimmberechtigten Frauen eine große Rolle spielt, und ihre Gefühle entschieden sich in diesem Fall für den gestutzten Schnurrbart, die Schaftstiefel und die haltlosen Versprechungen – ihre Gefühle glaubten, was ihnen schmeichelte. Alle Frauen liebten ihn; sie waren von Anfang an seine wahren und begeisterten Anhänger, aber sie sind weit bitterer als jede andere Gruppe in jenem so stark enttäuschten Land enttäuscht worden.

Die erste Forderung, die der nationalsozialistische Staat an die Frau stellte, war keine geringere als diese: Sie sollte aufhören, ein vernunftbegabtes Individuum zu sein – aufhören zu studieren und außerhalb des Hauses zu arbeiten, ihren Ehrgeiz mit dem Mann zu teilen, kurz: Sie mußte in den Schoß der Familie zurückkehren, die sie würdevoll auf dem Pfad der Ehrbarkeit geleiten sollte. Die Familie – wenigstens ist es das, was Hitler versprach, als er dieses zerbrechliche Wort Tag für Tag in all seine Mikrophone brüllte – die Familie sollte einmal mehr blühen und gedeihen. Sie mußte gehegt und wiedergeboren werden, diese so kostbare Einheit, die von Marxisten

und Materialisten schon halb zerstört worden sei (und es hätte
sich sicher niemand gewundert, wenn er zufällig auch die Sur-
realisten in seiner Verbrecherliste aufgezählt hätte, denn er
wählt seine Fremdworte nicht immer glücklich, und dieses
muß in der Tat höchst verführerisch gewesen sein).

Die Frauen, die schon vom gestutzten Schnurrbart und den
Schaftstiefeln getäuscht worden waren, glaubten die Versiche-
rungen, die ihnen entgegengebellt wurden. Aber was ist tatsächlich aus der Familie im Dritten Reich geworden? Was ist
aus dem würdigen und behüteten Dasein geworden, das das
Los der Frau hatte werden sollen?

Wie Sie alle wissen, hat der totalitäre Staat einen gesunden
und kräftigen Magen. Er verschlingt sie alle, einen nach dem
anderen: den Vater, die Tochter, den Sohn. Da gibt es den
Kriegsdienst, den freiwilligen Arbeitsdienst und noch viele
andere Mittel, die Familie auseinanderzubringen und den
Mann von seiner Frau, den Sohn von seinem Vater, die Tochter von ihrer Mutter fortzureißen. Ein Beispiel: Alle Mädchen,
die das fünfzehnte Lebensjahr erreichen, müssen sich in
Deutschland für eineinhalb Jahre im freiwilligen Arbeitsdienst abrackern – das bedeutet weg von zu Hause, auf dem
Land, im Haus von vollkommen fremden Bauern oder Land-
besitzern. Und dort arbeiten sie für eineinhalb Jahre wie Land-
frauen. Um vier Uhr früh müssen auch die zartesten und
künstlerisch begabtesten kleinen Mädchen zum Ausmisten in
den Stall. Eine kleine Freundin von mir, fünfzehn Jahre alt,
Tochter eines bayerischen Adligen und ihres Zeichens Harfe-
nistin, schreibt mir in tiefster Verzweiflung, daß alles hoffnungslos sei: Alles Üben sei umsonst gewesen, die Arbeit vieler Jahre, die Opfer, die ihre Eltern auf sich genommen haben,
um ihre Studien möglich zu machen – denn nun kommt eine
Unterbrechung von eineinhalb Jahren und, was noch schlim-

mer ist, eine Unterbrechung, die ihre Hände mit Sicherheit ruinieren wird. «Leb wohl, Musik!» schreibt das Kind, «lebt wohl, alle meine Hoffnungen und Pläne», und das ist der Beginn ihres Lebens, das Leben einer Frau im Dritten Reich.

Nun, wie wir alle wissen und wie Hitler schon sagte, ist eine Karriere nichts für eine Frau; sie soll Mutter sein; sie muß um jeden Preis Mutter werden, auch wenn sie selbst noch ein halbes Kind ist und kein Vater da ist, der die Verantwortung übernimmt – was soll's? Soldaten müssen her – oder zumindest potentielle neue kleine Soldatenmütter. Die Frau im Dritten Reich ist eine Zuchtstute, und wie jeder und alles andere auch muß sie nur einen Zweck erfüllen: die Vorbereitung und Ermöglichung des Krieges. Wozu noch Würde? Ein respektables Dasein? Alle überkommenen Werte werden hoffnungslos durcheinandergebracht. Was ist «Liebe» – gibt es überhaupt noch «Liebe»? Ein junges Mädchen weiß, denn soviel hat man ihr bei der «Eheberatungsstelle» – was für ein Wort! –, deren Aufsuchen ihr die Regierung eindringlich «vorschlägt», eindrucksvoll beigebracht – ein junges Mädchen weiß: Ich, die ich brünett mit einem länglich-schmalen Gesicht bin, muß mich im Bund der Ehe fortpflanzen, um Kinder mit blondem, kantigem Kopf hervorzubringen, obwohl ich sündigerweise und verdammenswerterweise jemand ganz anderen begehre. Ich liebe diesen anderen, aber ich würde ins Gefängnis, in die Nervenheilanstalt oder sogar ins Konzentrationslager geworfen, wenn ich meine Gefühle offenbarte, denn dieser andere ist ein Halbjude. Und wenn ich mich heimlich mit ihm treffen würde, zitternd, an irgendeiner dunklen Ecke, müßte ich mit der Wahrscheinlichkeit leben, daß mein eigener Bruder mich an die Geheimpolizei verraten würde, denn er ist der Kommandeur einer kleinen Sturmtruppeneinheit und möchte höher hinaus, Gruppenführer oder sogar Bezirksleiter werden.

Meine Damen und Herren: Sie alle wissen von diesen Dingen, aber es ist ein Unterschied, etwas zu wissen und es zu begreifen – zwischen dem Begreifen und der Fähigkeit, sich solche Dinge plastisch vorzustellen, liegt ein weites Feld. Die Unfähigkeit der meisten Menschen, sich Dinge plastisch vorzustellen und sie nachzuempfinden und sie nur für einen Moment mitzuerleiden, hat es Deutschland – ganz Deutschland – ermöglicht, denen in die Hände zu fallen, die es heute noch regieren und die so angestrengt versuchen, ihre gottlosen Methoden über die ganze Welt zu verbreiten, sofern der Rest der Welt das Unglück hat, die Tatsachen nicht rechtzeitig zu sehen und zu begreifen. Zum Glück unterstützen uns die Machthaber in Deutschland ein wenig und helfen unserer schwachen Phantasie auf die Sprünge, denn sie veröffentlichen Dinge und erklären sie in aller Unschuld für legal, von denen sie wissen müßten, daß sie eine erhellende Wirkung haben müssen und dazu dienen, der Welt die Augen zu öffnen.

Ich besitze ein Exemplar der «Nürnberger Gesetze», ein Reichsgesetzbuch «zum Schutze des deutschen Blutes und der deutschen Ehre», und ich möchte nicht versäumen, ein paar kurze Auszüge daraus zu übersetzen. Jeder wird zugeben, daß wir nicht zu lügen brauchen, wenn uns solche Wahrheiten zur Verfügung stehen. Um beim Inhaltsverzeichnis anzufangen: «Übersicht bestehender Hindernisse, deutsch-jüdische Ehen wegen rassischer Unterschiede zu verhindern». «Ehen zwischen einem Juden deutscher oder anderer Nationalität und einem einheimischen – das bedeutet deutschen – jüdischen Mischling mit einem Großelternteil (Vierteljude) sind verboten.» – «Weiterhin sind Ehen zwischen einem einheimischen jüdischen Mischling mit einem jüdischen Großelternteil (Vierteljude) und einem anderen jüdischen Mischling mit einem jüdischen Großelternteil verboten.»

Dies mag streng klingen, aber es gibt auch mildere Para-
graphen. Ausländischen Vierteljuden ist es beispielsweise erlaubt, Deutsche zu heiraten, und die Tatsache, daß deutsche
Vierteljuden ausländische Arier heiraten dürfen, ist noch be-
ruhigender. Und all dies ist im «Reichsgesetz zum Schutze der
deutschen Ehre» aufgeführt! Wir lesen nichts über Gesetze,
die Ehen zwischen ausländischen Vierteljuden untereinander
regeln, und wir sind ein wenig über das Schicksal ausländi-
scher Achteljuden besorgt, die vielleicht eine Braut heimfüh-
ren wollen, die einheimische Sechzehnteljüdin ist. Es gibt so
viele von ihnen, und wir können kein einziges Wort über sie
finden.

Andererseits gibt es in den Nürnberger Gesetzen reichlich
Material über Hausangestellte. Zum Beispiel wird erlassen,
daß Reichsdeutsche oder Personen artverwandten Blutes unter keinen Umständen in jüdischen Haushalten beschäftigt
werden dürfen. Aber es ist eine komplizierte Frage, zu entscheiden, was es genau bedeutet, «in einem jüdischen Haushalt beschäftigt zu sein». Wir lesen wörtlich folgendes:

«Mit dem Haushalt verbunden und folgerichtig verboten ist
regelmäßige Arbeit, wie etwa im Garten, Versorgung der Kinder durch eine Gouvernante usw. Dies schließt vor allem Putz-
frauen und Zugehfrauen mit ein, deren Arbeit jedoch nicht
tagsüber verrichtet werden muß, wie beispielsweise im Fall
der Wäsche. Die Arbeit einer Näherin, Friseurin oder Mas-
seurin usw. ist andererseits gestattet.»

«Im Fall der Untervermietung möblierter Zimmer an Juden
steht der Beschäftigung einer weiblichen Haushilfe deutschen
Blutes nichts im Wege, wenn der Untermieter nicht Teil des
Haushaltes ist. Wenn der Untermieter jedoch am Familienle-
ben des Vermieters teilnimmt, und besonders, wenn er seine
Mahlzeiten gemeinsam mit der Familie des Vermieters ein-

nimmt, dann gehört er zum Haushalt. Haushilfen deutschen Blutes dürfen dann nicht beschäftigt werden.»

Ich gebe zu, daß all dies eher komisch als gefährlich klingt – in Wirklichkeit ist es weit gefährlicher als komisch. Welch seltsamer, alles Ehrgefühl vergessender Irrsinn spricht aus diesen Erlassen, und wie schrecklich ist die Tatsache, daß sie angeblich zum Schutz der deutschen Ehre verfaßt wurden, die in unseren Augen seit vier Jahren so sehr befleckt worden ist!

Wie schon gesagt, es ist von höchster Wichtigkeit, die ganze Welt darüber zu informieren, was der Nationalsozialismus wirklich ist. Und zu diesem Zweck gibt es keine bessere Lektüre, keine, die wärmer empfohlen werden kann, als die Nürnberger Gesetze. Möge dieses hilfreiche kleine Buch tausendfach auf der New Yorker Weltausstellung verteilt werden – es wird dazu beitragen, die Atmosphäre der deutschen Schreckensherrschaft besser zu verdeutlichen, als es eine Wachsfigur je könnte, und kein Botschafter wird es wagen, seine Stimme zur Beschwerde zu erheben.

Meine Damen und Herren, ich habe gesagt und mußte es zugeben, daß die Frau mit ihrer gefühlsbetonten Vorstellungswelt nicht davon freigesprochen werden kann, beim Aufstieg des mörderischen Ungeistes mitgeholfen zu haben, den sie für Macht und Stärke hielt. Sie hat für ihr in die Irre geführtes Gefühl teuer bezahlen müssen – sie wird die Wahrheit einsehen, wenn sie es nicht schon getan hat. Dieses Gefühl zu betrügen ist jedoch gefährlich, und ich bin überzeugt, daß die deutsche Frau ihre Rolle bei den einschneidenden Veränderungen spielen wird, die zweifellos kommen werden.

Wir aber, die wir in Freiheit leben – wir, die wir das Glück haben, die Wahrheit zu erkennen, *bevor* es zu spät ist – wir müssen alles, wirklich alles in unserer Macht Stehende tun, mit all unserem Verstand und mit unseren Herzen, *um der*

Menschheit beim Erkennen der Wahrheit zu helfen, so daß sie ihren Feind eindeutig sieht, den Erzfeind der Zivilisation, des Fortschritts und aller menschlichen Würde – Hitlers Faschismus!

Aufruf zum Boykott deutscher Waren

Was bedeutet der Boykott deutscher Waren im Ausland? Welchen praktischen Effekt müßte es auf das Hitlerregime haben, wenn Produkte deutscher Herkunft nicht mehr, – gar nicht mehr, – gekauft würden? Lassen Sie mich das in primitiven Zügen erörtern, und lassen Sie mich vorweg sagen, daß ein konsequenter Boykott deutscher Erzeugnisse zur unmittelbaren Vernichtung des nationalsozialistischen Regimes führen würde.

Deutschland sah sich von jeher genötigt, eine große Reihe von Rohstoffen einzuführen, – selbst in den seligen Zeiten, da wir «unsere Kolonien» noch hatten, war das nicht viel besser. Deutschland hat zuwenig Stahl, keine Baumwolle, keinerlei südliche Erzeugnisse, – um nur ein paar wichtige Dinge zu nennen. Das Deutschland von heute hat aber, auf der andern Seite, auch sehr wenig Gold; das Naziregime hat mit den Goldvorräten des Landes gewüstet, wie es mit allen Gütern gewüstet hat, die es vorfand, mit den physischen und moralischen Kräften des deutschen Volkes, und mit seinem ideellen und materiellen Eigentum. So ist man also, wie Sie wissen, trotz aller Kompliziertheit der heutigen Wirtschaftsführung zu im Grunde primitiven Sitten und Gebräuchen zurückgekehrt, – will sagen zum Tauschhandel. Das Nazireich *braucht* Stahl und Baumwolle, – es *hat* im Überfluß gute Medizinen, schlechte Filme (movies) und kriegerisches Kinderspielzeug. Nur falls es loswird, was es produziert, kann es einführen, was es braucht: den Stahl und die Baumwolle. Das ist einfach. Bekommt aber Hitler seinen Stahl und seine Baumwolle nicht (um bei diesen zufällig gewählten Beispielen zu bleiben), dann kann er nicht fortfahren in seinen fieberhaften Rüstungen; kann er aber in seinen Rüstungen nicht fortfahren, dann ist a.) die Kriegsgefahr verringert, b.) aber stellt die Rüstungsindustrie im weiteren Sinne den einzig florierenden Zweig am Hitlerischen Wirtschaftsbaum dar, – Hitlers einzigen Erfolg. All sein Lebensinhalt und Lebenszweck wäre vernichtet, und er selber müßte sich eines Morgens sagen, daß er überflüssig und sinnlos geworden sei: Hitlerdeutschland ohne die Möglichkeit, den Krieg vorzubereiten, das wäre wie ein Schlachtfeld ohne Soldaten.

Sie sehen, wohin es praktisch führen würde, wenn der Boykott aller deutschen Erzeugnisse in allen außerdeutschen Gebieten konsequent durchgeführt werden könnte und wenn die maßgebenden Wirtschaftsstellen aller außerdeutschen Regierungen sich in diese Richtung einigen dürften. Da dergleichen zu hoffen aber zweifellos hybride wäre, bleibt die Initiative dem privaten Einzelwesen überlassen, dem Leiter der Einkaufsfirma, – dem Käufer auf der Straße. Jede Flasche Kölnisch Wasser, die Sie kaufen, gnädige Frau, weil es so erfrischend riecht (als ob Yardley Lavender das nicht auch täte!), bedeutet ein Quentchen Stahl für Hitler, – ein Stückchen Flugzeug, das Bomben auf Ihre Kinder werfen wird, so bald wie irgend möglich. Jedes Bayer-Aspirin, das Sie schlucken, mein Herr, weil es so berühmt ist (als ob die amerikanischen Droguen das nicht auch wären!), bedeutet ein wenig Baumwolle für die Hosen des Hitlerschen Militärs, – erinnern Sie sich daran und handeln Sie danach!

Neben diesen rein praktischen und sachlich belegbaren Erwägungen aber existieren noch andere, die in ihrer Art vielleicht ebenso wichtig sind: Bei allem, was wir gegen Hitler tun und planen, sollten wir immer seine Psyche, seine hysterisch-verletzliche, manisch-labile Gemütsart mit in Betracht ziehen. Das Nazi-Reich steht und fällt mit Hitler. Hitler selber aber steht und fällt mit seinem Selbstbewußtsein, mit der Überzeugtheit davon, daß er, – Hitler, mächtig, herrlich glücksbegünstigt und weithin geachtet, nun einmal dazu berufen sei, nach Deutschland die ganze Welt seinem diktatorialen Willen zu unterjochen. Hitler ist ungebildet, – er versteht von keiner Sache etwas, – er kann weder Deutsch noch sonst das Primitivste, – der erfolglose Anstreichergehilfe aus Österreich hat kein Talent außer dem einen, daß er – liegt alles halbwegs günstig, – sich und andere glauben machen kann, er sei ein großer Mann.

Mißerfolg aber, *Mißtrauen* und *Nichtachtung* sind sehr dazu geeignet, das Selbstgefühl der aggressiven Mimose ins Wanken zu bringen, – denn es ist auf Sand gebaut. Oft genügen Vorkommnisse von scheinbar indirekter Bedeutung. Die Tatsache der Verleihung des Friedens-Nobelpreises an den deutschen Pazifisten Carl von Ossietzky, der bei Hitler im Lager saß, genügte, um den «Führer» fürchterlich aufzuregen und tagelang zu verstören. Wäre es geglückt, gar die Olympischen Spiele von Berlin fernzuhalten, Hitler wäre gewiß geschwächt aus seinem Wuttaumel über solche Kränkung hervorgegangen, – und sollte es gelingen, durch konsequenten Boykott der deutschen Waren dem Nazimachthaber zu zeigen, daß die Welt nichts von ihm hält und daß sie wünscht, er möge sich entfernen, das wäre bereits ein großer und wichtiger Schritt in Richtung dieser Entfernung, – daran ist kein Zweifel.

Die Zeit drängt, und nur das Allgemeinste ist gesagt. Lassen

Sie mich wiederholen: Der Boykott deutscher Erzeugnisse bedeutet eine entscheidende Schädigung des Dritten Reiches, das
ohne Ausfuhr seiner eigenen Produkte die Rohstoffe nicht
einführen kann, die es braucht; die es *nicht* dazu braucht, um
sein Volk zu ernähren und dessen Lebensstandard menschen-
würdig zu halten (das Volk hungert, und sein Lebensstandard
ist auf Kriegsniveau gesunken!); sondern die es benötigt, um
die Schlachten vorzubereiten, mit denen es den Frieden der
Welt bedroht.

Boykottiert deutsche Waren, und Ihr dient dem Frieden!

Hilfe für Österreich

Meine Damen und Herren, –
auf dieser ganz langen Reise, die mein Vater durch Ihr großes
und herrliches Land gemacht hat, habe ich ihn begleitet. In all
den großen und kleinen Städten des Ostens, des Mittelwestens
und Ihres schönen Westens habe ich mit ihm auf der Plattform
gesessen, während er Situation und Hoffnung der Demokratie
auf Erden diskutierte; und nach dem Vortrag habe ich für ihn
auf englisch, – wenn Sie das, was ich vollführe, Englisch nennen wollen, – die Fragen der Zuhörer für ihn beantwortet, deren Lösung er mir auf deutsch zumurmelte.

Die Fragen der Zuhörer, das war für uns mit das Interessan-
teste an der ganzen Reise. Woran sind die Amerikaner interessiert, – was möchten sie wissen, was fragen sie? Es ist typisch
und schön, daß sie, fast überall und mit brennender Neugierde
und Leidenschaft, das folgende gefragt haben: Erstens: Wie
können wir verhüten, daß die faschistische Barbarei auch in

unserm freien Lande Wurzeln schlägt? Zweitens: Wie können
wir helfen, daß sie sich in Europa nicht weiter ausbreitet, – wie
können wir dort helfen, wo bereits die Luft der Diktatur weht,
in der freie und ehrliche Menschen physisch nicht atmen können, in der sie früher oder später zugrunde gehen müssen? Ich
sage nicht zuviel, wenn ich Ihnen erzähle, daß diese Anteil-
nahme der amerikanischen Öffentlichkeit uns ergriffen hat. Ist
es nicht erschütternd, daß dies Land, das geographisch durch
ein Weltmeer getrennt ist vom Ansteckungsherd und ideell
durch mehr als ein Weltmeer, ist es nicht ergreifend, daß dies
Land, als einziges beinahe auf unserer Erde, sich wirklich er-
schüttert, wirklich betroffen zeigt, – daß es Amerika ist, das
genug Phantasie, genug Vorstellungskraft besitzt, um über
Räume und Jahre hinweg zu begreifen, wie schaudervoll es
aussieht in der von Hitler eroberten Welt, – und wie schaudervoll es aussehen würde, wenn jemals (aber das werden Sie
verhüten) dies oder etwas Ähnliches den Vereinigten Staaten
zugefügt werden sollte.

Es ist kein Zufall, daß unter allen Staatsleuten der Erde Ihr
verehrter Präsident Roosevelt es gewesen ist, der sich um das
Los der Hunderttausende von Flüchtlingen besorgt zeigte, –
daß Ihr honorabler Secretary of the State Hull die Welt gewarnt hat, Amerika würde nicht nur den Flüchtlingen helfen,
– es halte auf internationale Fairneß und, im Interesse dieser
Fairneß, ohne die die zivilisierte Welt nicht weiterbestehen
könne, verbitte es sich die gesetzwidrigen Räubereien gewisser Staaten. Es ist nicht anders: Seitdem England sich so seltsam, so überaus sonderbar benimmt, repräsentiert Amerika
das Gewissen der Demokratie, und welch ein Glück für die Demokratie, daß hinter der amerikanischen Regierung ein Volk
steht von größter, demokratischster Selbständigkeit und Akti-
vität, ein Volk, das handeln wird, nun, da es not tut.

Die beiden Fragen, die aus dem Publikum immer wieder an meinen Vater gerichtet worden sind: Wie können wir verhüten, daß hierher der Faschismus kommt? Und wie können wir denen helfen, die bereits zu seinen Opfern wurden? Es sind zwei uramerikanische Fragen, – hilfsbereit, aktiv und intelligent. Die Antwort ist vergleichsweise einfach: Wir müssen wachsam sein und tätig, schon gegen die harmlosesten, die scheinbar kindischsten Anfänge der Weltgefahr. Und wir dürfen kleine Opfer nicht scheuen, wo es gilt zu verhüten, daß wir eines Tages alles opfern müßten, – unsere Freiheit und unsere Ehre.

Meine Damen und Herren, – die Lage in Österreich ist unbeschreiblich, – unbeschreiblich in des Wortes direktester Bedeutung. Meine Heimat ist Süddeutschland, Bayern, München, – aber ich habe viel in Wien gelebt, und tiefvertraut ist mir die heitere, die musikalische, die gutgläubige, unkämpferisch abwartende Gemütsart der *lieben* Österreicher. Sie sind wie Kinder, die man im Schlaf überfallen hat, die man gekidnappt hat und die man sadistischerweise martert, während man versucht, möglichst viel Geld aus dem Verbrechen zu schlagen. Wenn Sie sich vorstellen, daß all diese friedlichen Demokraten – Liberalen, Juden, Katholiken, Hocharistokraten – ahnungslos und freudig für das legale Plebiszit ihrer legalen Regierung rüsteten und daß derweil die deutschen Bombenflugzeuge und Tanks schon unterwegs waren, zur «blutlosen Durchdringung» des Nachbarstaates! Wenn wir uns vorstellen, daß Menschen, die seit Jahren Deutschland gemieden hatten, weil sie die Freiheit liebten, eines Morgens aufwachten und in Deutschland waren, wo man sie umbringen wird, wegen ihrer Liebe für die Freiheit, – wenn wir an all die harmlosen, unpolitischen, unschuldigen Menschen denken, die dort geschunden und erniedrigt werden, – so wird der Wunsch zu helfen übermächtig, und ich weiß, daß jeder einzelne von Ihnen alles tun wird, was in seiner Macht steht, um sein Teil beizutragen.

Meine Lieben, – ich bin für Sie keine Autorität, ich habe kein Amt, – ich bin nicht einmal, – noch nicht –, ein amerikanischer Bürger. Ich habe nichts als meine Person, meine Stimme und meine Erfahrungen, die entsetzlich sind, und die vielleicht meinen Worten ein *wenig* Glaubwürdigkeit, – ein wenig Gewicht verleihen. Meine Freunde, – in Wien springen die Leute in wahnsinniger Angst, in Abscheu und Verzweiflung aus den Fenstern, weil ihnen zu einer schöneren Selbstmordart die Zeit fehlt! Einer meiner Freunde, ein hochberühmter österreichischer Schriftsteller, Alfred Polgar, schreibt uns aus Zürich, wohin er sich eben noch retten konnte: «Gestern kamen unsere Freunde zu unserer namenlosen Freude aus Wien hier an. So wie sie aussahen, stelle ich mir Menschen vor, die im Bergwerk tagelang verschüttet waren. Und es noch nicht glauben können, daß es wieder Luft zum Atmen gibt. Hier sitzt schon eine ganze Kolonie von Flüchtlingen beisammen, die wenigsten haben so etwas wie eine Existenzmöglichkeit. Ihr wißt ja aus der Zeitung genug von den österreichischen Dingen, aber es ist alles tausendmal ärger, als die Korrespondenten zu berichten die Möglichkeit haben. Rache, Sadismus, Roheit und Räuberei toben sich hemmungslos aus ...» And so on.

Meine Damen und Herren, – es ist das erstemal in meinem Leben, daß ich auf einem Podium stehe und die Zuhörer bitte, Geld zu geben. Es ist das erstemal, daß ich überhaupt vor Ihnen stehe, und ich wünschte, der Anlaß wäre heiterer. Aber ich bitte Sie, – ich bitte Sie, so sehr und so dringend und so inbrünstig ich kann: geben Sie, – geben Sie, was Sie können! Der volle Ertrag dieser Sammlung wird dem Kampf gegen den Fa-

schismus zugute kommen, – es versteht sich von selbst, ich erwähne es aber, um Mißverständnisse auszuschalten –, der
ganze Ertrag wird in diesem Kampf verwendet werden. Und
ich bin besonders glücklich, Ihnen sagen zu können, daß ein
Drittel dessen, was Sie in Güte und Vernunft uns heute abend
geben werden, – daß ein Drittel dieser Summe direkt den
Flüchtlingen aus Österreich zufließen wird. Ein Drittel dieser
Summe wird direkt und auf schnellstem diplomatischen Wege
nach Prag und Zürich geschickt werden, – Menschenleben
werden gerettet werden, – es wird möglich sein, Menschen vor
Selbstmord oder Folter zu bewahren, – *mit Ihrer Hilfe*!
Ich danke Ihnen.

Reisebrief aus Spanien

Wir waren gewarnt worden. In Paris hatten unsere Freunde
(und nur wer es gut meint mit der spanischen Republik, zählt
zu unsern Freunden!) aufs inständigste abgeraten. «Geht nur
jetzt nicht hin!» hatten sie gesagt, – «Ihr kommt in den
schrecklichen Augenblick der Demoralisation, der Auflösung,
– die internationalen Truppen strömen zurück von den Fron-
ten, – größte Verwirrung und Verzagtheit wird herrschen, –
nicht zu sprechen von der Gefahr, in die Ihr Euch mutwillig
begebt!» Noch fünf Minuten vor Abgang des Zuges baten sie:
«Steigt aus, – tut uns die kleine Liebe, und bleibt weg von Spanien!»

Es ist merkwürdig, daß Wissen und Sich-vorstellen-Können
zwei so grundverschiedene Dinge sind. Ich wußte, daß diese
Freunde unrecht hatten. Daß weder Demoralisation noch Auf-

lösung herrscht im überfallenen Spanien, – daß hier, allen
Schwierigkeiten, allen Niederlagen zum Trotz, mit einer Ent-
schlossenheit gekämpft wird, die Ehrfurcht erweckt, daß dies
Volk mit einem Mut, der beinahe unbegreiflich ist, sich bis
zum letzten verteidigt und daß es fest und innig davon überzeugt ist, das letzte werde der Sieg sein, – der Sieg der spanischen Demokratie über die faschistischen Eindringlinge.
Trotzdem blieben die Worte der Freunde nicht ohne einen her-
abstimmenden Einfluß auf mich. Was ich über Spanien wußte,
das wußte ich eben nur, – entfernt war die Realität. Was die
Freunde sagten, war hier und jetzt. Ich schlief nicht in dieser
Nacht zwischen Paris und Perpignan. Seit zwei Jahren hatte
ich Spanien nicht gesehen, – wie völlig, wie grauenvoll mußte
es sich verändert haben und wie anders würden die Spanier
sein, – entnervt, gereizt und, – zu Recht, – unfreundlich gegen
Fremde; mir graute vor der Grenze, die das friedliche und reiche Frankreich von dem Lande trennt, auf das man die Hölle
losgelassen.

Man braucht die Erlaubnis dreier Länder, um Spanien betreten zu können: die französische, diejenige des Landes, dessen Staatsbürger man ist, und, endlich, die spanische. Grenz-
wächter und Soldaten prüfen den Ausländer eingehend und
korrekt, – aber sie sind von entgegenkommendster Liebenswürdigkeit. Denen, die uns halfen, unser Gepäck aus- und
umzuladen, boten wir von unserer Reiseschokolade an. Die
Männer schüttelten ernst die Köpfe. «Behalten Sie es lieber»,
– sagten sie, – «Sie werden es brauchen, – in Barcelona.»

Reinlich bebaute Felder, zweiräderige Wagen holpern des
Weges, – Frauen kommen, Säcke und Krüge auf dem Kopf balancierend. Frieden und arbeitsamer Alltag. Fünfzehn Kilometer etwa nach der Grenze liegt das erste bombardierte Dorf.
Große, säuberlich zusammengekehrte Steinhaufen, auf denen

in der Sonne die Glasscherben blitzen, säumen plötzlich die
Straße. Die Reste eines Hauses muten an wie Kulissen, – wie
ein halb abgebrochener Filmbau aus Hollywood. Kinder spielen vor der vernichteten Heimstätte, in der vielleicht ihre Eltern ums Leben gekommen sind. Nebenan hat ein Töpfer ver-
trauensvoll seine zerbrechliche Ware ausgelegt. Bunte Krüge
und Schalen stehn malerisch im Fenster und draußen auf dem
Pflaster. Ich schaue hinauf zum Himmel, Vögel fliegen vorbei.
Sie sehen aus wie die Flugzeuge, die zum Symbol des Grauens
und der Zerstörung geworden sind. Wir fahren weiter. Die
Straße ist in gutem Zustand, – gäbe es nicht die vielen Militär-
transporte, man könnte schon wieder vergessen, daß Krieg ist.
Draußen auf dem Meer liegt ein Kriegsschiff. Aber die Besat-
zung ist an Land geschwommen. Wohl hundert Burschen
tummeln sich in Badehosen und Matrosenmützen auf dem
Bahndamm. Sie lachen und winken. Dies hier ist wirklich für
sie, – dies blaue Meer, diese Sonne, diese ihre Jugend. Daß sie
vielleicht sterben müssen, wissen sie nur. Er hat keine Realität
für sie, der Tod.

Die Stadt Barcelona ist lebendig, arbeitsam und gefaßt. Die
Menschen auf den Straßen sind nicht finster und nicht ver-
ängstigt. Sie sind, wie sie immer waren, – gelassen, meist gut-
aussehend und fröhlich. Aber die «Zermürbungstaktik» der
faschistischen Angreifer hat psychologisch eine Wirkung gehabt, eine einzige: Sie hat den Willen zur Verteidigung stark
werden lassen, – sie hat selbst die wehrlosen Zivilisten mit Abscheu und Wut erfüllt, sie hat die Überzeugung unerschütter-
lich gemacht, daß es besser ist zu sterben, als lebendig denen in
die Hände zu fallen, die aus feiger Höhe den Tod schicken, – in
kluger «Zermürbungstaktik». Noch ist das Aussehen der
Leute kaum reduziert. Die Frauen sind hübsch und adrett gekleidet, – sie geben acht auf sich, das sieht man, – und ihre

Kinder putzen sie niedlich heraus, – so farbenfreudig und süd-
lich-phantasievoll wie eh und je. Es sind, von den Ruinen
abgesehen, drei Dinge, die das Stadtbild gegen früher verän-
dern: 1. Das viele Militär auf den Straßen. 2. Der relativ ge-
ringe Autoverkehr. 3. Die gefährlich überfüllten (weil in der
Zahl verringerten) Straßenbahnen. Wie Trauben hängen die
Menschen an der Außenseite der Wagen, – vorne stehn sie, –
hinten sitzen sie auf den Puffern, seitlich klammern sie sich an
die Rahmen der Fenster. Es sind gewiß über hundert Menschen, die an jedem Wagen kleben. Kinder und Soldaten machen sich ganz natürlich in dieser schwanken Situation. Aber
auch Frauen, ältere Männer und Schutzleute lassen sich solcherart befördern. Ich habe einen Herrn mit steifem Strohhut
und Spazierstöckchen so fahren sehn, – ein Bein gegen eine
Leiste gestemmt, das andere in der Luft, mit einem Arm sich
am Vordermann festhaltend, mit dem andern balancierend, –
es war ein seltsamer Anblick.

Das Hotel ist äußerlich unverändert. Der Lift funktioniert
nicht, man hat keinen Starkstrom mehr in Barcelona, und es
ist eine Strafe, im sechsten Stock zu wohnen, wie wir es tun.
Eine Strafe nicht nur wegen des Kletterns, sondern auch wegen der Bombardements. Man fängt ganz schnell an, in diesen
Begriffen zu denken. Im übrigen ist es beschämend, wie wenig
man weiß, oder vielmehr, wie ungenügend die Vorstellungskraft arbeitet bei allem Wissen. «Das Essen ist knapp», – dies
hat man gewußt. Und da man acht Jahre alt war, als in
Deutschland der Krieg ausbrach, hat man das auch gekannt:
Lebensmittelknappheit. Trotzdem ist man erschrocken, wenn
es zum Frühstück ein bißchen schwarzen Kaffee gibt, der wie
arge Medizin schmeckt und, dunkelgrau, ziemlich alt und
hart, ein halbes Brötchen. Sonst nichts. Keine Butter, keine
Milch, – natürlich kein Ei, Zigaretten gibt es gar nicht. Auch

Kartoffeln gibt es nicht; gelbe Erbsen sind Hauptnahrungsmittel, – ab und zu taucht ein wenig Fisch auf, oder ein kleines Stückchen sehr schlechten Fleisches, fettlos auf dem Rost zubereitet. Landwein ist noch da, und Kirschen. Und plötzlich, wie aus der Versenkung gestiegen, sind sie alle wieder lebendig da, – die Erscheinungen unserer Kindertage: einer hat ein bißchen Butter im Kleiderschrank versteckt, – irgendwoher, – vom Bauern. Gegen ein Päckchen Zigaretten ist er bereit, davon abzugeben. Liebevoll in feuchte Tücher gehüllt wird ein wenig alter Käse ins Restaurant mitgenommen, aber nun hat man wieder kein Brot. Der elegante Speisesaal ist voll von Kellnern, die beinahe nichts zu servieren haben. Alle Fenster sind kreuz und quer mit Papierstreifen verklebt, – das Glas springe dann weniger leicht, wenn bombardiert wird. Viele von den Streifen sind bunt und in hübschen Mustern, wie zum Schmuck angebracht. Wir sitzen am Tisch mit ein paar Journalisten und schämen uns, weil wir Neulinge sind und uns nichts vorstellen können. «Heute nacht war es ruhig», sagt einer, – «ich kann schon beinahe nicht mehr schlafen, wenn es ruhig ist, – ich warte auf die Sirenen.» Fünfzehn Nächte lang ist Barcelona jetzt wieder bombardiert worden, – fünfmal Nacht für Nacht. Wir erkundigen uns, was zu tun sei, wenn die Sirenen heulen. «Ich trete auf den Balkon und schaue zu», sagt eine Dame und blickt erfolgheischend um sich. Der Direktor des Hotels erklärt uns, daß man da keine Ratschläge geben könne, – «jeder hat seine eigene Manier zu reagieren», meint er. – «Sie werden selbst bald herausfinden, welches die Ihre ist. Manche Leute kriechen unter die Betten, obwohl das natürlich keinen Sinn hat, – viele versuchen, in die Luftschutzkeller zu gelangen, andere bleiben liegen und ziehen die Decken über die Ohren. Das Ganze ist Glückssache, versteht sich, – und alle haben Angst, alle, – ob sie es zeigen, oder nicht.» Dann schildert er, wie die Flugzeuge es machen, – die italienischen und die deutschen. Die italienischen fliegen eiligst in die Höhe, sobald die Abwehrkanonen ihre Tätigkeit beginnen. Die deutschen dagegen sind viel zäher und systematischer. «Wenn sie 49 Kinder getötet haben, kommen sie zurück, um das fünfzigste umzubringen. Die junge Dame, die immer auf den Balkon geht, klagt ein wenig, weil man ihr Auto zerstört hat. Es ging auf offener Straße in Flammen auf, kaum war sie ausgestiegen. Sie lag platt auf dem Pflaster, und ihr geschah nichts. Aber ein Pferd, das neben ihr stand, wurde zerrissen. Es zersprang in mehrere Teile, und ungeheure Ströme von Blut flossen aus seinem zerstückelten Körper. «Jetzt habe ich kein Auto mehr», sagt sie, – als sei dies der Hauptärger an dem Erlebnis.

Übrigens ist es wirklich schwer, sich umzutun ohne Wagen, da die Trambahnen nicht praktikabel sind, und an Taxis ist nicht zu denken. Wir wandern stundenlang umher in der demolierten Stadt, – die Sonne sticht des Tages, und nachts ist es stockfinster. Die Straßenbeleuchtung ist abgeschafft, – wer schlau ist, führt ein Taschenlämpchen mit sich, wir haben keins und stolpern in die Löcher und über die Steinhaufen, die von den Bomben herrühren. In vielen Gegenden ist die Zerstörung fürchterlich. Ganze Häuserblocks sind auf die unheimliche Art verwüstet, die vom Menschen kommt, – kein Erdbeben haust ähnlich. Wir schauen in die zertrümmerten Zimmer. Von einem der fünf Stockwerke zum andern führt ein Treppengeländer, – aber da ist keine Treppe mehr. Die Tapeten sind noch fest an den Wänden, – eine rote, eine gelbe, eine geblümt, – die Feuerleiter hängt, verbogen und zerquetscht, vom Dach ins Leere hinein, – diese Bombe war ein Volltreffer, sie hat in die Mitte des Hauses geschlagen, alle fünf Mittelstuben haben dasselbe klaffende und zerrissene

Loch im Fußboden. Es ist grausig und rührend zu sehen, wie hier noch ein kleines Bild an der Wand hängt, unbeschädigt und friedlich, – wie dort ein schmuckes, grüngekacheltes Badezimmer einladend bereit steht, zu dem kein Weg mehr führt. Im Nachbargebäude ist alles vernichtet, nur das Parterre ist verschont geblieben. Großer Kaffeehausbetrieb herrscht dort, – ein Orchester spielt, eine Fülle von Menschen sitzt heiter plaudernd beisammen, aber aus den leeren Fensterhöhlen über ihren Köpfen blickt nur der abendliche Himmel und das Grauen.

Wir haben mit vielen Menschen gesprochen, während dieser ersten Tage in Barcelona, – mit Kellnern, Journalisten, Ladenbesitzern, Kindern, Soldaten und Staatsmännern. Einer unter ihnen ist der Außenminister der spanischen Republik, Alvarez Del Vayo. Wir besuchten ihn in seinem Ministerium und verbrachten eine Stunde mit ihm, die ungemein sympathisch und eindrucksvoll verlief und die dazu angetan war, uns hoffnungsvoll zu stimmen. Alvarez, ein grauhaariger Mann Ende der Fünfziger, hat ganz den Typus, der uns vorschwebt, wenn wir nach einem guten Repräsentanten der demokratischen Idee Ausschau halten. Will sagen: er ist beides, aktiv und klug, ein Mann der Tat sowohl als des Gedankens. Masaryk etwa war ein Politiker dieser Art, – Roosevelt ist es, Beneš halten wir dafür. Der spanische Außenminister übrigens spricht vom Präsidenten der tschechoslowakischen Republik mit besonderer Herzlichkeit und Wärme. Er fühlt sich ihm brüderlich verbunden, – er vergleicht die Situation dort mit derjenigen hier. «Wenn die Tschechen standhalten, – wie wir es tun», sagt er, – «werden sie siegen. Sogar die Österreicher hätten siegen können. Schon nach ganz kurzer Zeit, – eine Woche würde genügt haben, – wäre man ihnen zu Hilfe gekommen. Gegen den Faschismus gibt es keine Politik der

Nachgiebigkeit, – sondern nur und ausschließlich eine Politik der Stärke.» Alvarez spricht vorzüglich Deutsch und Französisch. Mit einer Lebhaftigkeit, die äußerst intelligent und warmherzig wirkt, diskutiert er die internationale Situation. «Man hat sich in uns getäuscht», ruft er aus, – «wir geben unsere Sache nicht verloren, ehe sie nicht verloren ist, – und sie ist weit davon entfernt, es zu sein. Was haben wir gelernt in diesem Krieg! An unsern Niederlagen noch haben wir gelernt! Unsere Intellektuellen, unsere Arbeiter, all jene, von denen man hätte glauben können, sie seien für den Krieg nicht gemacht, – wie haben sie sich entwickelt! Und unsere Zivilbevölkerung, – all die Männer und Frauen, von denen Unwissende meinten, sie wären leichtsinnig und verspielt, – dem Tanz und der Musik zugeneigt, – unorganisierbar im Grunde, – wie groß sind ihre Möglichkeiten!» – Wir erzählen, daß wir in der Tat vom Zustand der Bevölkerung einen vorzüglichen Eindruck haben. Während man zum Beispiel in den andern Großstädten Europas – in Zürich oder Paris – das Gefühl der Nervosität niemals los wird, – während dort eine gewisse sehr quälende Stille vor dem Sturm herrscht und während dort alles, noch das Erniedrigendste, geschieht, um nur diese Stille nicht zu stören, – ist hier die Luft klar und wohltuend, – es ist die Luft während des Gewitters, – aber hier und dort gibt es am Himmel schon wieder etwas Blau. Alvarez stimmt zu. «Ein überstandener Sturm ist besser als keiner», sagt er, – «und wir werden diesen Sturm überstehn, es gibt dafür mehr als ein Anzeichen. Wir werden, – vielleicht, – noch schwere Niederlagen haben, – vorher. Die Ungleichheit der Kräfte ist enorm, – die sogenannte ‹Nicht-Intervention›, die uns von allen Hilfsmitteln abschneidet, während sie den Angreifern freies Spiel gewährt, läßt dies möglich erscheinen. Aber die Moral unserer Truppen und unseres Volkes ist beinahe unüberwindlich, – es

geht um Spanien, das weiß bei uns jedes Kind. Francos spanische Soldaten aber merken, daß sie Sklaven der Italiener und
der Deutschen geworden sind; und die Deutschen und Italiener selber erkennen, daß sie für die zweifelhaften Vorteile
kämpfen, welche ihre Herren und Meister sich hier versprechen. Das ist die Wahrheit, und sie wird uns helfen.»

Wir verlassen Del Vayo ergriffenen Herzens. So soll es sein,
denken wir. So mutig soll man sein und so menschenfreundlich zugleich. So aristokratisch und so volkstümlich. Wir können siegen, – das fühlen wir deutlicher denn je, – das Recht
und die Idee sind allein bei uns. Aber siegen werden wir nur,
wenn wir bereit sind zum großen Einsatz, – zum Einsatz aller
Kräfte, zum Einsatz des Lebens, das wertlos würde, opferten
wir ihm die Freiheit.

Escape to Life

Heinrich Mann

Wer Heinrich Mann zum ersten Mal begegnet, möchte kaum
glauben, einem Dichter gegenüberzustehen. Der große deutsche Romancier und Gesellschaftskritiker wirkt eher wie ein
französischer Minister. Dieser ungemein soignierte und zu-
rückhaltende ältere Gentleman könnte aber auch ein bedeutender Kaufherr aus Skandinavien sein. Er sieht aus wie ein
Däne – hat einmal einer seiner Freunde über ihn gesagt; denn
die Dänen sind jene unter den Nordländern, die am meisten
westliche, französische Züge angenommen haben.

In der Tat hat Heinrich Mann – Sproß eines ehrwürdig-alten

norddeutschen Geschlechtes; Sohn des Herrn Senators und Großkaufmanns Thomas Johann Heinrich Mann zu Lübeck – Frankreich bis zu dem Grade geliebt, daß nicht nur seine geistige und moralische Haltung, sondern auch seine Physiognomie, seine Manieren, ja sogar seine Art zu sprechen, französische Charakteristika bekamen. Die literarischen Meister Heinrich Manns sind Emile Zola und Gustave Flaubert, denen er große, glanzvolle Essays gewidmet hat. Er hat immer viel in Frankreich gelebt, schon vor der Emigration. Sein ganzes moralisches und politisches Gefühl ist wesentlich bestimmt von den intellektuellen Wegbereitern der Großen Französischen Revolution und vom französischen Neunzehnten Jahrhundert.

Ehe er noch Frankreich liebte, war er zu Haus in Italien – dem Land, das er heute nicht mehr betreten mag und in dem er so viele Jahre seiner Jugend verbracht hat. Mehrere seiner schönsten frühen Arbeiten haben italienischen Hintergrund; der meisterhafte Roman *Die kleine Stadt* zum Beispiel, oder die Roman-Trilogie der *Herzogin von Assy (Die Göttinnen: Diana – Minerva – Venus)*, oder die unvergeßlichen Novellen, *Pippo Spano* und viele andere.

Die Liebe zu Italien war eine vorwiegend und primär ästhetische: der junge Mensch aus der grauen, winkligen norddeutschen Kleinstadt fand sich verzaubert vom Glanz des Mittelmeers, von der Schönheit der Städte, von Reiz und Leichtigkeit dieses südlichen Lebens. In seiner Liebe zu Frankreich trifft sich das ästhetische mit dem moralischen Gefühl, und eben deshalb kann sie dauerhaft sein. Er findet in Paris und an der Côte d'Azur – besonders in seinem geliebten Nizza – allen Charme wieder, mit dem Italien ihn entzückt hatte; dazu aber eine Reife und allgemeine Erzogenheit in den politischen, sozialen und moralischen Fragen, die er bewundert und die ihm die Dritte Französische Republik zur zweiten Heimat werden lassen.

Er hatte auch auf die Erste Deutsche Republik, die Republik von Weimar, innige Hoffnungen gesetzt und sie wohl auch zu lieben versucht. Bis zum Jahre 1918 hatte er sich mit seinem Vaterland, dem Deutschland Kaiser Wilhelms II., fast nur kritisch und oft mit bitter-anklagendem Hohn beschäftigt – in seinem berühmten politischen Roman *Der Untertan,* der nicht nur den deutschen Spießbürger der Kaiserzeit genial-hellsichtig charakterisiert, sondern der auch schon die ganze Psychologie der Nazis fast erschreckend antizipiert; oder, auf eine weniger direkte, aber um nichts weniger eindrucksvolle Art, im *Professor Unrat. Das Ende eines Tyrannen.* 1918 fing er an, sich wirklich als ein deutscher Bürger zu fühlen – als ein *citoyen* der Ersten Deutschen Republik – und an den öffentlichen deutschen Angelegenheiten den bewegtesten, ernstesten, verantwortungsbewußtesten Anteil zu nehmen. Einen Essayband, betitelt *Macht und Mensch,* den er im Jahre 1919 erscheinen ließ, widmete er *der Deutschen Republik* – und, wir wissen es, diese Widmung kam sehr von Herzen.

Damals begannen auch seine großen Erfolge in Deutschland. Bis dahin war er nur einem engen Kreise von Kennern und Literaten bekannt gewesen; nun plötzlich wurde er populär. Der Verleger Kurt Wolff in München erreichte eine enorme Auflage mit dem *Untertan,* dessen Manuskript schon 1914 abgeschlossen war, aber erst 1918 gedruckt werden konnte. Nun las alle Welt plötzlich auch seine älteren Romane; zum Beispiel sein erstes großes Buch, *Im Schlaraffenland,* eine Satire auf die Berliner literarische und mondäne Gesellschaft der Jahrhundertwende, in Stil und Aufbau an Maupassants *Bel ami* geschult.

Während der Jahre der Republik wurde Heinrich Mann

mehr und mehr zu einer repräsentativen deutschen Figur. Er ließ mehrere Romane erscheinen, darunter *Die Armen* und *Der Kopf*, die zusammen mit dem *Untertan* die Trilogie *Das Kaiserreich* bildeten. In vielen politischen oder kulturkritischen Artikeln ließ er seine Meinung und Gesinnung zu den Fragen des Tages vernehmen (diese Essays sind gesammelt in mehreren Bänden: *Das öffentliche Leben, Sieben Jahre*). Seine Popularität bekam mächtigen Zuwachs durch die Verfilmung eines seiner Bücher, des *Professor Unrat*, der unter dem Namen *Der blaue Engel* eine der erfolgreichsten Produktionen der Ufa wurde.

Natürlich wurde er immer angefeindet. Er war für die unbedingte Versöhnung mit Frankreich; er war gegen die Nationalisten und Revanche-Hetzer, für die Demokratie, für die soziale Gerechtigkeit, für Paneuropa. Das genügte, ihn in weiten deutschen Kreisen unbeliebt zu machen. Übrigens ließ ihn auch sein literarischer Stil verdächtig erscheinen. Dieser Stil war dem deutschen Mittelstand nicht vertrauenerweckend; er war nicht bieder, behäbig, sentimental oder schalkhaft; vielmehr nervös, reich mit Reizen beladen, die man bei uns als fremdartig empfand; europäisch, raffiniert, dabei höchst persönlich-eigenwillig und unverwechselbar geprägt. Die deutschen Spießer fühlten sich beunruhigt durch dieses Phänomen. Trotzdem konnten sie es nicht hindern, daß Heinrich Manns Kunst und moralische Leidenschaft immer mehr Freunde warb und daß aus seinem sechzigsten Geburtstag ein großes öffentliches Ereignis wurde: Minister hielten Reden, und die Presse war voll davon. – Dies war das letzte Fest, das er in Deutschland feierte.

Ist er im Exil zum Feinde Deutschlands geworden? Im Gegenteil: der Ausgebürgerte, der in seiner Heimat bitterlich Gehaßte und durchaus Verfemte hat sich fast zu etwas wie einem deutschen Patrioten entwickelt – freilich gilt sein neuer Patriotismus einem Deutschland, das erst noch zu *werden* hat; einem zukünftigen Deutschland, das er erhofft und in dessen Dienst er arbeitet; der Zweiten – der eigentlichen Deutschen Republik.

Der erste politische Essayband, den Heinrich Mann in der Verbannung veröffentlichte und der Aufsehen erregte, trug den Titel *Der Haß*. Gemeint war aber keineswegs der Haß, den *wir*, die Exilierten, im Herzen tragen gegen irgendwelche Deutsche; vielmehr der furchtbare Haß, mit dem wir verfolgt werden von den deutschen Tyrannen und ihren Nachläufern. Heinrich Mann wollte deutlich machen, daß am Anfang jener Bewegung, die sich «nationalsozialistisch» nennt, durchaus nicht die «Liebe zum Vaterland» stand, vielmehr der Haß gegen große Teile des deutschen Volkes – nicht nur gegen die deutschen Juden, sondern gegen alle, die selbständig denken und ein eigenes Urteil haben. Das polemische Buch *Der Haß* – ein Werk der bitteren Anklage und des großen Zornes, verwandt den Schriften Victor Hugos aus dem Exil – ist auch ein Buch der Liebe; das gleiche gilt für den zweiten Band von Heinrich Manns politischen Aufsätzen aus dem Exil: *Es kommt der Tag*. In beiden Büchern ist nicht nur ein großer Schmerz, sondern auch eine große Hoffnung. Würde Heinrich Mann die Hoffnung für Deutschland aufgegeben haben, er brächte es nicht fertig, sich mit solcher Leidenschaft und Konsequenz um das deutsche Schicksal zu kümmern. Vor allem ist es der Zusammenschluß *aller* antifaschistischen Kräfte, Gruppen und Tendenzen, der ihm am Herzen liegt und für den er sich publizistisch einsetzt: die deutsche *Volksfront* im weitesten Sinn des Wortes; verstanden nicht nur als der Zusammenschluß der zwei großen marxistischen Parteien – der Sozialdemokraten und der Kommunisten –, sondern als die

Vereinigung *aller*, die die Erniedrigung durch den Faschismus nicht ertragen wollen, inklusive der religiösen Oppositionellen und der Konservativen.

Es ist auffallend, daß bei Heinrich Mann – der jetzt siebenundsechzig Jahre alt ist – gewisse konservative Züge und Eigenschaften deutlicher nach vorn treten, während er gleichzeitig, in allen tagespolitischen Fragen und Entscheidungen, immer radikaler wird und immer entschiedener dem linken Extrem zuneigt. Er besinnt sich, jetzt im Exil, auf gewisse Elemente und Traditionen, die er von Lübeck und von der norddeutsch-patrizischen Herkunft her im Blute hat und die sich in seinem Werk bis vor kurzem kaum manifestieren konnten. Diese konservativen Neigungen zeigen sich nicht nur in einer wehmütig-innigen Liebe zum neunzehnten Jahrhundert – zu seiner hoch differenzierten Moral, seinen großen schöpferischen Figuren (dem europäischen neunzehnten Jahrhundert hat dieser Schriftsteller sich wohl zeit seines Lebens verbunden und, bis zum gewissen Grade, zugehörig gefühlt) –, sie werden auch deutlich in manchen religiösen Akzenten protestantischer Färbung, die sich vor allem in dem bedeutendsten Werk seiner Reife-Zeit, dem großen Roman vom König *Henri IV.*, finden. Die beiden Bände dieses kühnen epischen Unternehmens – dem auch in der angelsächsischen Welt ein so lebhafter und respektvoller Empfang zuteil wurde – sind im Exil geschrieben: es ist schier unglaublich, daß der Schriftsteller, neben seiner umfänglichen politischen Arbeit, Zeit und Kraft fand, sich auf eine künstlerische Arbeit von solchem Format und solcher Schwierigkeit zu konzentrieren. – Der *Henri IV.* vereinigt in sich aufs eindrucksvollste und glücklichste alle Eigenschaften, die das Werk seines Autors in den verschiedenen Phasen charakterisiert haben: er hat den farbigen Glanz, die sinnliche Glut der Arbeiten aus der italienischen Frühzeit, der *Göttinnen* und der Novellen; den grimmigen Witz, den wir am *Untertan* und am *Professor Unrat* bewundert haben – und das moralische Pathos, das die Essays und die politischen Manifeste auszeichnet. Der *Henri IV.* ist zugleich das Hohe Lied auf Toleranz und sittliche Vernunft – und ein großes, von Farben und Figuren strotzendes Bild von der Schönheit und der Grausamkeit, dem Zauber und der wilden Häßlichkeit des Lebens. Welches Maß an fast asketischer Selbstzucht gehört dazu, um sich im Exil, da mancher müde wird und verzagt, zu den höchsten Leistungen aufzuraffen und zu steigern! Man muß gesehen haben, wie Heinrich Mann lebt, um zu begreifen, daß er mit solcher Intensität und solcher Gleichmäßigkeit zu arbeiten vermag.

Heinrich Mann hat sich, mit Beginn des Exils, in Nizza niedergelassen. Die Wohnung ist klein und bescheiden, und in der Atmosphäre, die wir dort finden, begegnen sich bürgerlich behagliche Elemente auf eine merkwürdige Art mit jenen anderen, die fast asketisch sind. Seine Frau sorgt für vorzügliches Essen, halb norddeutsch-gediegenen, halb französisch-raffinierten Stils. (Es ist seine zweite Gattin: die erste, eine gescheite und temperamentvolle Tschechin, ist mit Heinrich Manns junger Tochter in die Heimat, nach Prag, zurückgekehrt.) Auf gutes Essen legt der Schriftsteller Wert, wie übrigens die meisten Schriftsteller; es ist fast der einzige Luxus, den er sich gönnt.

Sein Tag gehört ganz der Arbeit. Er unterbricht sie nur selten, für einen Spaziergang auf der Promenade des Anglais oder, am Abend, für die Lektüre: Außer den vielen Zeitungen sind es meistens ältere Dinge, die er gerne liest: «Meine alten Franzosen», wie er uns neulich gestand; wenn er müde ist vom längen Schreiben, greift er nach einem Band Stendhal oder Balzac. Er hat eine gewisse, fast abergläubische Angst davor, Frankreich zu verlassen.

Während der fast sechs Jahre, die das Exil nun währt, war Heinrich Mann nur ganz seltene Male in anderen Ländern: in der Tschechoslowakei, wo er Vorträge hielt, oder in der Schweiz. Auch alle Einladungen nach Sowjetrußland, die immer wieder herzlich an ihn ergehen, hat er bis jetzt abgelehnt. Fast die einzigen Unterbrechungen, die sein stilles, arbeitsames Leben kennt, sind die Ausflüge nach Paris, zu denen er sich ab und zu überreden läßt. Dort tritt der äußerst reservierte ältere Gentleman in politischen Meetings auf oder nimmt an internen Beratungen teil. Es ist seltsam genug, den Autor der *Kleinen Stadt* und des *Henri IV.* in einem Massen-Meeting zu beobachten. Die beinah starre Würde, die ihm eigen ist und die sich mit einer sonderbar befangenen Innigkeit, einer rührenden Sanftheit und Liebenswürdigkeit des Wesens verbindet, tut ihre Wirkung, sogar auf die Massen. Er spricht in schönem, klarem Französisch oder in einem langsam, beinah überdeutlich vorgetragenen Deutsch.

Der Alternde, der immer weniger Freunde, freilich dafür immer mehr Bewunderer und Anhänger hat, fühlt sich stärker denn je seiner Familie zugehörig. Auch uns, seine Neffen und Nichten, empfängt er, wenn wir ihn in Nizza besuchen, mit einer Freundlichkeit, die nicht ohne feierlich-patriarchalischen Einschlag ist. Wir sind gern bei ihm – wenngleich die Umstände und unser unruhiges Leben solche Zusammenkünfte immer seltener machen. Wir sprechen gern mit ihm über Menschen und Bücher, über die Ereignisse des Tages, über die Zukunft, wohl auch über die Vergangenheit. Wir erinnern uns seiner Wohnung in München, wo wir als Kinder verkehrten und uns mit der kleinen Goschi, seinem Kind, amüsierten. Er liebt dieses Kind zärtlich; zwei große Photographien von ihr stehen auf seinem Tisch; neben den gehäuften Manuskripten und den geliebten Büchern «seiner alten Franzosen».

Ein großer Europäer: er ist einer, und die Deutschen haben wenige seinesgleichen. Wir sind sehr stolz auf ihn – stolz als Deutsche, und stolz als seine Verwandten. Ob man in seinen Schriften liest oder ob man das Glück hat, in seiner Nähe zu weilen: man ist angerührt von der Stärke seines sittlichen Willens, von der Kraft seiner geistig-menschlichen Persönlichkeit.

Wenn Deutschland einmal so sein wird, wie wir – mit ihm – hoffen, daß es werden möge: dann wird Heinrich Mann ein deutscher Klassiker sein. *Es kommt der Tag*, hat er zuversichtlich geschrieben. Wenn er da ist, der Tag, dann wird man seine Werke, die in die Flammen geworfen worden sind, in den Schulen eines neuen Deutschlands lesen.

Max Beckmann und Irmgard Keun

Längst nicht alle, denen die Nazis unsympathisch oder verhaßt waren, konnten sich gleich zur Emigration entschließen. Viele dachten: Wir müssen abwarten. Es wird vielleicht nicht ganz so schlimm werden, wie wir es uns nun, im ersten Schrecken, vorstellen. Auch einige große Schriftsteller und Künstler, die mit den Nazis nichts zu tun haben wollten, dachten so – und handelten danach. Sie blieben zunächst in Deutschland, obwohl sie keineswegs vorhatten, sich «gleichschalten» zu lassen. Es dauerte oft mehrere Jahre, bis sie zu der bitteren Erkenntnis kamen, daß für einen geistig produktiven Menschen von Anstand und Selbstgefühl das Leben im Exil dem Leben in einer entwürdigten Heimat doch noch vorzuziehen ist ...

Als wir den deutschen Maler Beckmann im April 1933 in Pa-

ris fragten: «Werden Sie nach Frankfurt am Main zurückkehren?», antwortete er fast beleidigt: «Aber warum denn nicht?!
Natürlich kehre ich nach Hause zurück. Was hat sich für mich
denn geändert? Was habe ich denn mit Politik zu tun? Ich bin
doch Maler! Meine Frauen oder Akrobaten oder Landschaften
werde ich malen dürfen, ob Hitler regiert oder die Kommunisten oder der Sultan aus dem Land, wo der Pfeffer wächst.»
Wie sehr hatte er sich geirrt! Er durfte seine Frauen und Akrobaten keineswegs malen, «ob nun Hitler regierte oder der Sultan aus dem Land, wo der Pfeffer wächst». Der exotische Fürst
hätte vielleicht Respekt vor dem Talent Beckmanns gehabt
oder mindestens Nachsicht mit ihm. Hitler, die empfindsame
Künstlernatur, kennt weder Nachsicht noch Ehrfurcht. Der
künstlerische Stil Beckmanns – die harte Führung seiner Li-
nien und die fast wilde Glut seiner Farben – ist verdächtig:
«Das riecht nach Kulturbolschewismus!» rufen die neu-deutschen Kunstkritiker, – ganz ähnlich wie früher die alten Damen und Pastoren teils hoffnungsvoll, teils entrüstet «Un-
zucht» witterten, wenn sie auf einem Bilde eine nackte Frau
oder einen mangelhaft bekleideten Jüngling entdeckten.

Im Jahre 1937 begegneten wir dem Maler Beckmann auf der
Straße in Amsterdam. «Nun?» erkundigten wir uns teilneh-
mend. «Nicht mehr in Frankfurt?» Er zuckte böse die Achseln.
«Schluß mit Frankfurt. Schluß mit Deutschland. – Ich durfte
dort nicht mehr ausstellen – es fehlte nur noch, daß mir das
Kultusministerium per Einschreibebrief das absolute Verbot
zu malen übermitteln ließ – wie es mehreren meiner Kollegen
passiert ist. – Man rechnet mich zu den ‹Entarteten›. Nichts zu
machen. – Man kann auch woanders anständige Bilder malen
und sie ausstellen, und manchmal kann man sie sogar verkaufen . . .»

Wenn wir Freunde treffen, von denen wir wissen, daß sie

unserer Gesinnung sind und daß sie es trotzdem noch Jahre lang im Dritten Reich ausgehalten haben, kommt uns ein Gefühl, in dem Mitleid und Neid sich mischen. Wir spüren Mitleid bei dem Gedanken: Was müssen die alles ertragen und gelitten haben, dort drinnen … Und wir spüren etwas Neid, wenn wir uns überlegen: Was haben die alles gesehen! Wieviele Details des deutschen Alltagslebens kennen die – unzählige, kaum zu schildernde Kleinigkeiten, die uns, die wir von Anfang an im Ausland waren, immer unbekannt bleiben werden.

Gerade von diesen wichtigen und leichten Details – von jenen Dingen, die nicht eigentlich «Vorkommnisse» sind und nicht eigentlich «Tatsachen», diesen atmosphärischen und psychologischen Nuancen, die sich jeder Statistik entziehen und von denen kein Ausländer Kenntnis nimmt, von diesen zartesten und doch entscheidenden Dingen können solche berichten, die das Leben in Nazi-Deutschland noch selber mitgemacht haben und die nicht nur zu sehen verstehen, sondern auch zu schildern.

Diese Voraussetzungen sind nur in wenigen Fällen erfüllt. Frau Irmgard Keun zum Beispiel ist eine Augenzeugin des deutschen Elends, die zu beschreiben weiß, was sie geschaut hat mit ihren Augen und gehört mit ihren Ohren. Ursprünglich war sie eine Schriftstellerin, der Publikum und Presse gern bestätigten, daß sie amüsant und geschickt sei, während ihr kaum jemand psychologische oder poetische Tiefe nachrühmte. Ihr kleiner Roman *Das kunstseidene Mädchen* war ein populärer, gar-zu-populärer Erfolg gewesen. Was sie aber in Deutschland von 1933 bis 1936 mitansehen mußte, beeindruckte nicht nur ihr Herz, sondern steigerte auch ihr Talent. Als sie das Reich endgültig verlassen hatte, mußte sie sich gleich «von der Seele schreiben», was ihr die Seele so schwer und kummervoll machte: und sie schrieb den kurzen Roman *Nach Mitternacht* – er ist auch ins Englische übersetzt worden –, der nach unserem Dafürhalten die stärkste, anschaulichste Darstellung des alltäglichen Lebens im Dritten Reich ist, die wir haben. Denn hier handelt es sich nicht um politische Ereignisse dramatischer Art, auch nicht um die Schrekken der Konzentrationslager, der Judenverfolgungen, der Bücherverbrennungen; sondern eben wirklich um den Alltag; um das, was keine Zeitung, kein Reporter zu berichten weiß; um die kleinsten Leiden – die die größten sind. In einem zweiten Roman, *D-Zug dritter Klasse*, der gleichfalls Nazi-Deutschland als Hintergrund hat, bewies die Keun nochmals, wie sehr ihre erzählerischen Gaben gewachsen sind; doch bleibt die epische Studie aus dem Eisenbahn-Coupé hinter dem ersten, so bewegt und so bewegend abgefaßten Bericht an literarischer wie an menschlicher Stärke zurück.

Übrigens ist es bemerkenswert, wie sehr gewisse weibliche Autoren, die in Deutschland von vielen Tausenden gelesen und geliebt wurden, nun auch in der Gunst des internationalen Publikums bleiben. Das gilt nicht nur von Frau Irmgard Keun, deren Bücher auch «draußen» schöne Erfolge zu verzeichnen haben; es gilt ebenso für mehrere ihrer Kolleginnen, die wie sie im Exil sind: Adrienne Thomas, Gina Kaus, Christa Winsloe. Es ist der Mühe wert, darüber nachzudenken, warum gerade diese weiblichen Talente den Ton und die Themen finden, von denen auch Leser in Istanbul oder in London, in Boston oder Rio de Janeiro berührt und gefesselt werden; während Männer, die ihnen an schriftstellerischen und intellektuellen Gaben weit überlegen sein mögen, oft abseits stehen, ihre Werke nur noch für ein paar hundert Kenner schreiben oder sie gar nicht mehr veröffentlichen können. Die Erklärung ist sicherlich teilweise in der größeren weiblichen

Anpassungsfähigkeit an den internationalen Geschmack zu finden, einer Fähigkeit, welche die Frauen mit einem gewissen jüdischen Schriftsteller-Typus teilen. Es gibt aber auch tiefere Gründe für das Phänomen der mondialen Beliebtheit weiblicher Autoren. Wir dürfen annehmen, daß die Bücher von Frauen überall vor allem von Frauen gelesen werden. Es scheint also, daß eine Frau aus Detroit sich leichter mit einer Frau aus Frankfurt oder Wien verständigt, als ein Mann aus Paris mit einem Mann aus London. Alle Frauen haben die entscheidenden Interessensphären – ob es sich um Mutterschaft oder um Küche, um Kleidung oder um Flirt, um große Schmerzen oder um kleine Freuden handelt – durchaus gemeinsam. Von den Männern läßt sich das gleiche kaum behaupten ... Wenn eine Berlinerin von dem erzählt, was ihr Herz bewegt, wird es auch das Herz einer Dame in Kapstadt bewegen. Die Frauen sind natürlichere Wesen als die Männer. Die Natur verständigt sich überall mit sich selbst. Sie sind auch realistischere Wesen als die Männer. Das gemeinsame Interesse für *Dinge* hebt die geistigen Unterschiede und Spannungen auf. Die Männer, vom Geist besessen, reden hartnäckig aneinander vorbei. Eine Frau spricht – ganz einfach und ohne auf «die Welt als Wille und Vorstellung», den «kategorischen Imperativ» oder die «Menschenrechte» irgend Bezug zu nehmen – davon, daß ihr Kind die ersten Zähne bekommen hat, daß «die Herren Blonde bevorzugen», daß Katzen hübsch sind, daß die Liebe sehr wehtun kann – und alle Frauen der Welt bekommen gleich feuchte Augen. Das merkwürdige Paradox ergibt sich, daß der Geist, der einerseits das verbindende, versöhnende, alles umfassende Element zwischen den Völkern ist, auch das trennende, tragisch entfremdende, das Unruhe stiftende Element sein kann.

Oskar Maria Graf und Bertolt Brecht

Alle Nicht-Juden – alle «Arier», um den wissenschaftlich un-
haltbaren neu-deutschen Terminus zu gebrauchen, hätten in
Deutschland bleiben können. Sogar den politisch Kompromit-
tierten wäre verziehen worden, unter der einen Bedingung;
daß sie ihren Widerstand gegen Hitler und seine Politik aufgaben; daß sie auf ihre Feindschaft gegen den Nationalsozialismus verzichteten; daß sie «loyale Bürger» des Dritten Reiches
würden. Wer diese Bedingung zu erfüllen willens und imstande war, der konnte in Berlin Karriere machen. Wir haben
verschiedene Beispiele von Künstlern und sogar von Politikern, die es glänzend verstanden haben, sich den neuen Ver-
hältnissen im Reich anzupassen.

Alle nicht-jüdischen Deutschen, die ins Exil gingen, haben
das also «freiwillig» getan – nicht nur die, die wir in diesem
Kapitel erwähnen. Wir sprechen auch an anderen Stellen dieses Buches sehr oft von Exilierten, die «arisch» sind; aber wir
weisen längst nicht immer auf diesen Umstand hin. Denn es
erscheint uns als durchaus unter unserer Würde, uns dem Jar-
gon der Nazis so weit anzugleichen, daß wir die Unterscheidung «jüdisch – arisch», eine Unterscheidung, die uns nur
sehr wenig interessiert, im Zusammenhang mit Menschen
verwenden, die wir nur nach ihrem Talent und nach der Reinheit ihrer Gesinnung beurteilen, nicht nach ihrer «Rasse».

Es gibt deutsche Nicht-Juden, die bitterlich gekränkt darüber
waren, daß die Nazis zunächst gesonnen schienen, sie scho-
nend zu behandeln, um sie vielleicht am Ende doch noch für
die «Kulturpolitik» des Dritten Reiches zu gewinnen. Der bayrische Schriftsteller Oskar Maria Graf zum Beispiel – ein ur-
wüchsiger Naturbursche von erheblichem Temperament – ge-

riet ganz außer sich, als er herausbekam, daß die Titel seiner Bücher auf der Liste jener Werke, die Dr. Goebbels in die Flammen werfen ließ, fehlten. Oskar Maria Graf, der aus einer ländlichen Handwerker-Familie stammt, war zeit seines Lebens politisch entschieden links, und vor allem war er unbedingter Gegner des imperialistischen Krieges. In dem Buch, das ihn bekannt machte – der autobiographischen Erzählung *Wir sind Gefangene* – berichtet er, was er während des Weltkrieges, in bauernschlauer, zugleich naiver und durchtriebener Art alles anstellte, um dienstuntauglich und schließlich verrückt erklärt zu werden. Die Herren im Berliner Propaganda-Ministerium fanden dieses Buch gewiß höchst unmoralisch und abstoßend. Es war ihnen aber an Graf aus bestimmten Gründen gelegen. Denn nun sollte in Deutschland Bauern-Literatur die große Mode werden. Während aber die meisten neuen «Blut-und-Boden-Dichter» nur routinierten Kitsch über das «idyllische Landleben» zustande brachten, wußte Oskar Maria wirklich etwas von den Bauern und den kleinen Leuten. Er war vielleicht politisch suspekt; aber jedenfalls hatte er die vorgeschriebene Beziehung zur «deutschen Erde». Deshalb wollten die Nazis gnädig mit ihm verfahren. Graf aber schrie aus Leibeskräften: «Verbrennt mich! Ich halte es für eine dreckige Schande, von euch nicht verbrannt zu werden!» Und er erreichte es in ziemlich kurzer Zeit, daß alle seine Bücher im Reich verboten wurden.

Nun ist Graf zufrieden. Er lebt in der kleinen Stadt Brünn, in der Tschechoslowakei, und versichert allen Freunden, die ihn dort besuchen, zum Beispiel uns, daß Brünn – nach München, wo er früher gelebt hat – die schönste Stadt auf der Welt sei, weil es nirgendwo, außer eben in München, besseres Bier als in Brünn gebe. Übrigens bekommt dem bayrischen Handwerker-Sohn die Trennung von der «mütterlichen

Erde» recht gut. Seine Prosa wird immer klarer, prägnanter und anschaulicher, und in den kräftig behäbigen Humor, mit dem er die heimatlichen Dinge und Verhältnisse schildert, mischt sich nun ein anderer, zarterer Ton, der vielleicht aus einem Heimweh kommt, das er scheu zwischen den Zeilen verschweigt.

«Verbrennt mich!» – das forderte auch, in einem schönen und mutigen «offenen Brief», eine aristokratische, eine wirklich adlige Frau: Hermynia zur Mühlen, die in ihren Erzählungen und Romanen Frauen- und Mädchen-Schicksale mit zarten Mitteln oft eindringlich lebendig werden läßt. Als wir sie zum letzten Mal sahen, wohnte sie in einem alten Haus inmitten eines Gartens, der etwas Verwunschenes hatte, in einem Vorort von Wien. Dort dürfte sie aber jetzt wohl nicht mehr anzutreffen sein.

Sogar dem dramatischen und lyrischen Dichter Bertolt Brecht hat man im Jahre 1933 von Berlin aus freundliche Angebote gemacht, ob er nicht vielleicht doch lieber zurückkehren wolle: man würde versuchen, manches zu vergessen, was er in früheren Jahren an Anstößigem geäußert habe. In der Tat, da hätte es gar viel zu vergessen gegeben. Denn es existiert kaum eine Zeile in dem Werk von Bert Brecht, die nicht anstößig für einen guten Nazi wäre.

Er hat bald nach dem Krieg als ein «wilder Kerl», als ein genialisches *enfant terrible* der deutschen Literatur begonnen. In seinen Gedichten, die er meistens «Songs» nannte, und in seinen Theaterstücken – diesen oft hinreißenden ersten Proben eines kolossalen Talents: *Baal, Trommeln in der Nacht* – war viel vom Whisky-Saufen die Rede und von geographisch weit entlegenen Strömen und Inseln, und es kamen viele englische Kraftausdrücke vor, die nicht immer ganz richtig ver-

wendet waren, die aber dem Ganzen ein Parfum von exoti-
scher Romantik, von Wildwest, Unterwelt in Chicago und
toller Matrosenkneipe geben sollten. Aus dem exzentrischen
enfant terrible, das auf Arthur Rimbaud und François Villon
posierte – zwei Kollegen, bei denen er übrigens gelegentlich
abschrieb, – wurde ein Dichter von einem geradezu fanati-
schen Ernst der Gesinnung, von einer dogmatischen Leidenschaft, die sich zuweilen als Zynismus maskiert, die aber in
Wahrheit nichts weniger als zynisch ist, sondern von einer
fast religiösen Innigkeit: Dieser Dichter nahm die wissenschaftlich formulierte Heilsbotschaft des Marxismus so ernst,
wie vielleicht nur ein Deutscher etwas ernst zu nehmen vermag.

Brecht stammt aus einer süddeutschen kleinbürgerlichen
Familie. Sein schönes, hartes Gesicht gleicht gewissen Mienen, die mittelalterliche deutsche Künstler in Holz geschnitzt
haben. Es ist das Antlitz eines sehr eigensinnigen und sehr be-
gabten Mönches. Und wirklich hat die seltsam trockene Über-
schwenglichkeit, mit der Brecht an die erlösende Theorie vom
Historischen Materialismus glaubt, den Charakter einer aske-
tischen Hingabe, einer eisig intellektuellen Verzückung. «Er
hat den roten Schleier genommen ...», haben wir einmal
einen Schriftsteller über einen Kollegen sagen hören, der zu
den Kommunisten gegangen war.

Brecht dichtet marxistisch. Kaum glaublich, daß dieses möglich ist; aber ein eigensinniger und begabter Deutscher bringt
es fertig. Seine Verse, die durch Schönheit der Form und Leidenschaft des Gefühls im vollsten Sinn des Wortes Gedichte
bleiben, haben streng marxistische Inhalte. Marxistisches
Dogma wird in den *Lehrstücken* gepredigt, die für Arbeiter-
Chöre und zur geistig-politischen Erziehung und Erbauung
des Proletariats geschrieben sind. Auch das sehr wirkungs-

volle und an neuen Schönheiten reiche Arrangement der alten englischen *Beggar's Opera,* das Brecht mit dem Komponisten Kurt Weill zusammen gemacht hatte und dem er seinen weitaus stärksten Theatererfolg verdankte, ist voll marxistischer Pointen und Sentenzen. Die deutsche Bourgeoisie merkte es wohl nicht recht; sonst hätte sie nicht ebenso enthusiastisch applaudiert, wie damals die französische Aristokratie, als man ihr den anstößigen *Figaro* des Monsieur Beaumarchais vorspielte ... Die *Dreigroschenoper* war in Deutschland eine Zeitlang fast so populär, wie die *Lustige Witwe* oder der *Lohengrin.* Das breite Publikum machte es sich kaum klar, wie kühn und wie für die Entwicklung der Oper vielleicht entscheidend das Experiment war, das Brecht und Weill hier gewagt hatten und das sie mit der Oper *Mahagonny* gemeinsam fortsetzten. Brecht hat im Exil auf seiner genau und unerbittlich festgelegten Linie fruchtbar weitergearbeitet. Es sind Verse entstanden, der *Dreigroschenroman* und kurze Szenen für ein Theater der Zukunft, die sich mit dem Spanischen Bürgerkrieg beschäftigen oder mit der Opposition im Dritten Reich. Der Dichter hat sich ein kleines Stück Boden in Dänemark gekauft. Dort haust er mit seiner Familie. «Ich muß nah an der deutschen Grenze sein», sagt er, wenn man ihn fragt, warum er sich gerade Dänemark als Wohnsitz ausgesucht habe. «Ich muß gleich nach Deutschland können ... wenn der Tag da ist.»

Der marxistische Patriot hat in seinem nordischen Exil ein paar Gedichte geschrieben, in denen die Klage um die verlorene Heimat und der Zorn über alles, was dort geschehen ist, mit so echtem Pathos sich ausdrücken, daß diese Verse beinah den herrlichsten Strophen zu vergleichen sind, die Heinrich Heine in Paris im Gedanken an Deutschland gefunden hat. «Oh Deutschland, bleiche Mutter ...», klagte der Dichter Brecht – und wir sind sicher, daß seine Augen nicht trocken waren, als er solchen Jammerruf zur nahen Grenze schickte, sondern daß sie sich salzig feuchteten, obwohl ein konsequenter Marxist Gefühle wohl eigentlich als «kleinbürgerliches Vorurteil» verachten sollte.

Die Toten: Theodor Lessing, Kurt Tucholsky …

Die Emigration ist eine große, weit verzweigte Familie. Wenn irgendein geistiger oder politischer Repräsentant der Emigration vom Tode abberufen wird, dann haben wir alle das bittere Gefühl des Verlustes. Uns wird betrübt zu Mute, als hätte uns ein Verwandter verlassen.

Als das Hitler-Regime sich in Deutschland eben erst etabliert hatte, im Jahre 1933, wurden die bezahlten Mörder schon zu den Emigranten geschickt. In Marienbad in der Tschechoslowakei sitzt ein friedlicher Schriftsteller und Philosoph in seinem kleinen Hause am Schreibtisch. Durch das geöffnete Fenster trifft ihn eine Kugel; der Mann am Schreibtisch bricht tot zusammen. Die Kugel wurde gesendet von einem Mordbuben, der die deutsche Grenze gerade erst überschritten hatte und der, nach getaner Arbeit, zurückkehrte auf deutsches Gebiet, wo ihn ohne Frage fetter Lohn erwartete. Der Name des Gemeuchelten war Professor Theodor Lessing.

Er hatte niemals den Ehrgeiz gehabt, eine Rolle im politischen Leben des Reiches zu spielen. Trotzdem war er von den nationalistischen und reaktionären Kreisen schon seit Jahren mit besonderer Heftigkeit gehaßt und mit Verleumdungen verfolgt worden. Den unversöhnlichen, unerbittlichen Grimm dieser strengen Wächter über die «deutsche Ehre» hatte er sich durch einen harmlosen Artikel zugezogen, den er gele-

gentlich einer Präsidenten-Wahl publizierte. Der Aufsatz enthielt eine gerecht wägende, durchaus nicht gehässig-respekt-
lose, sondern gelassen urteilende Charakteristik des Gene-
ralfeldmarschalls von Hindenburg, der damals das Idol der
Nationalisten war. Lessing wagte es, seine Meinung auszu-
drücken, daß er Herrn von Hindenburg – einen weder sehr gescheiten noch auch nur zuverlässigen Greis – nicht für den ge-
eigneten Repräsentanten des Deutschen Volkes halte. Ein
Sturm der Entrüstung ging los; der Artikel wurde tausendfach
zitiert – in entstellter Form, wie sich denken läßt. Die Nazi-
Presse behauptete, Lessing habe den verehrten Generalfeld-
marschall einen «Massenmörder» genannt – was der Philo-
soph sich niemals hatte einfallen lassen. Man schwor dem
Denker, der es sich herausgenommen hatte, den «Heros des
Weltkrieges» nicht bedingungslos zu bewundern, schreckliche
Rache, und diese Rache nahm man, als es in Deutschland kein
Gesetz mehr gab; nämlich als die Nazis regierten.

Übrigens wollten die deutschen Nationalisten, als sie auf
Professor Lessing schießen ließen, natürlich nicht nur den
Verfasser des ominösen Hindenburg-Artikels treffen; sondern
auch einfach einen Repräsentanten jenes Typs, den sie als «In-
telligenzbestie», als «zersetzenden Geist» und als «Kulturbol-
schewisten» zu bezeichnen lieben. Daß der Philosoph niemals
ein Bolschewist, niemals ein Marxist gewesen war, störte die
Auftraggeber der Mörder nicht: auf Nuancen kam es ihnen
nicht an. In Lessings Denken gab es neben humanitären, fortschrittlichen Elementen auch pessimistische und romantische.
Der Titel seines großen autobiographischen Werkes *Einmal
und nie wieder*, in dem er das Wesentlichste, was er gelebt und
gedacht hat, zusammenfaßt, verrät schmerzliche Stimmungen
und spricht für kein durchaus heiter-optimistisches Verhältnis
zum Leben. Zu dieser bedeutenden Nachlaß-Schrift des er-

mordeten Lessing hat der tschechische Dichter und Forscher, der Shakespeare-Übersetzer und Direktor des Prager Nationaltheaters, Ottokar Fischer, das Vorwort geschrieben. Er war unter den Tschechen einer der gelehrtesten und verständnisvollsten Kenner deutscher Literatur – ein Mittler von Rang und Ansehen zwischen slawischer und germanischer Kultur. Er starb ungefähr fünf Jahre nach Theodor Lessing, ermordet auch er, aber nicht von einer Kugel, sondern vom Entsetzen: das Grauen und der Schrecken töteten den herzkranken Mann, als er in den Zeitungen die Berichte über die Eroberung Wiens durch die Nazis las: die Zeitung in der Hand, brach er leblos zusammen ... Dies geschah im März des Jahres 1938.

Die Brüder Rotter, zwei sehr erfolgreiche Berliner Theater-Unternehmer, hatten sich im Jahre 1933 im kleinen Fürstentum Liechtenstein, das malerisch und friedlich zwischen der Schweiz, Österreich und Deutschland liegt, ihr Asyl gesucht. Dort lebten sie von dem vielen Geld, das sie in Berlin mit ihren keineswegs besonders interessanten, aber geschickt aufgezogenen, populären Operetten und Musical Shows so reichlich verdient hatten. Gerade daß die Brüder Rotter erfolgreich gewesen waren, verziehen die Nazis ihnen nicht. Man hätte die beiden gar zu gerne in einem Konzentrationslager totgeprügelt, wie so viele andere. Die Vorstellung, daß sie in einem komfortablen Hotel im Ausland saßen, war den Herren zu Berlin unerträglich. Man beschloß, die Brüder Rotter nach Deutschland entführen zu lassen.

Die Burschen, die von der deutschen Mordzentrale nach Liechtenstein entsandt wurden, waren geschickt; sie machten sich durch Vermittlung des Hoteliers, bei dem die Rotters wohnten, an die Brüder heran. Die ließen sich darauf ein, mit den Landsleuten, die sich unter irgendwelchen Vorwänden an sie gewandt hatten, eine Autofahrt zu unternehmen. Unterwegs merkten sie, wohin die schlimme Fahrt gehen sollte: nach Deutschland, wo der Tod in gräßlichster Form sie erwartet hätte. Als sie das Furchtbare konstatierten, die teuflischen Absichten ihrer «Gastgeber» erkannten, befanden sie sich schon nahe der Reichsgrenze in gebirgiger Gegend. Ihr Schreien, ihr tobendes Protestieren nützte nichts; der Wagen bewegte sich in rasender Fahrt weiter, der verhängnisvollen Grenze zu. Ein Kampf der Verzweiflung begann. Einer der beiden Brüder stürzte sich aus dem Fahrzeug, er zerschmetterte sich den Kopf an einem Felsen. Der andere entkam in die Schweiz. Die Mörder waren auf deutschem Gebiet schnell in Sicherheit; man empfing sie mit hohen Ehren. Zwar hatten sie nicht, wie es ihr Auftrag gewesen war, ihre Opfer lebend mitgebracht; immerhin war es ihnen geglückt, den einen von ihnen umzubringen. Man fand, das sei schon eine hübsche Leistung und Grund genug, für die Burschen im Städtchen Konstanz am Bodensee ein offizielles Bankett zu geben, bei dem die Schulkinder der ganzen Gegend anwesend sein mußten. Deutsche Kinder ließen die glorreichen Mörder des jüdischen Theaterdirektors freudig hochleben.

Es war etwas später, daß der Fall des exilierten Journalisten Berthold Jacob zur internationalen Sensation wurde. Diesmal war der Agent der Nazis, ein gewisser Wesemann, weniger glücklich. Berthold Jacob war den Nazis fatal, weil er der Welt viel über die deutschen Rüstungen mitzuteilen wußte, zu einem Termin, als Hitler und seine Freunde es noch für ratsam hielten, die deutsche Mobilmachung in Permanenz vorläufig geheim zu halten. Dem Agenten Wesemann, der als ein Förderer und Gönner der exilierten deutschen Schriftsteller aufgetreten war, gelang es, Jacob, der damals in Straßburg lebte, nach Basel zu locken, wo die deutsch-schweizerische Grenze verläuft. In einem Wagen betäubte Wesemann den Ahnungslosen und entführte ihn auf deutsches Gebiet. Das Passieren der Grenze mit dem Bewußtlosen machte keinerlei Schwierigkeiten, die Beamten waren instruiert, Wesemann handelte im Auftrag hoher Berliner Stellen. Erst auf deutschem Boden kam Jacob wieder zu sich. Man schaffte ihn nach Berlin; die Absicht war, ihn dort vor ein «Volksgericht» zu stellen, wegen Hochverrates verurteilen und hinrichten zu lassen. Der energische Protest der Schweiz, deren Hoheitsrechte durch Wesemanns Streich frech verletzt worden waren, kam dazwischen: die Nazis, die immer nachgeben, wenn man in der deutlichen Sprache zu ihnen spricht, die sie verstehen, mußten Jacob nach Basel zurückschicken. Dort fand übrigens später ein Prozeß gegen den Gestapo-Agenten Wesemann statt, der interessante Aufschlüsse über die Organisation und die verschiedenen Tricks der deutschen Spitzel, Provokateure und berufsmäßigen Kidnapper brachte.

Ganz im Sinne und zur Zufriedenheit der hohen Auftraggeber wurde das Verbrechen an dem Ingenieur Formis in der Tschechoslowakei durchgeführt. Formis war ein ehemaliger Nationalsozialist von der radikalen Richtung. Da er konsequenter National-Sozialist war, mußte er – ähnlich wie Hitlers alter Freund und Mitarbeiter Strasser – zum Feinde des Dritten Reiches werden. Der Ingenieur Formis richtete in einem kleinen Flecken auf tschechoslowakischem Gebiet einen Geheim-Sender ein, den er zur Anti-Propaganda benutzte. Seine aufklärenden, warnenden Vorträge waren mit solcher Kenntnis abgefaßt und mit so viel Leidenschaft vorgetragen, daß man im Reich sehr schnell auf sie aufmerksam wurde. Die jungen Leute, die gegen gute Bezahlung und obendrein wohl noch mit dem Gefühl im Herzen, eine gute Tat zu begehen, zu Mördern werden, scheinen in Berlin nicht schwer zu finden zu sein. Wieder machten mehrere sich auf, diesmal waren es drei,

es war auch eine Dame darunter – im Dritten Reich scheint
selbst das schwache Geschlecht lüstern nach den Lorbeeren
des Meuchelmörders –, sie trugen lustige Kostüme, fesche
Kleidung, für den Wintersport gemacht, der große Wagen
fehlte ihnen nicht, die Brieftaschen waren voll Geld, die falschen Pässe schienen in Ordnung: sie waren von einer reichs-
deutschen Amtsstelle angefertigt worden. So trafen die drei
gutgelaunten Menschen in der Tschechoslowakischen Republik ein, lernten den Ingenieur Formis kennen und gewannen
sein Vertrauen. Zu ihrer Überraschung wehrte sich der Mann,
als sie ihn nach schon bewährtem Rezept betäuben wollten,
um ihn auf deutsches Gebiet zu entführen. Der Widerstand
bekam ihm sehr schlecht. Die drei flotten Menschen ermorde-
ten ihn noch auf tschechoslowakischem Boden. Man weiß
nicht, ob die hübsche deutsche Dame im Skikostüm dabei mitgeholfen oder ob sie nur amüsiert zugeschaut hat. Nach erle-
digter Pflicht kehrte das charmante Trio in seinem großen
Auto in die liebe Heimat zurück. Den Tschechen gelang es
noch, die Nummer des Wagens zu identifizieren. Aber dadurch wurde der Ingenieur Formis nicht mehr lebendig, und
die Mordbande ging natürlich straflos aus. Eine tschechische
Amtsstelle telephonierte das Polizeikommissariat jener deutschen Provinzstadt an, deren Zeichen der Wagen getragen
hatte. «Können Sie für uns feststellen, welchen Inhaber das
Fahrzeug mit der Nummer so-und-so hat?» fragte der tschechische Beamte. Der deutsche Kollege antwortete gefällig:
«Aber gewiß! Warten Sie nur bitte einen Augenblick!» Erst
nach längerer Pause kehrte er an den Apparat zurück, und
seine Stimme klang wohl ein wenig bedrückt, als er vor-
brachte: «Leider darf ich Ihnen in diesem besonderen Fall
keine Auskunft geben.»

Solche Fülle ungesühnter Missetaten mußte eine schreckliche psychologische Wirkung in den Kreisen der deutschen Exilierten haben. Sicherlich sind viele der Selbstmorde nicht nur auf die wirtschaftliche Not, das Heimweh, die geistige Ratlosigkeit zurückzuführen, sondern auch einfach auf die *Angst*, die Angst davor, ermordet zu werden. Ohne Frage hat dieses Angst-Motiv seine Rolle im Fall des Schriftstellers und Journalisten Kurt Tucholsky gespielt, der sich im Dezember 1935 in Schweden vergiftete.

Tucholsky, wichtigster Mitarbeiter und eine Zeitlang Herausgeber der linken Berliner Wochen-Zeitschrift *Die Weltbühne*, war sehr mutig gewesen. Vielleicht hatte er sich sogar zu weit nach vorne gewagt und mit seinem Witz, seiner Bosheit, seinem drohenden Ernst die Wut des deutschen Spießers zu sehr provoziert. Denn die leidenschaftliche, kluge Kritik dieses Autors galt nicht nur dem Nazi, dem Nationalisten, dem Reaktionär, sondern auch ebenso heftig dem «Lauwarmen», dem angeblich «Liberalen», der nicht den Mut zu seiner eigenen Gesinnung hat, dem sozialdemokratischen Spießer, auch dem kommunistischen Spießer, auch dem jüdischen Spießer. Es ist nicht richtig, daß Tucholsky die Deutschen gehaßt hat, obwohl er seine Kritik am Deutschtum oft bis zum Maßlosen, manchmal bis zum Geschmacklosen trieb: in seinem Buch *Deutschland über alles!* etwa, das ihm von den «Gutgesinnten» nie verziehen wurde. Hätte er sein brillantes und vielseitiges Talent auf diese ununterbrochene, bittere, höhnische, kämpferische Auseinandersetzung mit dem deutschen Wesen verwendet, wenn er es nicht irgendwo, mit einem sehr empfindlichen, sehr geheimen Teil seines Herzens auch geliebt hätte? Unter fünf Pseudonymen, die er sich wie fünf Masken abwechselnd vors Gesicht hielt – obwohl alle Welt wußte, welches Antlitz sich hinter den Masken verbarg, – schrieb er in der *Weltbühne* und in anderen fortschrittlichen

Berliner Blättern seine wütenden, klagenden, spottenden Glossen und Manifeste. Als aber die Nazis zur Herrschaft kamen, verstummte er. Seit 1933 ließ er kein Wort mehr drucken. Er hatte das Seine getan, hatte nichts unversucht gelassen, hatte mit allem Nachdruck, der ihm gegeben war, immer wieder gewarnt vor dem Unheil, das er schaudernd kommen sah.

Er distanzierte sich von der politisch und literarisch aktiven Emigration. Selbst nahe Freunde wußten seine schwedische Adresse nicht; seine gesamte Korrespondenz leitete er über eine Deckadresse in Zürich. Zu so düsteren Vorsichtsmaßregeln bestimmten ihn nicht nur der Gram und das Bedürfnis, ganz allein zu sein, sondern auch die Furcht: es war seine gewiß nicht unbegründete fixe Idee, daß die Nazis planten, ihn umzubringen. Viele meinten, daß er während seiner letzten Jahre beinah wahnsinnig gewesen sei, und wirklich war seine tiefe, völlige Depression nicht ohne pathologische Einschläge, die übrigens auch physische Ursachen gehabt haben mögen. Man vereinfacht aber das Problem, wenn man die Erkenntnisse, zu denen seine verzweifelte Enttäuschung ihn führte, als die Vorstellungen eines Geisteskranken abtut. Ein Brief, den er einige Tage vor seinem Tode an einen Freund, den Schriftsteller Arnold Zweig, schrieb und der später teilweise veröffentlicht wurde, zeugt davon, daß seine tiefe Verbitterung, seine innere Verstörtheit ihm auch manch wahre, harte Erkenntnis brachte. Dieses Schreiben, das nicht als Abschiedsgruß stilisiert ist, aber die Melancholie und die schmerzliche Würde eines «letzten Grußes» hat, ist eine einzige Anklage gegen alles Deutsche, auch gegen die deutsche Linke, die Tucholskys Meinung nach komplett versagt hat und in der Emigration weiter versagt, und gegen die deutschen Juden. Tucholsky, schon zum Tod entschlossen, schreibt: «Man hat eine

Niederlage erlitten. Man ist verprügelt worden, wie seit langer Zeit keine Partei, die alle Trümpfe in der Hand hatte. Was ist nun zu tun? Nun ist mit eiserner Energie Selbsteinkehr am Platze. Nun muß, auf die lächerliche Gefahr hin, daß das ausgebeutet wird, eine Selbstkritik vorgenommen werden, gegen die Schwefellauge Seifenwasser ist. Nun muß – ich auch! ich auch! – gesagt werden: Das haben wir falsch gemacht, und das und das, und hier haben wir versagt. Und nicht nur: die anderen haben ... sondern: wir alle haben.» Und über Deutschland schreibt er an einer anderen Stelle des letzten Briefes: «Ich habe mit diesem Land, dessen Sprache ich so wenig wie möglich spreche, nichts mehr zu schaffen. Möge es verrecken, möge Rußland es erobern – ich bin damit fertig.» Wer Ohren hat zu hören, der erkennt auch noch in dieser furchtbaren Formulierung den Ton der enttäuschten Liebe, den Aufschrei des tausendfach und nun endgültig Desillusionierten.

Der Selbstmord Tucholskys war nicht das einzige Ereignis seiner traurigen Art.

Musik in New York

In New York ist es für unsereinen sehr schön, bei den Muschenheims eingeladen zu sein; denn erstens sind sie reizende Gastgeber, zweitens trifft man bei ihnen alles, was sich an treffenswerten Deutschen in New York aufhält, und drittens gibt es dort oft die wunderbarste Musik.

Der Abend, von dem wir sprechen wollen, war einer der festlichsten und ergreifendsten, die wir erleben durften. Wir wußten: Busch und Serkin werden spielen, – das genügte, um uns glücklich zu stimmen. Wer die beiden kennt, weiß, auf welche Art sie musizieren, in wie vollkommener Reinheit und unverfälschter Klarheit sie die Kostbarkeiten wiedergeben, die Mozart, Beethoven, Brahms uns hinterlassen haben.

Wir hatten unsere Freunde Busch und Serkin lange nicht gesehen. Zuletzt vor Jahr und Tag in der Schweiz; wir feierten in ihrem Doppelhäuschen bei Basel die Silvesternacht zusammen. Wir hatten uns mit dem Wagen verirrt, waren eine Stunde lang auf einem Waldsträßchen unterwegs gewesen, das sich immer abwechselnd auf schweizerischem und auf deutschem Gebiet dahinschlängelte, das war äußerst unheimlich und gefährlich, und wir fühlten uns, als wir endlich bei den Freunden geborgen waren, buchstäblich wie im Himmel. Auch können die Engel, die ihre Tücken haben, nicht viel liebenswerter, warmherziger, vornehmer und freundlicher sein als unsere irdischen Gastgeber von damals. Das Wander- und Tournee-Leben, das wir alle führen, kompliziert die menschlichen Beziehungen, die Wege schneiden sich, statt sich zu berühren, aber an den Schnittpunkten und Straßenkreuzungen winkt man sich wenigstens zu.

Der hübsche kleine Musiksaal der Muschenheims ist schon voll von Menschen, als wir eintreten. Wir sehen gleich: das ist kein «geladenes Publikum», wie man es sonst wohl gelegentlich findet, nicht «gesellschaftliche Verpflichtungen» der Einladenden haben bei der Wahl der Gäste den Ausschlag gegeben. Hier sind Freunde, Musiker, Künstler; jedem einzelnen von ihnen steht die Freude darüber, hier zu sein, im Gesicht geschrieben. Wir eilen uns, Platz zu finden, – es ist hübsch, daß wir neben Karin Michaelis zu sitzen kommen, unserer alten dänischen Freundin, der wir nun also wieder einmal zuwinken dürfen, an dieser Wegkreuzung. Karin ist soviel in Deutschland gewesen, daß wir sie beinah als Compatriotin empfinden. Seit dreiunddreißig freilich hat sie sich fern gehalten von unserem Land. Die berühmte Schriftstellerin, die Verfasserin so «unpolitischer» Bücher wie *Hallo Bibi* und *Die grüne Insel* emigrierte aus dem Dritten Reich so gut und gern, wie wir es taten. Sie hat eindeutig Stellung bezogen, nun fehlt ihr Name unter keinem Aufruf, der gegen die Hitlerbarbarei an das Gewissen der freien Menschheit appelliert.

Karin Michaelis ist nicht mehr jung. Sie war sehr beliebt in Deutschland. Kaum ein Kind dort hat die lustige und rührende Geschichte von «Bibi» nicht gelesen, und ihre Romane fehlten in keiner Bibliothek. Sie hätte bei rechter Gesinnung hochgeehrt als unbestreitbar nordische Künstlerin ihr prächtiges Auskommen haben können. Die zarte alte Dame zog es vor, herumzureisen, Vorträge zu halten und solche, die ihn noch nicht erkannt hatten, über den Nationalsozialismus aufzuklären. Da sitzt sie, die kurzsichtigen Augen tief über das Programm gesenkt. «Ich freue mich so schrecklich», flüstert sie uns zu, ob über das unerwartete Wiedersehen mit uns, ob auf die Musik, die sie hören wird, bleibt dahingestellt, denn Busch und Serkin kommen in den Saal: der große, blonde, breitschultrige Busch – er sieht aus wie ein westfälischer Bauernjunge, wie ein Junge immer noch, obgleich er fünfzig Jahre alt sein muß – und der kleinere, schmale, dunkle Serkin. Sie machen Front zum Saal hin; die kurzen, eckigen Verbeugungen, mit denen sie ihr Publikum begrüßen, sind ein bißchen linkisch; es ist kein gefallsüchtiges Virtuosenpaar, das sich hier präsentiert. Hinter den ernsten Stirnen ist kein Gedanke auf den «Erfolg», auf den «Ruhm» gerichtet. Diese da horchen schon der Musik nach, die sie klingen lassen werden.

Man kennt die rührende Geschichte ihrer Künstlerfreundschaft. Adolf Busch war seit langem ein berühmter Geiger in Deutschland, als ein fremder kleiner Junge, irgendwoher aus dem Osten Europas, zu ihm kam und bat, ihm vorspielen zu dürfen. Der Junge hieß Rudolf Serkin, und er spielte dermaßen schön Klavier, daß Busch, dessen menschliche Bereitschaft zu helfen immer ebenso lebhaft war wie sein pädagogisches Interesse, beschloß, ihn dazubehalten, weiterbilden zu lassen, groß zu machen. Serkin, sechzehn- oder siebzehnjährig, begriff das Glück, das ihm widerfuhr, und blieb bei Busch im Haus. Das Leben bestand aus Musik. Musiziert wurde vom Morgen bis in die Nacht hinein; während die beiden übten, spielte ein kleines blondes Kind auf dem Teppich herum; Buschs fünfjähriges Töchterchen Irene konnte schon alle Melodien summen, die es hörte. Wenn es die Mutter am Abend ins Bett holte, weinte es.

Als Serkin erwachsen war und ein herrlicher Pianist, ging er mit dem Busch-Quartett, das schon europäischen Ruf hatte, auf Tournee. Schönere Kammermusik konnte man nicht hören, – das Zusammenspiel dieser vier (Adolf Busch, Rudolf Serkin, Hermann Busch, Søsta Andreasson oder Karl Doktor) war von vollkommener Harmonie; es gab keinen unter ihnen, der glänzen, der sich hervortun wollte; alle ordneten sich der Musik unter, die sie mehr liebten als ihren Ruhm.

Im Jahre dreiunddreißig sollten sie sich trennen. Der «fremdrassige» Serkin durfte in Deutschland nicht mehr musizieren. Er hätte überall in der Welt sein Glück gemacht, auch ohne seinen Meister Adolf Busch, dem für seinen Teil in der Heimat goldene Berge sicher waren. Serkin emigrierte – und Busch mit ihm. Aus dem Haus in der Schweiz, das sie sich «vor Hitler» schon zugelegt hatten, kehrten sie nicht mehr nach Deutschland zurück. Sendboten kamen, wollten Busch heimholen. «Recht gern», sagte Busch, «Serkin und ich spielen als erstes eine Mendelssohn-Sonate.» Bestürzt zogen die Nazi-Agenten sich zurück.

Es war, seit das Kind Irene, auf dem Teppich spielend, dem jungen Serkin bei seinen Läufen und Fingerübungen lauschte, eine ausgemachte Sache, daß die beiden zusammengehörten. Nichts konnte einleuchtender, nichts besser und richtiger sein, als daß sie sich heirateten. Serkin, den seine Pflegeeltern wie einen Sohn liebten, wurde, nun wirklich ihr Sohn, und die kleine Irene, kaum siebzehnjährig, verband ihr Leben mit dem Kameraden ihrer Kindheit, dem sie alle in die Verbannung gefolgt waren. Übrigens ist es unwahrscheinlich, daß Adolf Busch in Deutschland geblieben wäre, auch wenn kein Serkin zwischen ihm und dem «Führer» gestanden hätte. Was ihn von jenem trennte, war ein Abgrund; seine unbedingte, reine und stolze Künstlerschaft konnte unter der Nazifuchtel nicht gedeihen.

Es klingt wie eine einzige, wunderbar reiche und zaubervolle Stimme, wenn die beiden spielen. Die vielen Jahre, in denen sie gemeinsam das Wesen ihrer Götter ergründeten, haben in eins verschmolzen, was sie den Instrumenten entlokken. Es sind nicht mehr Geige und Klavier, was wir hören, und nicht die Herren Busch und Serkin sind es, deren Griffen wir lauschen, es ist Mozart. Deutsche Musik, schönste und deutscheste, aber die sie klingen lassen, sind aus Deutschland verbannt.

Serkin hat in sich alle Kraft und alle Zartheit, alle Hingabe und alle Beherrschtheit, allen Jubel und alle Trauer. Er spielt mit ungeheurer Virtuosität, aber man vergißt sie, da er selber ihrer nicht zu achten scheint. Den dunklen Kopf leicht vorgeneigt, horcht er wie verwundert den Klängen nach, während seine schmale Gestalt eins wird mit dem Instrument, dem sie entströmen. Busch steht ein wenig breitbeinig, sein bäurisches Gesicht, in das wirr das helle Haar fällt, sieht aus wie die Holzschnitzereien in alten deutschen Kirchen; mit großer Zärtlich-

keit ist es an die Geige gelegt. Den Bogen führt er in kurzen
Strichen. Man hat gesagt, er sei «kein eleganter Violinist».
Nein, sie sind nicht «elegant», Busch und Serkin. Denn ihnen
eignet alle Anmut und Strenge der Musik, deren Sendboten
sie sind.

Da Pause ist, begrüßen sich im Saal die Freunde. Wir merken jetzt erst, wie viele unter denen, die dankbar und ergriffen
zugehört haben, selber Namen von Weltruf tragen. Da ist Ja-
scha Heifetz, den viele wie einen jungen Gott verehren und
dessen Geigenspiel das Konzertpublikum aller fünf Kontinente hinreißt. Deutschland freilich, das sich selber ausge-
schlossen hat von so vielen Freuden der zivilisierten Menschheit, darf auch ihn nicht mehr hören. Der Weltberühmte
umfährt auf seinen Reisen Hitlers Gebiet wie ein Land, in
dem die Pest wütet. Wir sagen ihm, wie sehr wir seine Platten
lieben, Prokofieffs *Konzert Nr. 2* und Francks *Sonate in
A-Dur.* «Schön haben sie gespielt», antwortet er nur und deutet mit dem Kopf auf das kleine Podium, das leer steht, «wunderbar.»

«Es war wunderbar», sagt hinter uns eine vertraute Stimme,
und da wir uns umwenden, erkennen wir Albert Einstein, der
von Princeton hereingekommen ist, um zuzuhören. «Das ist
Deutschland», sagt er, «das ist das wahre und das beste
Deutschland; was für ein Glück, daß wir es überall wiederfin-
den, wo solche Musik gemacht wird; und was für ein Beweis –
wenn wir noch einen nötig hätten – gegen diese Rassenidiotie.
Kann man sich ein schöneres Zusammenspiel, ein reineres In-
einanderaufgehen denken, als das, was diesen beiden, dem hellen und dem dunklen, dem ‹Arier› und dem jungen Juden
gegeben ist?» Sein weises, großes, freundliches Gesicht verfin-
stert sich für einen Augenblick, dann scheint er irgendwo hinten, in einer Ecke des Saales, etwas zu entdecken, was ihn trö-

stet. Wir folgen der Richtung seines Blickes; kein Zweifel, wer da gegen die Wand gelehnt steht, ist Toscanini, der Maestro!

Wie schön, daß er hier ist, daß er kommt, um die jüngeren Kollegen zu ehren, und weil ihre Musik ihm Freude macht. Wir wissen, wie beschäftigt er ist, wie selten die Abende sind, an denen nicht Proben, Konzerte, Radio ihn in Anspruch nehmen. Und seine Freizeit also verbringt er so!

Toscanini, wieviel der Klang dieses Namens enthält! Eine Welt von Schönheit, Wohllaut, Adel und Noblesse. All die Abende, an denen wir, glücklich und bestürzt, seiner Vollkommenheit zuschauten und spürten: dies ist es, es ist der äußerste und letzte Ausdruck, der für diese Musik sich finden läßt! Den *Fidelio* in Salzburg, die *Neunte Symphonie* in der *Carnegie Hall*! Und all die Zeichen seiner persönlichen, seiner menschlichen Bedeutung! Das Nein an Mussolini! Der Verzicht auf Bayreuth, die Absage an Salzburg! Ist die Menschheit «heruntergekommen», gibt es in ihrer Mitte keine großen Edelleute mehr, keine wirklichen Aristokraten, niemanden mehr, der die Unbedingtheit, das Absolute, die Lebens- und Todes-Feindschaft gegen den Kompromiß auf sein Banner geschrieben hätte? Aber da ist Toscanini! Sind die Führer Europas, sind unsere Staatsleute zu jämmerlichen Advokaten von Fiktionen geworden? *Leben* sie nur noch von der Übereinkunft, keine Wahrheit mehr auszusprechen, sondern statt dessen in Floskeln zu reden, deren einziger Sinn es ist, die Wahrheit zu verschleiern? Sollte es schädlich, unerlaubt, ja unmöglich geworden sein, *geradeaus* zu denken und also zu handeln? Aber da ist Toscanini! Der dreifach Emigrierte, aus Italien, Deutschland, Österreich, ist der größte Dirigent der Gegenwart. Im Glanze seines Ruhmes wird seine furchtlose, klare und ritterliche Haltung zum weithin leuchtenden Vorbild.

Nicht irrtümlich haben wir uns dermaßen gefreut auf diesen Abend. Und da wir nun an kleinen Tischen beisammen sitzen, ist uns allen, als müßten wir sein Ende verhindern. Zu reizend ist an dieser Wegkreuzung die Landschaft, und keiner von uns Reisenden will weiter.

Toscanini liebt die Nacht. Er liebt es, sie mit Freunden zu verbringen. Er ist lebhaft, angeregt, gesprächig, und er versteht die große Kunst des Zuhörens. Seine Augen haben den schönsten Blick, der uns an einem Menschen begegnete. Er ist kurzsichtig, man weiß es, und vielleicht kommen daher der unvergleichliche Schmelz, der Glanz und die tiefe Himmelsbläue dieser Augen, sie beleuchten die Dinge mehr, als daß sie sie in sich aufnähmen. Er spricht französisch mit uns, ein sehr gutes, klares, ein wenig hartes Französisch; aber die kleinen Fehler (er sagt «se», – statt *je*, – «bisou», statt *bijou*) machen, daß es rührend und kindlich klingt. Er kann nicht leiden, wenn Frauen rauchen, und er hat eine Art, es einfach zu verbieten, die zeigt, wie sehr er zu herrschen gewohnt ist, – aber auf wie anmutige und selbstverständliche Weise. Er ist nicht groß von Statur, wir finden es wieder, nur die natürliche *grandezza* seiner Haltung läßt ihn so erscheinen.

Wir erkundigen uns nach Vladimir Horowitz, der eine Tochter des Maestro geheiratet hat: «Mein Schwiegersohn», sagt Toscanini, «hat seit beinah zwei Jahren nicht mehr öffentlich Klavier gespielt. Aber jetzt fängt er wieder an. Sein erstes Konzert gibt er zugunsten von deutschen Emigrantenkindern in der Schweiz.» Horowitz selber ist Emigrant, aus Rußland erst, nun auch aus Deutschland. Toscanini spricht mit großer Wärme von seinem jungen Verwandten.

Mit Busch und Serkin verbindet den Maestro herzliche Freundschaft. Buschs Geige war repariert worden, er ist sehr unglücklich und besorgt, weil er fürchtet, daß sie an Klang verloren haben könnte. Toscanini tröstet ihn, er habe nichts

bemerkt, nicht das allergeringste, «*C'était beau, comme tou-
jours* (tousours)». «Nicht wahr?!» sagt Frau Busch und hat ein
glückliches Gesicht, «Ich habe es auch gesagt!» Frau Busch begleitet ihren Gatten auf allen seinen Reisen, auch das Kind
Irene ist zur Stelle – Mrs. Serkin – und das winzige Kind Ur-
sula, Irenes und Rudis einjähriges Töchterchen.

Unvermeidlich ist, daß nach kurzem auf Politik die Rede
kommt. «Ach», sagt Busch, «manchmal denke ich, daß ich
nicht mehr Geige spielen möchte. Mir scheint dann, als sei es
sündhaft, Musik zu machen, ‹nur› Musik, in einer Welt, der
man nach Noten Bescheid blasen müßte, die sie besser versteht. Manchmal denke ich, daß man die Politik den Politikern
ganz einfach nicht überlassen dürfte. Soll Chamberlain Geige
spielen, statt meiner, wenn ich dafür den Engländern die
Wahrheit sagen darf!» Wir lachen. Dann beschließen wir, daß
wir um die Welt nicht zuhören möchten, wenn Chamberlain
Geige spielt, und daß die Engländer unserem Busch die Wahrheit nicht glauben würden. Also läßt man es besser, wie es ist.

Serkin gehört zu den allerreizendsten Menschen, die wir
kennen. Er ist ebenso gescheit wie unterhaltend und ebenso
menschenfreundlich wie begabt. Man könnte meinen, daß jemandem, der so unbedingt, so völlig der Musik lebt, wie dieser
außerordentliche Pianist, das Interesse an der Welt außerhalb
ihrer allmählich abhanden kommen müßte. Er aber kann sich
empören und begeistern, über schlechte Menschen oder gute
Bücher. Der zarte Mensch stellt an sich ungeheuere Ansprü-
che; um so rachsüchtiger begegnet er den Bemühungen anderer. Ihm genügt nicht, monatelang, beinah allabendlich, das
Publikum ständig wechselnder Städte zu begeistern. Er versucht sich an immer neuen Aufgaben, wandelt unermüdlich
sein Programm. Wir verwundern uns, wie er es rein zeitlich
schafft. «Es ist nicht ganz leicht», sagt er, «und für unwichti-

gere Geschäfte reicht die Zeit dann meistens nicht. Da, schaut Euch das an.» Er wendet uns seinen Hinterkopf zu, das dunkle Haar hängt ihm in drolligen Fransen bis zum Kragen hinunter. Irene schlägt klagend die Hände zusammen. «Seit vier Wochen war er nicht beim Friseur», ruft sie und lacht verzweifelt, «heute vorm Konzert wollte ich ihm die Haare schneiden, aber dann war es auch dafür wieder zu spät!»

Einstein kommt an den Tisch, um sich zu verabschieden. Der letzte Zug nach Princeton wartet nicht. «Auch bei uns sind die Eisenbahnen pünktlich, nicht bloß bei den Faschisten!» Das Zeichen zum Aufbruch ist gegeben. Buschs und Serkins fahren nach Europa, morgen früh, der Maestro muß gleich auf die Probe. Das Fest ist zu Ende, die reizende Wegkreuzung will endgültig passiert sein. Nach allen Himmelsrichtungen treibt der Wind die Reisenden auseinander.

Kriegsbericht-
erstattung

1939 – 1945

Gegenseitige Kontrolle

In unserer Stadt ging es geschäftig, fröhlich und ganz normal zu. Nach ihren Einkäufen trafen sich unsere fleißigen
Hausfrauen gern auf einen Klatsch. Trotz der Müdigkeit
und Niedergeschlagenheit auf manchen ihrer Gesichter ließ
sich aus ihrem eifrigen Geplapper kein Grund zur Beunru-
higung entnehmen.

Spät in der Nacht saß der Kaufmann Hannes Schweiger in seinem Büro und machte die Buchhaltung. Statt eines elektri-
schen Lichts brannte eine alte verzierte Petroleumlampe rußig
vor sich hin. Die Behörden hatten gerade den Strom abstellen
lassen, weil er die Rechnung für den letzten Monat nicht bezahlt hatte. Obwohl er in einen dicken, aber eigenartig steifen

und zerknitterten Mantel gehüllt war, fror er bis auf die Knochen. Er arbeitete völlig lautlos. Neben den gewichtigen Büchern lag ein scharfes kleines Messer zum Radieren. Zuerst hatte er vorsichtig versucht, Änderungen in den ordentlichen Zahlenreihen vorzunehmen. Aber das Papier taugte nichts, und es blieb ihm nichts anderes übrig, als das ganze Geschäftsbuch noch einmal abzuschreiben. Er arbeitete mit größter Sorgfalt; seine Stirn war auf seine linke Hand gestützt, während er die so wichtigen Änderungen vornahm.

Die kräftigen und ehrlichen Züge des Mannes standen in diesem Moment in eindeutigem Kontrast zu seiner Beschäftigung. Es war fünf Jahre her, daß Hannes Schweiger, Sohn des Gründers der Firma Schweiger & Co., den Kolonialwarenladen in der alten Rabengasse mit all seinem Tee, Kaffee und Kakao übernommen hatte. Bis zu seinem Geschäftseintritt gleich nach der Heirat mit seiner Kusine Else war Hannes Student und Sportler gewesen. Als Skifahrer war er im ganzen Land ein Begriff gewesen, und seine tiefgebräunte Haut sagte mehr über die Vergangenheit als über die Gegenwart aus, die ihn offensichtlich so zentnerschwer belastete. Kaufmann Schweiger sah eher wie ein Südländer oder sogar wie ein Jude aus. Man findet diesen dunkelhäutigen Typ mit schwarzen Augen und langer, gekrümmter Nase häufig in unserem Kreis. Schon bevor er einen unanfechtbaren Abstammungsnachweis von arischen Ahnen seit dem Mittelalter vorlegen konnte, hatte Hannes Schweiger Unannehmlichkeiten wegen seines Aussehens gehabt. Auf der Straße hatten Jungen ihm «Judensau» hinterhergerufen, und manch «hohes Tier» hatte ihn schief angesehen.

All das war zum Glück Vergangenheit. Nun aber hatte er neue Sorgen. Wie sollte jemand sein grundehrliches Gesicht mit seiner derzeitigen Tätigkeit in Einklang bringen? Denn er «frisierte» seine Bücher und «stutzte» seine Einnahmen, um weniger Steuern zu zahlen. Konnte er nicht in Gottes Namen ein bißchen weniger ausgeben und dem Staat geben, was ihm gehörte? Wie groß war der Schwindel? Welche Summe zog er von seinen Einnahmen ab?

Das Ungewöhnliche, ja Beunruhigende an der ganzen Sache war, daß er gar nichts abzog! Der Mann schwindelte genau andersherum. Er tauschte *kleinere* gegen *größere* Zahlen aus! Er wollte lieber höhere als niedrigere Steuern zahlen. In seinem eigentlichen Geschäftsbuch, das er nun änderte, standen Jahreseinnahmen von 8456 Mark. Diese Summe vergrößerte er auf 10216 Mark. Mühevoll erhöhte er jeden zweiten Eintrag um ein paar Pfennige. Ab und zu trug er Phantasiewerte ein. Er las in vielen Büchern, Zeitungen und Anleitungsbögen nach. Er traute sich nämlich nicht zuzugeben, daß er Ware zu höheren Preisen als den vom Preiskommissar vorgeschriebenen verkauft hatte. Waren mit Seltenheitswert, die nicht kontrolliert wurden und die der Kaufmann auf dem freien Markt kaufen und verkaufen konnte, durften frei in die Bücher eingetragen werden.

Hatte Hannes Schweiger den Verstand verloren? Es sah ganz danach aus, denn während er die Seiten umblätterte, rechnete, addierte und schrieb, schüttelte er dauernd verzweifelt den Kopf. «Ich kann diese Steuern einfach nicht zahlen», murmelte er. «Es hat alles keinen Sinn, auch bei höherem Umsatz. Selbst wenn ich 216 Mark über der Mindestgrenze bleibe, muß ich den Laden zumachen.»

Das war also des Rätsels Lösung! Er lief Gefahr, als «nichtprofitables Unternehmen» eingestuft zu werden, das «nicht länger von der Volksgemeinschaft getragen werden konnte». Er mußte Jahreseinnahmen von mindestens 10000 Mark vorweisen und hatte daher beschlossen, sich selbst zu betrügen!

«Auskämmen» des Einzelhandels war der Begriff, den die Verwaltung für den Kreuzzug gegen die kleinen, unabhängigen Kaufleute und Handwerker gewählt hatte. Wieder war es *Das Schwarze Korps* gewesen, das sich dem Prozeß des «Auskämmens» mit besonderem Eifer gewidmet hatte.

«Das sind rein nüchterne volkswirtschaftliche Überlegungen», derentwegen die Zeitung die Zwangsauflösung aller «unproduktiven» Unternehmen verlangte und feststellte: «Die bloße Aufrechterhaltung einer unabhängigen Existenz ist ohne Bedeutung für das Volk.» Das «Fernziel» war zugegebenermaßen eine «tiefwirkende Umschichtung» und «Entkrämerung» des deutschen Volkes. Für die «liberalistische Vorstellungswelt», die solch eine Handlungsweise als «schweren Eingriff in die ‹persönlichen Rechte› des einzelnen» betrachtete, hatte man nur Hohn und Spott übrig. «Der nationalsozialistische Staat», fuhr *Das Schwarze Korps* fort, «hat keinen Anlaß, die ‹Freiheit der Berufsausübung› auch solchen Leuten zu sichern, die sich einen unproduktiven Beruf nur deshalb wählten, weil er für faule Leute – die es überall gibt – bequemer ist als irgendein anderer.»

Doch fühlt der Staat nicht nur keinerlei Verpflichtung, das Recht auf freie Berufswahl zu gewährleisten. Es geht noch weiter. Lange nachdem jemand seinen Weg eingeschlagen und Jahre der Berufserfahrung hinter sich hat, verspürt der Staat immer noch keine Verpflichtung, ihn dort weiterarbeiten zu lassen.

Hannes Schweiger wußte, er war ein fleißiger, korrekter und fähiger Geschäftsmann. Jetzt hatte man ihn als «faul» bezeichnet. Er hatte einen «unproduktiven» Beruf gewählt, mit dem Ergebnis, daß er nun «ohne Bedeutung für das Volk» war.

Neben den vielen Büchern und Papieren auf seinem Schreibtisch standen zwei Fotos. Aus dem einen im Silberrahmen lächelte ihn seine Frau an. Sie hielt ihr jüngstes Kind im Arm, während sich die beiden älteren an ihr Kleid klammerten. Wie hübsch sie damals gewesen war, und wie rund ihr Gesicht! Dann fiel sein Blick auf das andere Foto – sein Vater. Hannes Schweiger senior hatte denselben Kopf wie sein Sohn und dieselbe lange, stark gekrümmte Nase. Nur die Stirn war niedriger und breiter, das Kinn härter, der ganze Schädel bauernartiger. Die dunklen Augen blickten herausfordernder.

Sein Sohn nickte dem wohlbekannten Gesicht liebevoll und traurig zu; halb unbewußt sprach er es an. «Wie war es denn zu deiner Zeit?» fragte er. «In der Republik, als alles so miserabel ging und wir auf die Rettung durch den Führer gehofft haben? Alle großen Gesellschaften sollten zerschlagen werden, nicht wahr? Alle großen Firmen und Kaufhäuser, zugunsten einer ‹gesunden Mittelklasse›? X-mal habe ich diese Gebete von dir gehört, Vater, und wir haben daran geglaubt. Natürlich haben wir es geglaubt! War das nicht Teil des nationalsozialistischen Parteiprogramms? Stand das nicht schwarz auf weiß in unserer ‹Bibel›, in *Mein Kampf*? Du hast uns diese Stellen oft genug vorgelesen. Manchmal frage ich mich», fuhr Hannes Schweiger fort und zog das Foto zu sich heran, «warum wir uns immer die Stellen mit all den Versprechungen vorgelesen haben, und nicht die anderen, durch die uns hätte klarwerden müssen, was uns wirklich bevorstand. Ich frage mich, warum uns niemals die Widersprüche aufgefallen sind, all diese Widersprüche, aufgrund deren ich heute hier sitze und meine Bücher fälsche.»

Er stand auf, ging hinüber zum Bücherregal und nahm das Buch mit dem Bild des göttlichen Reichsführers heraus; ein Gesicht, das zugleich düster und schwach war.

«Hier!» sagte Hannes Schweiger und blätterte die Seite auf, nach der er gesucht hatte. «Hier! Wie verträgt sich das mit den

anderen Abschnitten, die du uns beigebracht hast?» Er legte
das Buch auf den Tisch, damit das Licht darauf schien. Das Bild
seines Vaters schob er wieder nach hinten.

Er las: «Als jungen Wildfang hatte mich in meinen ausge-
lassenen Jahren nichts so sehr betrübt, als gerade in einer Zeit
geboren zu sein, die ersichtlich ihre Ruhmestempel nur mehr
Krämern oder Staatsbeamten errichten würde. Die Wogen der
geschichtlichen Ereignisse schienen sich schon so gelegt zu haben, daß wirklich nur dem ‹friedlichen Wettbewerb der Völker›, das heißt also einer geruhsamen gegenseitigen Begaune-
rung unter Ausschaltung gewaltsamer Methoden der Abwehr,
die Zukunft zu gehören schien. […] Diese Entwicklung aber
schien nicht nur anzuhalten, sondern sollte dereinst (nach
allgemeiner Empfehlung) die ganze Welt zu einem einzigen
großen Warenhaus ummodeln, in dessen Vorhallen dann die
Büsten der geriebensten Schieber und harmlosesten Verwal-
tungsbeamten der Unsterblichkeit aufgespeichert würden. […]
Warum konnte man denn nicht hundert Jahre früher geboren
sein? Etwa zur Zeit der Befreiungskriege […]?! Ich hatte mir so
über meine, wie mir vorkam, zu spät angetretene irdische
Wanderschaft oft ärgerliche Gedanken gemacht und die mir
bevorstehende Zeit ‹der Ruhe und Ordnung› als eine unver-
diente Niedertracht des Schicksals angesehen. Ich war eben
schon als Junge kein ‹Pazifist›, und alle erzieherischen Versuche in dieser Richtung wurden zu Nieten.»

Hannes Schweiger schlug das Buch mit einer schnellen, är-
gerlichen Geste zu und starrte auf das unfreundliche Gesicht
des Autors auf dem Einband.

«Da!» wiederholte er mit Nachdruck. «Da haben wir's!»
Und in Gedanken fügte er hinzu: Wie kann ein Mensch, der
eine «Zeit der Ruhe und Ordnung» einem niedrigen Schicksal
zuschreibt und der den «friedlichen Wettbewerb der Völker»

und den «Ausschluß gewaltsamer Mittel» als Alptraum gei-
ßelt – wie kann so ein Mensch die Rettung des kleinen Laden-
inhabers werden, wenn er an die Macht kommt? Kaufleute
und Staatsmänner sind für ihn «schlaue Profitmacher» und
«harmlose Verwaltungsbeamte» – und das Wort «harmlos»
spricht er mit größter Verachtung aus.

Das ist es also. Der Führer verabscheut den Handel genauso
wie den «friedlichen Wettbewerb der Völker» und den Frieden
im allgemeinen. Moral, Demokratie, Religion – all das verabscheut der Führer; aus seiner Warte ist das durchaus folgerichtig, denn sie alle dienen dem einen Zweck, eine fortschrittlich
gesinnte Menschheit in eine bessere und friedlichere Zukunft
zu führen. Es heißt, der Führer sei ein Genie, weil er der Gegenwart seinen Stempel aufgedrückt habe, während der normal begabte Mensch lediglich dem Zeitgeist zu dienen versuche. Ich glaube allerdings, daß ein Genie den Zeitgeist ändert,
indem es ihn voranbringt. Und ein Genie, das den Zeitgeist in
eine barbarische Vergangenheit zurücktreiben will, ist wohl
ein höchst seltsames Genie.

Solch düstere Gedanken wälzte Hannes Schweiger; in seinem Kopf waren sie schon zu einer alltäglichen Denkweise geworden. Trotz aller gegenteiligen Hoffnungen nach der
Machtergreifung des Führers lief das nationalsozialistische
Parteiprogramm auf einen Vernichtungskrieg gegen den Mittelstand hinaus. Das Programm der totalitären Wiederbewaff-
nung und der wirtschaftlichen Eigenständigkeit in Verbindung mit einem permanenten Kriegszustand in Friedenszeiten
verträgt sich nicht mit dem Abbau der Großunternehmen zugunsten eines gesunden Mittelstands. Die Ankurbelung der
deutschen Wirtschaft, die Abschaffung der Arbeitslosigkeit
und das Wiedererstarken der deutschen Ehre gingen Hand in
Hand mit dem Verschwinden Deutschlands von der wirt-

schaftlichen Weltkarte, mit dem gleichzeitigen Verschwinden
aller kriegswichtigen Produkte vom Binnenmarkt und mit der
fortschreitenden Lebensmittel- und Rohstoffknappheit. Und
als unausweichliche Folge der deutschen «Kriegswirtschaft»
komme ich mit meiner ganzen Klasse unter die Räder.

Hannes Schweiger, der gebeutelte Kaufmann und hilflose
Experte der Wirtschaftswissenschaften, vergrub das Gesicht
in den Händen.

«Ich bin kein Jude», murmelte er und schreckte auf, als seine
Lippen sein Handgelenk berührten, «und ich bin auch kein
Kommunist oder Vaterlandsverräter, und dennoch will man
mich vernichten. Warum?»

Er sprach es nicht aus, aber der Verstand hinter seiner Stirn
gab ihm die Antwort: Weil die Rationalisierung der deutschen
Industrie, die nach der Formel der nationalen Wiederbewaff-
nung durchgeführt wird, Industriezweige nur nach ihrem militärischen Wert beurteilt, und weil all jene Wirtschafts-
zweige, die nicht unmittelbar der Militarisierung des Landes
und der vollständigen wirtschaftlichen Eigenständigkeit dienen, schonungslos unterdrückt werden müssen.

Schweiger wußte, daß eine Kriegswirtschaft bei der Produktion nach zwei wesentlichen Grundsätzen verfuhr: Umfang
und Schnelligkeit. Bei der rapiden Beschleunigung der Mas-
senproduktion war kein Platz für das kleine, selbständig ge-
führte Unternehmen. Und was die «Verteilung» anging – also
die Versorgung der Bevölkerung mit den nötigsten Nahrungs-
mitteln und anderen Konsumgütern –, so mußte strenge Zen-
tralisierung und Kontrolle vorherrschen. Das bedeutete Preis-
diktat, die Verschmelzung kleinerer wirtschaftlicher Einheiten
zu Kartellen und Trusts und vor allem das «Durchforsten»
dessen, was im «übersättigten» Einzelhandel als überflüssig
galt. So schlug man zwei Fliegen mit einer Klappe: Man unter-

drückte die zahlreichen Ladeninhaber, weil sie angeblich gegen die staatliche Reglementierung der Versorgung verstie-
ßen, und man ging gegen die Arbeitslosigkeit vor. In der fieberhaft vorangetriebenen Kriegsindustrie herrschte nämlich
Mangel an Arbeitskräften. Durch die «Entmerkantilisierung
der Nation» und durch die Zerstörung Hunderttausender kleiner, unabhängiger Unternehmen konnten Hunderttausende
von Arbeitern in die Fabriken strömen.

All dies war Kaufmann Schweiger wohlbekannt. Er hatte es
schon lange gewußt. Aber erst jetzt, da er selbst verloren
schien, gestand er es sich ein. «Wo soll ich jetzt hin?» fragte er
sich. «Wovon werde ich leben? Zu welcher Arbeit werden sie
mich einsetzen, wenn sie meinen Laden schließen und mich
‹durchforsten›? Wo werden sie mich hinschicken?»

Seine Grübeleien führten zu nichts, denn er war nicht der
Mensch, revolutionäre Schlüsse aus seiner hoffnungslosen Situation zu ziehen. Alles, was er fühlte, war Ohnmacht und Er-
nüchterung. Und obwohl er gerade das Rätsel seines eigenen
Schicksals gelöst hatte, verstand er nicht recht, wieso ihm solche Gedanken bei der stummen Unterhaltung mit dem Bild
seines Vaters gekommen waren.

Es war schon nach ein Uhr nachts, als Hannes Schweiger
Mein Kampf ins Bücherregal zurückstellte, sein altes Geschäftsbuch in der Schublade versteckte, das neue ins Regal
stellte und seinen Schreibtisch in Ordnung brachte. Er wollte
gerade das Büro verlassen, als er draußen vor der Tür Schritte
hörte. Vor Schreck blieb er wie angewurzelt stehen. Er sah zur
Petroleumlampe hinüber und fragte sich, ob ihn der Licht-
schein unter der Tür an die Draußenstehenden verraten hatte.
Den Schritten nach zu urteilen waren da nämlich zwei Personen auf der Treppe.

Der Blockwart, dachte er. Natürlich schnüffelt der Blockwart wieder herum. Aber wer ist noch dabei? Ein Mädchen? Die Schritte der zweiten Person klangen wie die einer Frau. Als sie näher kamen, konnte Schweiger deutlich das harte Geräusch von hohen Absätzen auf dem Linoleum und den schnelleren Schritt erkennen.

Wenn er anklopft, muß ich aufmachen, dachte er und ließ den Kopf hängen. Und dann bin ich geliefert.

Die Schritte verhallten im oberen Stockwerk. Schweiger ging wieder an seinen Schreibtisch und setzte sich hin, als hätte er eine übermenschliche Anstrengung hinter sich. Irgendwo ging eine Tür auf. Wieder Schritte; das Mädchen kam wieder. Sicher hatte sie den Blockwart nach Hause begleitet und kam nun wieder. Hannes Schweiger lächelte, während die schnellen Schritte näher kamen. Dann erstarrte sein Lächeln, denn die Schritte hielten an, und er dachte: Was denn nun? Was jetzt? Er konnte an nichts anderes denken.

Es klopfte. Schweiger war wie gelähmt.

«Aufmachen!» hörte er seine eigene Frau sagen. Sie war es, kein Zweifel. Der Mann am Schreibtisch bewegte sich nicht.

«Aufmachen, sage ich», sagte die Frau ungeduldig. «Ich weiß, du bist da.» Dann senkte sie ihre Stimme: «Und der Blockwart weiß es auch.»

Hannes Schweiger öffnete die Tür. Seine Frau kam schnell herein; sie trug einen Trenchcoat und eine Baskenmütze. Schweiger zeigte auf den einzigen bequemen Sessel im Raum. Aber seine Frau nahm nicht Platz. Sie stand mitten im Raum und schnupperte, als ob ihr Geruchssinn ihr sagte, daß etwas nicht stimmte.

«Darf ich fragen, was du hier machst?» fragte sie schließlich.

Hannes Schweiger liebte seine Frau. Sie waren beinahe wie Bruder und Schwester aufgewachsen. Es hatte niemals Geheimnisse zwischen ihnen gegeben, und er war überzeugt, daß das zwischen ihnen bestehende stille Vertrauen besser war als alle Leidenschaft, die in ihrer Ehe nie eine besondere Rolle gespielt hatte.

In diesem Augenblick freilich dachte Schweiger, es sollte an ihm sein, Fragen zu stellen. Und obwohl es ihm fernlag, seine Frau der Untreue zu verdächtigen, schien es ihm ziemlich sonderbar, daß sie sich mit dem Blockwart herumtrieb, anstatt zu Hause bei den Kindern zu sein.

Er blickte besorgt auf seine Geschäftsbücher und wollte seiner Frau schon erzählen, was er getan hatte, was er hatte tun müssen, als er es sich plötzlich anders überlegte: Sie erzählt unserem Jungen alles, dachte er, und der Junge hat keine Geheimnisse vor seinem Scharführer bei der Hitlerjugend.

Statt auf ihre Frage zu antworten, fragte er schließlich: «War der Blockwart nett zu dir?»

Seine Frau lachte. «Er war sehr aufschlußreich», sagte sie. «Hier ...», und sie hielt ihm ein Blatt Papier entgegen, etwas Offizielles, wie man sofort an den unzähligen Stempeln erkennen konnte.

«Das ist das neueste», sagte sie. «Alle Blockwarte haben das gestern bekommen.»

Schweiger las:

FRAGEBOGEN FÜR ALLE BLOCKWARTE

Streng vertraulich   *Auskunftsamt:*

Grund der Befragung:
Erforderliche Informationen über:
Wohnort:
Geburtsdatum:
Mitglied der NSDAP:

Mitglied anderer Organisationen und Verbände:

Offiziell aktiv:

Frühere politische Einstellung:

Wie äußert sie sich?

Gegenwärtige politische Einstellung (Verhalten bei Versammlungen, bei Beflaggungstagen, bei Lehrgängen, Beschreibung der wirtschaftlichen und familiären Verhältnisse):

Konfession:

Religiöse Aktivitäten:

Bemerkungen des Blockwarts und des Abschnittsleiters:

Bei der Informationsbeschaffung sind folgende Richtlinien zu beachten:

1. Politische Einstellung vor 1933?
2. Verhalten seit der nationalsozialistischen Machtübernahme
3. Wird die Hakenkreuzflagge herausgehängt?
4. Wenn nein, warum nicht?
5. Spendet er bei Parteiversammlungen?
6. Eintopfgericht und Sammlungen
7. Welche Zeitung liest er?
8. Wird der Anweisungsrundbrief gelesen?
9. Wie ist er angesehen?
10. a) Einkommen?
    b) Verläßlichkeit?
    c) Familienverhältnisse?
    d) Zahl der Kinder, ihre Behandlung, Bildungsverhältnisse?
11. Größe der Wohnung; Verhältnis zur Zahl der Kinder; Wohnverhältnisse?
12. Halbjude? Jude?
13. Beziehungen zu Juden?
14. Falls Parteiämter, welche?

15. Technische Fähigkeiten und Ausbildung?
16. Nimmt er eine besondere politische Stellung ein?
17. In welcher Richtung?
18. a) Offene Opposition?
    b) Widerstand?
    c) Gleichgültigkeit?
    d) Passive Opposition?
    e) Ängstlicher Eifer?
    f) Ehrliche Kooperation?
    g) Ausdrückliche Ergebenheit?
19. Früherer Wohnsitz: Polizeibericht:

Anmerkungen

1. Unter keinen Umständen ist der betreffende Parteigenosse oder Volksgenosse von der Befragung zu unterrichten.
2. Unvollständige Daten hinsichtlich Wohnsitzwechsel und Haushilfen müssen durch persönliche Nachforschungen ergänzt werden.
3. Die Verbindung zum Blockwart der NSDAP und wenn nötig zur Frauenschaft ist unverzüglich herzustellen.
4. Örtliche Parteigenossen müssen ebenfalls zur Beschaffung von Informationen herangezogen werden.
5. Bei der Informationsbeschaffung hat der Blockwart Geschick und Einfallsreichtum walten zu lassen und bei Bedarf eigene Methoden zu erfinden, um die deutlichsten und direktesten Antworten zu den obigen Fragen zu bekommen.
6. Wo der Blockwart keine vollständigen Daten bezüglich früherer Überzeugungen, Mitgliedschaft in Logen oder rassischer Abstammung ermitteln kann, ist dies zu vermerken. Die gesammelten Informationen müssen auf Tatsachen beruhen; Formulierungen wie «Es scheint» oder «Man sagt» zeugen lediglich von Verantwortungslosigkeit.

Seine Frau setzte sich schließlich hin. Aus dem tiefen Sessel in der Ecke sah sie ihrem Mann beim Lesen zu.

«Bist du fertig?» fragte sie, als er das Schreiben hinlegte.

In seinem Lachen klang kein bißchen Fröhlichkeit mit. Er zitierte: «‹Unter keinen Umständen ist der betreffende Parteigenosse oder Volksgenosse von der Befragung zu unterrichten.› Du mußt ja auf bestem Fuß mit dem Blockwart stehen, wenn er es einrichtet, daß du ‹von der Befragung unterrichtet wirst›.»

Sie zuckte die Achseln.

«Nimm bitte die Baskenmütze ab», bat ihr Mann. «Du weißt doch, ich kann sie nicht leiden.»

Frau Schweiger nahm folgsam die Mütze ab, stand auf und ging hinüber zum Schreibtisch.

«Auf bestem Fuß?» fragte sie. «Er kann mich gut leiden, und er warnt mich rechtzeitig, wenn es Ärger gibt. Er wäre gewiß zu dir ins Büro gekommen, um zu sehen, was du da treibst, wenn er mich nicht mögen würde.»

Schweiger seufzte. Es machte ihn krank, daß seine Frau noch spätnachts mit dem Blockwart unterwegs war; daß er hier gesessen und die Bücher gefälscht hatte; daß er ihr nicht davon erzählen konnte; daß der Grund für seine Schweigsamkeit sein eigener Sohn war, der die Geschichte seinem Scharführer melden würde; daß ihn seine Frau vor einem Besuch des Blockwarts bewahrt hatte, weil der sie «gut leiden konnte». Er haßte das Büro, die Geschäftsbücher, sich selbst, seinen dicken, steifen Mantel und den Trenchcoat seiner Frau, den er genausowenig mochte wie die häßliche Baskenmütze, an der sie jetzt herumnestelte. Gleichzeitig rührte es ihn, daß sie dort stand. Auch ihr war es unangenehm, das wußte er. Er kannte sie zu gut, sie waren einander zu vertraut, als daß sie ihm etwas vormachen konnte. Aber was war es, das sie so quälte?

Sie fuhr fort: «Ich möchte bitte das Geschäftsbuch sehen, an dem du gearbeitet hast. Nein, nicht das alte, das von diesem Jahr. Ich will wissen, wie hoch der Umsatz wirklich war.»

Schweiger gab ihr das Buch.

«So, es waren also 10 216 Mark; aber du hattest mir gesagt, es wären 8456 Mark. *Warum lügst du mich an?*» rief sie plötzlich, und es lag etwas Hysterisches in ihrer sonst so sanften Stimme. «Hattest du Angst, ich würde mir ein Kleid kaufen oder ein Geschenk für den Blockwart, wenn ich gewußt hätte, daß wir reich sind? Reich!» Sie schrie es fast heraus. «Wir sind reich, und du lügst mich an und betrügst mich aufs schändlichste!»

Schweiger biß sich auf die Lippen.

«Else, ich bitte dich. Du bist müde und aufgeregt. Das meinst du doch nicht ernst.»

Aber seine Frau ließ sich nicht beruhigen.

«Ich *bin* müde», rief sie. «Und weißt du auch, warum? Weil ich wie ein Ochse schuften muß, und weil die Kinder kaum genug zu essen haben, und weil ich dem Jungen keine Hitlerjungenuniform besorgen kann, und weil du nachts aus dem Haus gehst und Geheimnisse vor mir hast, und weil ich dir nicht mehr trauen kann. Darum bin ich müde, und ich habe es satt, ich habe dieses Leben satt!»

Schweiger dachte: Vielleicht ist da etwas zwischen ihr und dem Blockwart. Woher soll ich das wissen? Vielleicht hat er ihr Versprechungen gemacht, Geld, eine Stelle, eine Beförderung. Vielleicht sollte ich ihr von den 10000 und den 8000 Mark erzählen. Aber ich traue mich nicht. Ich traue mich nicht.

Sein Kopf brannte. Er stand langsam auf.

«Gehen wir», sagte er und löschte die Petroleumlampe. Während sich seine Frau zur Tür tastete, griff er nach dem alten Geschäftsbuch in der Schublade. Sehr vorsichtig versteckte er das Corpus delicti unter seinem Mantel. Ich muß es verbrennen, dachte er.

Sie gingen Seite an Seite die Treppe hinunter. Er traute sich nicht, den Arm um ihre Schultern zu legen. Zwischen ihnen wuchs das Mißtrauen, ein schmutziges und lähmendes Gefühl. Es ging mit ihnen durch die Straßen und kam mit ihnen nach Hause, es betrat die Wohnung, es kroch in das breite Bett, in dem sie so weit entfernt voneinander lagen, als trennte sie ein Abgrund.

Eine Nacht in London

Meine Wohnung ist in die Luft geflogen, meine Schreibmaschine ist zerstört und fast alle meine Manuskripte und Notizen sind verbrannt; trotzdem will ich versuchen, eine einfache Darstellung der Nacht zu geben, in der all dies geschehen ist. Bis jetzt machten fast alle meine Freunde dieselben Erfahrungen, ganz zu schweigen vom Londoner Osten, dessen Abenteuer viel ernster gewesen sind.

Ich war nicht zu Hause, als die Decke einbrach und Feuer mein Zimmer in Brand steckte. Unten in unserem Keller passierte nichts Besonderes. Die Fenster waren natürlich in Splitter gegangen, und unsere ganzen Verdunkelungsvorrichtungen lägen zertrümmert in der Küche: Bretter, Rolläden, Spiegel und Sand. Niemand war verletzt. Unser Hausherr, ein älterer Engländer von großer Würde, war der einzige, der ein wenig erregt war, weil er wissen wollte, ob sein Kanarienvogel im Nebenzimmer noch lebte. Nach ein paar Minuten Verwir-

rung und Ungewißheit erschienen die Feuerwehrleute und
retteten das Haus vor völliger Zerstörung. Trotzdem konnten
wir nicht bleiben. Es war noch immer Gefahr, daß es zusam-
menbrechen würde; außerdem flogen ständig kleine Schrap-
nellstücke durch die schwarzen Löcher, die unsere Fenster waren, herein.

Sehen konnten wir in der rauchigen Dunkelheit nichts. Ich
ging auf die Straße. Sie bot das gewohnte Schauspiel eines von
explodierenden Granaten zerrissenen Himmels. Der Osten
war in rote Flammen gebadet wie von der aufgehenden Sonne.
Ich hörte das unheimliche Konzert, an das wir schon so sehr
gewohnt waren – das dumpfe Rollen der Flugabwehrge-
schütze, das in seiner Dauer fast beruhigend wirkte, das Pfei-
fen der fallenden Bomben, Einschlag und Widerhall der Explo-
sion kurz danach.

Ein Taxi ist während der Nachtangriffe nicht zu finden. So
entschloß ich mich, zu einem Hotel, das zwölf Straßen entfernt war, zu Fuß zu gehen. Das Surren der Bomber über dem
Kopf ist beängstigender als irgend etwas anderes – diese Frech-
heit der tödlichen Schmeißfliegen, gegen die man wehrlos ist.
Ist einmal eine Bombe im Niedersausen, kann man Verschie-
denes tun: nach dem Geräusch urteilen, wo sie explodieren
wird und sinnloser Weise auf die andere Straßenseite springen, oder man wirft sich nieder oder tut, was immer ein gehei-
mer Instinkt einem befiehlt.

Aber der Lärm der mörderischen Maschinen in den Wolken
droht weiter. Außerdem macht er einen wütend. Hoch oben
über den Wolken verstecken sich Herrn Görings folgsame
Helden. Sie laufen bei diesen nächtlichen Angriffen so gut wie
keine Gefahr. Allerdings können sie nicht richtig zielen, denn
unsere Abwehr hält sie in beträchtlicher Höhe. Aber wollen
sie denn überhaupt zielen? Ihre Absicht ist ja nur allgemeine

Zerstörung. London ist groß, und irgend etwas wird immer zerstört, wo eine blindlings geworfene Bombe hinfällt.

Ich ging über das Schlachtfeld der Straßen, ungenügend ausgestattet. Zinnhelme schützen zwar gegen Schrapnellsplitter, sind aber augenblicklich nicht käuflich. Das erste Hotel, in dem ich vorsprach, war gerade von Bomben schwer beschädigt worden. Ich ging weiter und bemerkte plötzlich, daß ich seit zwanzig Minuten über Glas gegangen war. Das feine Geräusch von zerbrechendem Glas unter den Füßen ist unangenehm deutlich. Man hört es durch allen sonstigen Tumult durch.

Das zweite Hotel war überfüllt. Zwei holländische Matrosen und eine Frau, anscheinend eine Polin, hatten gerade die letzten Zimmer bekommen. Aber sie zogen es vor, im Treppenhaus zu sitzen, und unterhielten sich in einem seltsamen, rauhen Französisch. Sonst war hier nichts geschehen, außer daß die Bar in Trümmern gegangen war; der Fußboden schwamm in einem vielfarbig schillernden Meer ausgeflossenen Alkohols. Man sagte mir, ich könne im Keller bis zum «Alles frei»-Signal warten. Da dies seit vielen Wochen immer erst beim Morgengrauen zu ertönen pflegt, beschloß ich statt dessen, auf das «Schlachtfeld» zurückzukehren und einen Weg aus diesem besonders belebten Stadtteil zu suchen.

Auf meinem Weg sprach ich viele Leute – Luftschutzwächter, Feuerwehrleute, Polizisten, Soldaten und heimatlose Wanderer wie ich. Niemand schien nervös oder erschreckt. Der stärkste Ausdruck der Mißbilligung, den ich hörte, war: «Frankly, I do not like it». Er kam von einem jungen Beamten, der hinzufügte, daß ihm anfangs das ganze überhaupt nichts ausgemacht hätte, aber daß er seit vierzehn Tagen kaum Schlaf gehabt habe, was – ihn leicht zu ärgern beginne. Als ich endlich in ein großes Hotel im Zentrum der Stadt kam, floß Blut an meinem Bein herunter, und in meinen Schuhen war zuviel Glas, um bequem zu gehen,

Es war ein Uhr früh. Im Keller spielte eine Jazzband. Tanzende Paare, die durch Explosionen in der Nähe oft dicht gegeneinander gepreßt wurden, schienen bester Laune zu sein. Sie waren froh, daß die lärmende Musik manches von dem Kriegsgetöse draußen verschlang. Einige Zeit blieb ich am Eingang des Tanzsaales stehen und fragte mich: Bewundere ich diese gleichgültige Fröhlichkeit, oder hielt ich sie etwa nicht doch für ein wenig zynisch? Ich entschied mich dafür, daß das Ganze zum mindesten eindrucksvoll war.

Hotelgäste, die weder die Gefahr hinwegtanzen noch die Nacht im Keller verbringen wollten, hatten aus irgendeinem Aberglauben ihre Matratzen und Bettdecken auf die Korridore gebracht. Es war eine erstaunliche Szene: mehr ein überfülltes Feldlazarett als ein elegantes Hotel. Der totale Krieg bringt die sonderbarsten Begleiterscheinungen hervor: niemals zuvor ist eine Stadt derartig nerventötenden Angriffen ausgesetzt gewesen. Nicht einmal Rotterdam mit seiner sieben Minuten dauernden Verheerung und seinen 20 000 Toten, nicht einmal Warschau oder die Städte des loyalistischen Spanien hatten ein solches Maß erschreckender Gleichmäßigkeit des Grauens zu ertragen wie London, das zehn Stunden jede Nacht bombardiert wird. Ein paar Stunden Schlaf kann man zwar stets gegen Morgengrauen finden, aber Ruhe und Aufwachen sind die eines Kranken, dem man nach einer fiebrigen Nacht voller Schmerzen und Wahnvorstellungen mildernde Tabletten gegeben hat, um ihn zu beruhigen. Er ist erschöpft, aber glücklich. Doch selbst in seinen freundlicheren Träumen wacht die Ahnung, daß die Ruhe nicht anhalten wird, daß der Kampf gegen den Tod nicht vorüber ist.

Der Kampf hat kaum erst begonnen. Jeder ist sich dessen bewußt, aber niemand – ich glaube wirklich: *niemand* – träumt von Kapitulation. Die Rückwirkungen auf die breiten Massen sind mannigfaltig, und was man «Moral» nennt, drückt sich verschiedenartig aus. Aber weder Hysterie noch Furcht, noch die leisesten Anzeichen von Panik sind irgendwo zu finden. Ich beobachtete einen Mann, dessen Haus in seiner Abwesenheit von Bomben zerstört worden war. Er stand vor den Ruinen, schüttelte den Kopf und wiederholte in dem Ton eines höchst zivilisierten Mannes, der zum ersten Mal gewahr wird, daß Bestialität unter Menschen existiert: «Aber das ist ja wirklich abscheulich!»

In Lissabon gestrandet

Es ist nicht leicht, in Lissabon ein Zimmer zu finden. Lissabon ist so überlaufen wie eine Stadt, in der eine Weltausstellung stattfindet oder in der berühmte Festspiele Tausende von Besuchern aus aller Welt anziehen. In allen Straßen scheint ein sehr reges, fröhliches Treiben zu herrschen, und die Preise, die in den Hotels und Restaurants für den geringsten Service verlangt werden, sind enorm. Die Leute in den Straßen und Restaurants unterhalten sich in allen europäischen Sprachen – ganz so, wie es sich für einen internationalen Treffpunkt gehört. Es ist merkwürdig, wie traurig fast alle Menschen aussehen und wie ärmlich sie gekleidet sind. Und ein Hauch von Angst, Bösem und extremer Nervosität liegt in der Luft, was bei «internationalen Treffpunkten» normalerweise nicht üblich ist.

Lissabon, der einzige freie und neutrale Hafen in Europa, ist zum Treffpunkt und zur Wartehalle all derer geworden, die vor Hitler fliehen. Denn weder eine Weltausstellung noch Festspiele haben die Menschen in diesen Straßen angelockt. Verbannte sind es, Heimatlose, die hier versammelt sind; ihre Zahl schwankt, aber immer sind es Tausende: ohne Gepäck, ohne Geld, oft ohne Ausweispapiere kommen die Flüchtlinge hier an – und was können sie hier tun? Nur eines: *bleiben*, solange wie man es ihnen erlaubt. Nur warten – auf was? Auf das rettende Schiff, das sie fortbringen soll, *irgendwohin*, nur weg, weiter vom Feind, der ihnen auf den Fersen war, wo immer sie auch hingingen. Er hatte sie durch ganz Europa gejagt, und nun warten sie auf das Rettungsschiff.

Ich war von England nach Lissabon geflogen; Ende Oktober war es, ich war voller bewegender und großer Eindrücke vom «Kampf um London».

Diese Monate, September und Oktober, waren nicht einfach gewesen, für niemanden, der sie in London verbrachte. Und dennoch waren sie auf eine unvergeßliche Weise schön gewesen. Dort wurde um einer großen Sache willen gekämpft. Der Kampf ist gut, wenn der Feind schlecht ist, und wenn man auf die eigene Stärke und Unbesiegbarkeit vertraut.

Hier, in diesem Flüchtlingslager in Lissabon, wurde nicht gekämpft. Hier wartete man nur trübsinnig, hier herrschte nur hilflose Angst und bedrückende Schwüle; die Wolken hingen tief über der Stadt, und die Flüchtlinge liefen sinnlos durch die Straßen; sie konnten gar nichts tun und kaum etwas erhoffen.

Obwohl meine Papiere in Ordnung waren und der Clipper mich in ein paar Tagen «heim» nach Amerika bringen würde, mußte ich doch wegen meiner «Ausreiseerlaubnis» zum Polizeirevier für Ausländer gehen. «Nur eine reine Formsache», erklärte mir der Portier in meinem Hotel, «Sie gehen einfach hin, lassen sich die Papiere stempeln, das ist alles.»

Ich ging. Das Taxi hielt an der Tür des Gebäudes, aber ich mußte etwa acht Minuten lang all die Straßen zurücklaufen, an denen wir gerade vorbeigefahren waren, um meinen Platz in der wartenden Menge zu finden. Dort war eine scheinbar endlose Schlange. Sie zog sich über mehr als vier oder fünf Häuserblöcke und folgte schließlich einer gewundenen Straße um zwei Kurven. Diejenigen, die am Anfang standen, mußten bereits viele, viele Stunden gewartet haben, und diejenigen am Ende konnten kaum darauf hoffen, an diesem Tag noch an die Reihe zu kommen. Dennoch nahm ich am Ende der Schlange meinen Platz unter den Wartenden ein.

«Worauf warten Sie?» fragte ich denjenigen, der gerade vor mir stand. Ich sprach französisch, aber da er mich nicht verstand, wiederholte ich meine Frage auf englisch, spanisch und deutsch. Er verstand Deutsch, war aber, wie sich später herausstellte, Norweger. «Warten Sie auch auf Ihre Ausreiseerlaubnis?» fragte ich. Der Mann schüttelte den Kopf. «Nein», erwiderte er, «ich warte auf meine Aufenthaltserlaubnis; die meisten hier warten auf ihre Aufenthaltserlaubnis. Mit einer Ausreiseerlaubnis können die wenigsten etwas anfangen, leider.» Ich hatte erst wenige Minuten dort gestanden, und schon hatte sich eine Schlange hinter mir gebildet. Ich drehte mich um und sah ein vertrautes Gesicht. Das letzte Mal, als ich dieses Gesicht gesehen hatte, ragte es gebräunt aus einem spanischen Uniformkragen hervor, und die Militärmütze saß lässig auf dem dunklen, gewellten Haar. Das war in Valencia, im Sommer 1938. «Juan!» rief ich, «was um alles in der Welt …?»

Juan war Brigadeleiter in der Armee der Loyalisten gewesen. Nach dem Zusammenbruch wurde er eingesperrt, aber schließlich gelang es ihm zu fliehen, wie ich jetzt erfuhr. Er bat seinen Vordermann, ihm seinen Platz freizuhalten, und stellte sich neben mich, um Neuigkeiten austauschen zu können. «Ich habe nur noch eine Hoffnung», sagte er, «und ich bin verloren, wenn es schiefgeht. Ich versuche ein Visum für einen der südamerikanischen Staaten zu bekommen. Mein Bruder lebt dort, er könnte sich zuerst um mich kümmern und für mich bürgen. Der Konsul heißt X. Alles hängt von seinem guten Willen ab. Wenn der Konsul mich nicht rettet, bin ich verloren, und ich habe es noch nicht einmal geschafft, bis zu ihm vorzudringen.»

Zufälligerweise kannte ich den Konsul. Ich versprach, mich bei ihm für Juan einzusetzen.

«Es ist merkwürdig hier», sagte Juan, «schau dir nur die Leute an, die hier stehen. Die meisten wissen kaum, wie sie hierher kamen und warum sie fliehen mußten. Bei mir ist das etwas anderes, ich bin spanischer Demokrat und habe gegen die Faschisten gekämpft, ich bin ein erklärter Gegner der Faschisten. Aber all diese Leute hier, die belgischen und dänischen und norwegischen Männer, Frauen und Kinder, wurden vom Feind in ihren Heimatländern überrascht wie von einem Erdbeben oder einer Überschwemmung. Plötzlich war alles zerstört und verloren, plötzlich waren sie heimatlos und verfolgt und ausgestoßen, und plötzlich sind sie hier und warten. Das ist sehr merkwürdig.»

Er sprach ruhig und ohne Aufregung, ja ohne anzuklagen, nur ungeheuer erstaunt.

Die Zeit verging. Nur sehr langsam bewegte sich die Schlange vorwärts.

Ich entschloß mich, das Warten für heute aufzugeben und statt dessen ein Treffen mit dem wichtigen Konsul des südamerikanischen Landes, der allein Juan retten konnte, zu arrangieren.

Der Konsul war knapp und freundlich am Telefon. Er versprach, um fünf Uhr in dem kleinen Café am Hauptplatz zu sein. Dort sollte ich ihn treffen.

Auf dem Weg zurück zum Hotel kam ich am Visa-Büro des amerikanischen Konsulats vorbei. Und wenn ich die Warteschlange vor dem Polizeirevier für Ausländer schon lang gefunden hatte, so sollten mir bei diesem Anblick die Augen übergehen. Denn die Schlange vor der amerikanischen Botschaft schien gar kein Ende zu haben. Die ganze Straße, ja das ganze Stadtviertel schien geradezu schwarz vor Menschen zu sein.

Ich ging schnell vorbei. Angst ergriff mich angesichts dieser unendlichen und hilflosen Not. Und wieder dachte ich an London zurück, wo der Feind Elend, viel Elend gebracht hatte. Doch trotz all dieser Not war es ein ganz großer Unterschied zwischen dem hoffnungsvollen, aktiven, mutig-zuversichtlichen Leben der Menschen in England und der passiven, unglücklichen Existenz der Wartenden hier.

Kurz vor fünf betrat ich das kleine Café auf dem Hauptplatz. Ich mußte auf den wichtigen und allmächtigen Konsul warten. Das Café war zum Bersten voll. Um genau zu sein, war hier alles überlaufen. Diejenigen, die hier saßen und den bitteren, scharf gerösteten Kaffee tranken, wie er nur in Südfrankreich, Spanien und in Portugal zubereitet wird, legten oftmals ihren letzten Escudo auf die verschmutzten Marmortische. Einen Besuch dieses Lokals konnten sie sich gar nicht leisten. Trotzdem kamen sie immer wieder; lieber würden sie sich ein warmes Abendessen oder eine Übernachtung im Hotel entgehen lassen als ihre Schicksalsgenossen zu verpassen, die sie mit Sicherheit hier treffen würden. Menschen, die dieselbe Sprache sprachen, saßen zusammen, die Franzosen mit den Belgiern, die Deutschen mit den Österreichern und Tschechen; die Norweger und Holländer, von denen die meisten Französisch und Deutsch neben ihrer Muttersprache konnten, sprachen miteinander in einer anderen, nicht der eigenen Sprache. Die Luft war rauchverhangen und abgestanden vom Atem der vielen Menschen. Die meisten Flüchtlinge trugen dieselbe Kleidung, in der sie ihr Land verlassen hatten oder das Land, das ihnen Aufnahme gewährt hatte; ihre Kleidung war abgetragen und schmutzig, oft zerrissen. Der Geruch schmutziger Lumpen hing in der Luft. Ich saß allein und hörte all den Unterhaltungen zu, die an den Tischen in jeder denkbaren Sprache geführt wurden. Bruchstücke dieser Unterhaltungen schwebten im Raum und machten die Luft noch schwerer; man konnte sie kaum atmen, diese Luft in dem kleinen, schrecklich «internationalen» Café in Lissabon.

«Meine Aufenthaltsgenehmigung ist abgelaufen», sagte jemand am Nachbartisch auf französisch, «sie läuft morgen ab, ich darf nicht länger als bis morgen bleiben. Aber wohin soll ich gehen? Werden sie mich nach Spanien deportieren? Dort werden sie mich einsperren, und wenn Hitler es verordnet, werden sie mich an ihn ausliefern. Wohin soll ich gehen?» wiederholte er, wohl wissend, daß es auf diese Frage keine Antwort gab. «Ich habe für *kein* Land ein Visum, und übermorgen muß ich weggehen …»

Jemand kam herein, und noch beim Eintreten sagte er, sich gewissermaßen an alle Anwesenden richtend: «Die spanische Grenze soll dicht sein, beide Grenzen, die französisch-spanische und die spanisch-portugiesische; mein Gott, und meine Frau ist noch in Südfrankreich, ich habe ihr Geld zum Reisen geschickt, sie wollte noch fliehen, heute oder morgen, und jetzt sind die Grenzen geschlossen!»

Ungeheure Aufregung folgte, alle redeten durcheinander, aber alle sagten sie dasselbe. «Mein Gott», riefen sie, «die Grenzen sind zu, der letzte Fluchtweg für meine Frau, für meinen Mann, Bruder und Sohn ist abgeschnitten, die Grenzen sind zu, mein Gott, und die Unsrigen in der Todesfalle!»

Der Überbringer der alarmierenden Neuigkeit hatte französisch gesprochen, aber er war, wie sich herausstellte, Tscheche. Jetzt saß er mit einer Gruppe von Deutschen und Österreichern und sprach mit ihnen auf deutsch über seine Ehefrau. «Meine Frau ist Deutsche, aus Süddeutschland», sagte er, «sie ist eine aufrechte Demokratin und eine gute Katholikin, eine sehr fromme Katholikin. Als Hitler anfing, die Katholiken zu verfolgen, und die Nazis Kardinal Faulhaber in München steinigten, floh sie nach Österreich. Dort habe ich sie dann getroffen. Sie war Kindergärtnerin, und sie kümmerte sich um die Kleinkinder in einem katholischen Waisenhaus. Ich war Korrespondent für eine tschechische Zeitung. Als Hitler nach Österreich kam, mußten wir beide fliehen. Wir flüchteten in meine Heimat, nach Prag. Dort haben wir auch geheiratet. Viele Monate lang waren wir glücklich, ja, unser Glück dauerte fast ein halbes Jahr, vom März 1938 bis Oktober; dann überfiel Hitler das Sudentenland, und wir wußten: die Tschechoslowakei ist verloren. Vom 3. Oktober 1938, dem Tag von München, bis zum 15. März 1939, dem Tag, an dem die Nazis in Prag einmarschierten, haben wir kaum etwas anderes getan, als auf die Katastrophe zu warten. Natürlich haben wir auch gearbeitet. Aber die Arbeit und sogar das Leben zu Hause und in Frieden waren unwirklich geworden. Echt war nur das Warten auf das Unheil, das Warten auf die wohlbekannte Katastrophe. Als Hitler auf dem Hradschin war –»

Für einen Moment unterbrach der Tscheche seinen Bericht. Er schluckte, dann sah er sich im Kreis um, böse und fragend blickte er in die Gesichter derjenigen, die am Tisch saßen. «Als dieser Hitler auf dem Hradschin war …», wiederholte er schließlich. Ich wußte, daß dieses Bild: Hitler auf dem Hradschin, als Herrscher über die Tschechen in Prag regierend, Hitler, der fremde Sklaventreiber auf seiner tschechischen Zitadelle – ich wußte nur zu gut, daß allein die Vorstellung schrecklich genug war, um bei jedem tschechischen Patrioten Übelkeit zu erregen. Mein Nachbar fühlte sich offensichtlich krank, sooft er nur daran dachte. Er sah sich nach dem Kellner um und bestellte sich einen Kognak. Dann schaute er in sein Portemonnaie und nahm seine Bestellung für den Kognak zurück. «Danke», sagte er, «entschuldigen Sie, ich habe mich geirrt, ich möchte keinen Kognak.»

Ich war stark in Versuchung, ihm einen Kognak zu bestellen, aber ich wagte es nicht. Würde er ihn annehmen? Hatte er sich denn bereits genügend an die Armut gewöhnt? Er war kein Bettler, er war ein bekannter tschechischer Journalist, freilich völlig mittellos. Er fuhr fort und sagte:

«Als Hitler auf den Hradschin kam, mußten wir weggehen. Natürlich hatten wir von Anfang an gewußt, daß wir dann das Land verlassen müßten. Wir flohen nach Polen. Zuerst hatten wir nichts zu essen, denn ich hatte keine Arbeit, da ich nicht mehr für die tschechischen Zeitungen schreiben konnte. Irgendwie hat uns meine Frau durchgebracht; sie gab polnischen Kindern privat Deutschunterricht. Es war nicht einfach, aber viele Monate lang waren wir fast glücklich, ja, es dauerte fast ein halbes Jahr. Als Hitler in Polen einmarschierte, mußten wir fliehen. Diesmal war es sehr schwer; in Kriegszeiten ist eine Flucht schwierig und gefährlich. Zuerst flohen wir nach Warschau. Dort wurde ich während einer Bombardierung verwundet. Nichts Ernstes, ein Schrapnellsplitter im Bein. Ich konnte nicht laufen, aber wir mußten dennoch fliehen. Manchmal mußte mich meine Frau fast tragen. Es gelang uns, nach Rumänien und mit einem Boot nach Südfrankreich zu kommen. Dort wurde meine Frau wegen ihrer deutschen Abstammung interniert. Sie waren sehr nervös und verwirrt in Frankreich. Ich blieb in Freiheit und durfte sie einmal wöchentlich besuchen. Von einem tschechischen Hilfskomitee erhielt ich etwas Geld. Das Leben war nicht sehr schön, aber viele Monate lang, ja, es war fast ein halbes Jahr, waren wir nicht allzu unglücklich. Die Tatsache, daß wir in einem Land waren, das sich im Krieg mit Hitler befand, daß wir in einem Land waren, das dazu beitrug, die Menschheit von ihrem Erzfeind zu befreien, ermöglichte es uns, nicht wirklich unglücklich zu sein. Als Hitler in Paris einmarschierte, mußten wir fliehen. Das heißt, wir hätten *fliehen sollen.* Aber meine Frau konnte nicht. Sie war interniert und konnte nicht fliehen. Natürlich wollte ich auch bleiben. Aber sie hat es nicht zugelassen. ‹Nur von draußen kannst du mir helfen›, versicherte sie mir wieder und wieder, ‹und ich werde nur Ruhe finden, wenn du aus all dem raus bist.› Das überzeugte mich. Ohne Ausreiseerlaubnis floh ich aus Frankreich und fast ganz ohne Geld durch Spanien. Ihr kennt die Berge, die ich besteigen mußte, ich brauche euch weder etwas über diese Berge zu erzählen noch über die elende Zeit in Spanien. Im Grunde genommen brauche ich euch überhaupt nichts zu erzählen, ihr kennt den ganzen Schrecken, so wie ich ihn kenne, ihr habt dasselbe durchgemacht. Warum rede ich überhaupt soviel?»

Und noch einmal streifte sein böse fragender Blick die Runde vor ihm.

«Es ist ja nur», sagte er, sich scheinbar bei seinen Schicksalsgenossen entschuldigend, «es ist ja nur, weil die Grenzen geschlossen sind und meine Frau in die Hände des Feindes fallen wird, und sie ist doch so ein Halt für mich gewesen, sie trug mich fast, damals in Polen, und verdiente Geld für uns beide, und vor ein paar Tagen haben sie sie aus dem Lager entlassen, und ich schickte ihr Geld für die Reise, das ich hier in Lissabon hatte auftreiben können, und nun sind die Grenzen dicht …»

Die Menschen am Tisch nickten nur. Sie hatten dem Tschechen zugehört, wie man einer traurigen, aber wohlbekannten Melodie lauscht. Sie hatten jeden Ton erkannt, es war ihr Lied, das der Tscheche vorgetragen hatte, das Lied vertriebener, verfolgter Menschen, der Gesang der Opfer.

Der Tscheche schämte sich für seine Schwatzhaftigkeit. «Ich hätte euch mit meiner Allerweltsgeschichte nicht belästigen sollen», wiederholte er noch einmal.

Er war ein nett und intelligent aussehender Mann; schmale Augen, eine breite, nicht sehr hohe Stirn und hohe Wangenknochen, unter denen die Wangen eingefallen waren, wiesen auf seine slawische Herkunft hin. Er war nicht groß, aber breitschultrig und gut gebaut. Daß er hier sitzen mußte und nichts tun konnte, daß er nicht kämpfen konnte, auch nicht für seine Frau und nicht gegen den Erzfeind, daß er hier sitzen mußte und nicht arbeiten durfte, ja, daß er weder bleiben noch weggehen konnte und daß er zu arm war, um sich einen Kognak zu kaufen, wenn er einen brauchte, machte ihn völlig hilflos. Noch einmal schluckte er. Ich glaube, er hätte gerne seinen Kopf auf den schmutzigen Marmortisch gelegt und geweint. Aber er war tapfer. Und um etwas Lustiges, etwas Ermutigendes zur Unterhaltung beizutragen, wandte er sich an die ihm gegenübersitzende Person, ein Mädchen, offensichtlich eine Holländerin, mit der er jedoch französisch sprach.

«Sie haben's gut», sagte er und brachte sogar ein Lächeln zustande, «Sie mit Ihrem amerikanischen Visum in der Tasche. Sie sollten zu stolz sein, um mit uns visalosen Pechvögeln an einem Tisch zu sitzen. Sie sollten zu stolz und zu hochmütig sein. Wann legt Ihr Schiff ab?»

Einige der am Tisch Sitzenden hatten nichts von dem amerikanischen Visum der Holländerin gewußt. «Was?» riefen sie, «ein Visum? Was ist es, ein Einwanderungsvisum oder ein

Notvisum, wie haben Sie es bekommen, *wo* haben Sie es bekommen? Hier sicherlich nicht? Wann fahren Sie?»

Sie freuten sich alle über das große, unbegreifliche Glück der jungen Holländerin, und alle waren sie neidisch.

«Ja, wann fahre ich?» sagte das Glücksmädchen traurig, «und fahre ich überhaupt? Die American Export-Line ist auf Monate hinaus ausgebucht; auch der Clipper, den ich mir nebenbei nicht leisten kann, ist auf lange Zeit ausgebucht. Meine einzige Hoffnung ist ein griechisches Schiff. Aber wenn zwischen Italien und Griechenland Krieg ausbricht, wird das griechische Schiff nicht mehr fahren, und mein Visum – ach, es ist alles andere als ein Einwanderungsvisum – läuft aus, bevor ich weg kann.»

Wieder nickten alle, als ob sie eine sehr traurige und wohlbekannte Melodie gehört hätten. Dann begann der Tscheche den Refrain, der zwangsläufig folgen mußte. «Das Visum wird auslaufen», sagte er, «und Ihre Aufenthaltserlaubnis hier wird ungültig werden, und wohin können Sie dann gehen?»

Ja, wohin konnte diese junge Holländerin gehen, wohin der Tscheche ihr gegenüber, wohin jeder einzelne in diesem Raum, jeder hier in dieser Metropole der Verfolgten?

Draußen auf dem Platz dämmerte es, und in dem Raum, in dem wir saßen, gingen die Lichter an. Es kam mir immer noch sonderbar vor, wenn es Abend wurde und nicht gleichzeitig verdunkelt wurde. Es schien mir unnatürlich, daß es bei einbrechender Dunkelheit Licht in den Fenstern geben sollte und daß die Straßenlampen angezündet werden würden. Es war verblüffend, daß man sich nicht vor den Nazi-Bombern fürchten mußte. Aber war ich darüber *froh*? Fühlte ich mich in der abendlichen Helligkeit Lissabons wohler als in der Dunkelheit Londons? Und die, die mit mir hier saßen, die Flüchtlinge um mich herum, ja selbst die portugiesischen Flüchtlinge, von denen, nebenbei bemerkt, nur sehr wenige in diesem Café waren, waren sie *glücklich*, ging es ihnen *besser* als den Menschen in den bombardierten Städten Englands? Sie waren nicht glücklich, und es ging ihnen nicht besser. Denn schlimmer als die Katastrophe selbst ist die Angst vor der drohenden Katastrophe, der man hilflos ausgeliefert ist. Und den Feind zu kennen, ihn zu fürchten, zu verabscheuen und zu wissen, daß er ganz nah ist, ohne kämpfen zu dürfen, ist sehr viel schlimmer als der Kampf selbst. Wer sich erfolgreich verteidigt, ist nicht unglücklich, wer um einer, *der* guten Sache willen in den Kampf geht, ist nicht unglücklich; wer weiß, daß er siegen wird, ist nicht unglücklich und fürchtet sich nicht vor der Gefahr.

In London war ich glücklich gewesen. Aber hier war ich unglücklich.

Wo steckte nur der Konsul? Mächtige Leute sollten entgegenkommend sein und die Machtlosen nicht unnötig warten lassen. Ich hatte bestimmt schon fast eine Stunde gewartet. Sicher: wie viele, die um ein Visum ersuchten, mochten an diesem Nachmittag in seinem Büro gewesen sein, und vielleicht hatte er seine Bürostunden aus lauter Freundlichkeit in den Abend hinein ausgedehnt, damit die traurige hilflose Riesenschlange nicht vergebens warten mußte.

Oder saß er vielleicht bereits seit einiger Zeit in der Menge, und ich hatte ihn übersehen?

Ich sah mich im Raum um, aber vom Konsul fehlte jede Spur.

Irgendwo an der Wand, etwa sieben Tische von mir entfernt, saß ein Mädchen vornüber gebeugt und schrieb. Sie war schon bei meinem Eintritt dagewesen. Das Mädchen war allein. Sie trug eine tief in die Stirn gezogene Mütze, und da sie von ihrem Schreibblock nicht aufsah, hatte ich ihr Gesicht noch nicht gesehen. Sie war völlig in ihre Tätigkeit versunken und schien den Krach um sie herum nicht zu bemerken. Gerade ging jemand dicht an ihrem Tisch vorbei und streifte mit dem Ellbogen eine der eng beschriebenen Seiten, die vor ihr ausgebreitet lagen, so daß sie zu Boden fiel. Das Mädchen sah auf, und ich war mir wirklich nicht sicher, ob das, was ich sah, wirklich existierte oder nur ein Gespinst aus Zigarettenrauch und Phantasie war.

«Toni!» rief ich und ging auf das Mädchen zu, «Toni, bist du's wirklich?»

Mein aufgeregtes Verhalten fiel in dieser Umgebung kaum auf. Es war gar nicht ungewöhnlich, daß Leute, die sich gegenseitig verloren glaubten, sich plötzlich wiederfanden; Szenen der Freude – oder der Tränen – folgten, denn der Widergefundene sah so krank, so verändert aus und brachte schlechte Nachrichten von anderen Verlorenen.

Toni starrte mich sekundenlang mit einem bestürzten und verwirrten Ausdruck an. Schließlich wurde ihr klar, daß ich es war, die hier wie aus blauem Dunst erschienen war. Auch sie sprang auf, wir faßten uns an den Schultern, und Toni schüttelte mich kräftig, als ob sie einen letzten Beweis für die Echtheit meiner Person benötigte.

Viele Jahre lang waren Toni und ich sehr eng befreundet gewesen. Wie ich selbst kam Toni aus München, ihre literarische Begabung war von großer Reinheit und Originalität. Ihre Gedichte, Loblieder auf die bayrische Landschaft, kleine Liebeslieder und fromme und bezaubernde Verse, die der Himmlischen Mutter Gottes und allen Heiligen gewidmet waren, waren in Deutschland berühmt. Toni war ganz und gar «unpolitisch», sie hatte nicht den geringsten «politischen» Kontakt mit den Katholiken. Als die Nazis an die Macht kamen, wäre es für sie ein Leichtes gewesen zu bleiben, «Blut-und-Boden»-Lyrik für die neuen Machthaber zu schreiben und die Stardichterin der «Partei» zu werden.

Es hätte ganz einfach sein können. «Es war unmöglich», erzählte mir Toni, als wir uns nach vielen Jahren in Paris wiedersahen, «es war wirklich ganz und gar unmöglich. Man kann nicht dort leben, arbeiten und Gedichte schreiben, für die man sich nicht zu schämen braucht, es geht einfach nicht. Wenn ich geblieben wäre, hätte ich angesichts all der Ungerechtigkeit ersticken müssen, die dort täglich und stündlich um mich begangen wurde. Oder ich hätte aufschreien und die Mörder mit meinen Versen anklagen müssen. In dem Fall hätten sie mich schon bald umgebracht.»

Ich hatte Toni zuletzt im September 1938 in Paris gesehen. Damals fürchtete man allgemein den Ausbruch des Krieges, und Toni war verzweifelt, weil sie ihren Bruder in Deutschland zwingen würden, *gegen* uns zu kämpfen, gegen die zivilisierte Menschheit, *für Hitler*, und für ihn zu sterben. «Er *haßt* die Nazis!» hatte sie immer wieder gerufen, «und sie werden ihn zwingen!»

Am Ende der gemeinsam verbrachten Nacht – wir redeten, überlegten und machten uns Sorgen – hatte Toni eine Entscheidung getroffen. «Wenn es jetzt Krieg gibt», hatte sie erklärt, «werde ich nach München fahren und Franz holen. Irgendwie werde ich ihn schon rausholen. Sicher, er ist im militärtauglichen Alter und wäre ein ‹Deserteur›, wenn er jetzt ginge. Aber durch sie darf er nicht zum Verräter werden, zum Verräter an allem, woran wir glauben, an den Anstand und die Würde und die Menschlichkeit. Ich verspreche es dir und mir selbst, ich werde hingehen und ihn holen, wenn es jetzt zum Krieg kommt.»

Ich wußte, daß sie ihr Versprechen halten würde, und hatte Angst um sie. Die Nazis hassen niemanden mehr als jene, die

sie gern gehalten hätten, die «Arier» und die «politisch Ein-
wandfreien», deren Gaben und Talente sie ausbeuten wollten,
um so etwas Glanz und Achtung in der Welt zu erreichen. Die
Nazis haßten Toni. Und jetzt wollte sie dorthin, um ihren Bruder zu holen, der zum Sterben für die Nazis bestimmt war.

Seit dieser denkwürdigen Nacht Ende September 1938 hatte
ich sie nicht wiedergesehen. Ich war fast sicher gewesen, daß
man sie in Nazideutschland gefangengenommen und ermordet hatte.

Und hier stand sie nun vor mir, in diesem Café in Lissabon,
und schüttelte mich an den Schultern.

Sie hatte sich sehr verändert. Ihr früher so sanftes Gesicht,
das nach einem Bild der Jungfrau Maria geschnitzt zu sein
schien, war hart und schmal. Unter ihren hellen Augen waren
dunkle Schatten, und ihr einst voller Kindermund schien zum
Strich geworden. Sie trug einen verwaschenen Regenmantel,
der sich öffnete, als sie sich setzte, und ich konnte sehen, daß
sie kein Kleid darunter trug.

«Franz ist in Spanien», sagte Toni. «In Madrid haben sie ihn
eingesperrt. Wie du weißt, ist er ein Deserteur; Hitler kann um
seine Auslieferung ersuchen, und dann wird er erschossen.»

All das sagte sie merkwürdig ruhig. Offenbar hatte sie so oft
und so angestrengt an diesen Schrecken gedacht, daß sie recht
nüchtern darüber reden konnte. Ich konnte nur «Toni!» sagen.

Die Flucht aus Deutschland, so erfuhr ich schließlich, war
nach unzähligen Schwierigkeiten und Gefahren gelungen.
Franz und Toni waren nach Frankreich entkommen, wo sie
einen langen Winter durchhungerten. Nach dem Ausbruch
des Krieges wurden sie beide interniert. «Natürlich in ge-
trennten Lagern», sagte Toni. «Seitdem habe ich ihn nicht
mehr gesehen. Daß du mich erkannt hast!» rief sie plötzlich,
«ich sehe fürchterlich aus, das kommt vom Typhus. Ich hatte

so lange Typhus, das hat mich völlig verändert. Das Schlimmste aber war, daß ich nicht wußte, in welchem Lager Franz war. Jetzt weiß ich's. Es war ein Lager nahe der spanischen Grenze. Ich war dort, ich kam dort auf meiner Flucht vorbei, und ich wußte es nicht und habe ihn nicht gesehen, das ist das Schlimmste, das Allerschlimmste.»

Jetzt war ich es, die nickte, als ob ich einer traurigen, wohlbekannten Melodie lauschte. «Die Grenzen sind zu», sagte ich, «wie können wir ihn rausholen?»

Toni war zuversichtlicher als ich. «Ich habe ihn aus Deutschland rausgeholt», meinte sie, «und er flüchtete aus Frankreich, er wird auch aus Spanien fliehen, wenn sie ihn nicht umgehend ausliefern!»

Ich konnte nicht antworten; in meiner Kehle spürte ich eine irritierende Rauheit, und meine Gedanken waren ein einziges Durcheinander. «Toni», dachte ich, «deine schönen, anmutigen Verse und Lieder, verloren und verbrannt; dein kindliches, vom Typhus verwüstetes Madonnengesicht, kein Kleid unter deinem ausgewaschenen Regenmantel, und dein Franz in Madrid eingesperrt, um erschossen zu werden, dein Franz, weil sie uns keine Zeit geben ... *Warum?*» dachte ich, «warum muß das alles sein? Was hast du getan, daß dein Leben so schrecklich vertan wird. Du bist unschuldig, Toni, und du warst glücklich – früher einmal!»

Tonis plötzliches leichtes Lachen riß mich aus meinen Gedanken. «Es ist schrecklich hier», sagte sie, noch immer sanft lachend, «es ist einfach so furchtbar, daß man lachen muß. Und das Erschreckendste am Ganzen, das undenkbar Schreckliche an der Sache ist, daß dieser Platz hier, dieses verrückte Lissabon, keine Ausnahme ist. Hier ist das Elend vielleicht konzentrierter, sichtbarer als sonstwo in Europa, aber grundsätzlich ist überall das gleiche Elend. Und wenn Hitler diesen

Krieg gewinnen sollte», fügte sie fast träumerisch hinzu, «wenn Hitler diesen Krieg gewinnen sollte, dann wird es in der ganzen Welt nicht viel anders als hier aussehen. Wir dürfen ihn nicht gewinnen lassen», sagte sie, und jetzt klang es nicht hoffnungslos, «wir können einfach nicht zulassen, daß er siegt. Wo wir auch sind, wir müssen unser Äußerstes tun, damit er besiegt wird. Wo wir auch sind, und so wenig es auch sein mag, wir müssen tun, was wir können.»

«Ja», sagte ich, und wie durch dichten Nebel sah ich die bombardierten Straßen Londons und die Champs-Élysées in Paris, wo Hitler marschierte, «ja, das müssen wir.»

An den Nachbartischen war eine leichte Bewegung zu spüren. Der Konsul, der wichtige, allmächtige Konsul des südamerikanischen Landes, der Mann, auf den ich so lange gewartet hatte, war eingetreten.

Viele der Flüchtlinge kannten ihn, unruhig drehten sie die Köpfe und streckten die Hälse, wie Tiere im Käfig, wenn der Aufseher mit den Schlüsseln klappert.

Der Konsul machte eine kleine vage Verbeugung zu den Versammelten hin. Dann ging er an die Bar, um seinen Whiskey zu trinken.

Die Zukunft Deutschlands
Rede auf dem Internationalen PEN-Kongreß

Es ist mir eine Ehre und wirklich eine große Freude, bei Ihnen zu sein. Nichts könnte angenehmer, ermutigender und bedeutender sein als dieses Zusammentreffen freier Geister in der Hauptstadt der Welt – ein Treffen von geistig tätigen Menschen, die alle für die Demokratie kämpfen. Ich werde dieses Bild vom XVII. Internationalen P. E. N.-Kongreß mit mir nach Amerika nehmen, und wann immer die Krakeeler von Mr. Lindbergh und Mr. Wheeler mich während meiner nächsten Vortragsreise stören und behaupten, daß Hitler schließlich den Kontinent geeint habe und daß Deutschland Europa sei, werde ich an Sie denken und sagen: «Wie kann Deutschland behaupten, Europa zu sein, wenn ich mit eigenen Augen gesehen habe, daß Europa in London ist?»

Im Anschluß an meine Vorträge und nach den Publikumsfragen warten immer ein paar Botenjungen hinter der Bühne auf mich und geben mir ein paar Briefe. Auf diesen Briefen steht meist «Persönlich», «Dringend» oder «Wichtig»; einer mag mit «Ein wahrer Amerikaner» unterschrieben sein, ein anderer mit «Eine amerikanische Mutter», ein dritter mit «Ein christlicher Amerikaner» und ein vierter einfach mit «Heil Hitler!». Sie alle pflegen in schrecklichem Englisch geschrieben zu sein, das deutlich ihre Naziherkunft verrät, und sie versichern mir, daß die Geduld des Absenders erschöpft sei, was mich anbetrifft, und daß bald ein gewaltsamer Tod meine kriminellen, verräterischen und kriegstreiberischen Aktivitäten beenden werde. Sie alle werden per Boten zugestellt, weil das moderne Gesetz verbietet, Menschenleben bedrohende Nachrichten mit der Post zu schicken. Nur, damit kann ich leben, weil ich entschlossen bin, niemals die Geduld zu verlieren, sondern mit meiner Aufklärungsarbeit weiterzumachen und gleichzeitig meine eigene Bildung langsam, aber sicher zu verbessern. Geduld, heißt es, kommt vom Himmel, und solange sie mit einer kämpferischen Tätigkeit einhergeht, stimme ich aus ganzem Herzen zu. Denn kämpferische Tätigkeit ist notwendig, und sie ist jetzt notwendig, im Erziehungsbereich mehr als anderswo, glaube ich, denn während die nach dem

Krieg auf uns zukommenden große politischen und wirtschaftlichen Probleme von den Berufspolitikern gelöst werden
müssen und vor dem Ende des Krieges nicht in allen Details
und offen erörtert werden können, ist das Problem der Erziehung in Europa und vor allem der Umerziehung in Deutschland unsere Angelegenheit, und je eher wir uns damit befassen, desto besser ist es.

Fast neun Jahre lang sind die Deutschen erzogen – in einem
fast unglaublichen Grad falsch erzogen – worden, und schon
seit Generationen sind sie in hohem Maße falsch erzogen worden; ihr Verstand ist vergiftet, sie sind geistig krank. Bedeutet
dies, daß sie unheilbar sind? Wenn sie es wären, hätten wir allen Grund zu verzweifeln, denn weder eine einseitige Entwaff-
nung noch die allgemeine wirtschaftliche Sicherheit, wie sie in
der Atlantik-Charta vorgesehen ist, würde die Deutschen
daran hindern, im geheimen einen weiteren Krieg vorzubereiten, wenn sie es wollten. Wir müssen sie von solchen Wünschen befreien. Das wird unsere Aufgabe sein; es wird eine
harte Aufgabe sein, äußerst schrecklich und oft ziemlich gefährlich, das gebe ich zu, aber einen weiteren Krieg in zwanzig
Jahren durchzustehen, wäre unendlich härter, unangenehmer,
gefährlicher. Die militärische Abrüstung Deutschlands muß
mit der moralischen Aufrüstung verbunden werden.

Der Begriff «moralische Aufrüstung» wird von einer ziemlich zwielichtigen Organisation benutzt und mißbraucht, aber
er bleibt trotzdem ein guter Begriff. Beim Versuch, Deutschland moralisch aufzurüsten, haben wir es mit drei Generationen zu tun: mit den Erwachsenen, den Älteren, die sich noch
an die Zeit vor den Nazis erinnern und nie ganz von Hitler un-
terjocht wurden; mit den Jüngeren, die von ihm besessen sind
und nichts als den Nazismus kennen; und mit den Kindern,
deren Geist immer noch formbar genug ist, um für neue Ein-

flüsse offen zu sein. Ich glaube nicht, daß es schwierig sein wird, die deutschen Kinder umzuerziehen, und ich spreche da aus eigener Erfahrung. Immerhin war unsere eigene Erziehung während des letzten Krieges auch nicht allzu gut; sie war fast so schlecht, wenn auch nicht so durchdringend und totalitär wie die Nazi-Erziehung. Wir hörten nichts anderes, als daß Deutschland wirklich das einzige annehmbare Land sei, daß alle anderen degeneriert, dumm und kriminell seien und daß wir den Krieg zweifellos gewinnen würden; wir waren unbesiegbar und unser Kaiser ein gottähnlicher Übermensch. Als wir 1918 ziemlich plötzlich den Krieg verloren und uns gesagt wurde, daß der Kaiser nicht gottähnlich, sondern in Holland war, war das natürlich ein ziemlicher Schock. Ich war damals zwölf Jahre alt, und es schockierte auch mich, aber nach sehr kurzer Zeit freute ich mich, daß ein neues Leben begonnen hatte, daß die Dinge, die man uns gesagt hatte, offensichtlich falsch gewesen waren, und daß wir nicht länger an sie denken sollten. Wir waren offen und bereit für etwas Neues; wenn diese militärischen Lehrer nicht noch immer am Ruder gewesen wären, hätten wir uns trotz Karl dem Großen, Friedrich dem Großen, Bismarck und dem Kaiser noch gut entwickeln können.

Diesmal wird es unsere Aufgabe sein, nicht nur die große industrielle Produktion Deutschlands, die politische Maschinerie Deutschlands, sondern vor allem die Erziehung in Deutschland zu überwachen. Das Prinzip der Nichteinmischung, das sich als ein derartig entsetzlicher Mißerfolg in der Politik erwiesen hat, ist ebenso töricht und gefährlich auf kulturellem und erzieherischem Gebiet. Wir werden die Deutschen erziehen müssen – darüber kann es keinen Zweifel geben. Bücher müssen jetzt schon zum Gebrauch in allen europäischen Schulen vorbereitet werden; niemals wieder dürfen die Deutschen ihre Ge-

schichte, Geographie, Rassenpsychologie lehren; wir müssen
uns mit diesen neuen Büchern befassen, Pläne um die Verteilung von Millionen englischer Bücher an diese Institutionen
müssen ausgearbeitet werden, wir müssen uns darauf vorbereiten, deutsche Erziehung aus dem Fenster zu werfen, die
deutsche Erziehung völlig neu zu gestalten.

Die ältere Generation wird nicht allzuviel gegen solch eine
Veränderung haben; ich kann mir vorstellen, daß viele ältere
Deutsche dabei mithelfen. Die Jüngeren – diejenigen, die zwischen neun und vierzehn Jahre alt waren, als Hitler an die
Macht kam – werden unser größtes Problem darstellen. Viele
von ihnen sind schon gestorben, viele werden noch sterben
müssen, bevor dieser Krieg gewonnen wird, aber mit den
Überlebenden dieser Generation wird es Schwierigkeiten geben. Wir werden ihnen für einige Zeit nicht trauen können,
wir werden sie überwachen müssen, während wir versuchen,
sie umzuerziehen. Es wäre eine große Hilfe für sie, wenn man
ordentliche Arbeit im Ausland für sie finden könnte, um
ihnen so eine Chance zu geben, sich die Welt anzusehen.

Wie wird sie aussehen, unsere Welt? Das hängt weitgehend
von uns ab. Wir werden sehr geduldig und sehr fleißig sein
müssen. Einer Sache können wir wohl relativ sicher sein: das
besiegte, das vollkommen besiegte Deutschland muß und wird
leiden. Die Niederlage wird die Deutschen wie ein gewaltiger
Schock treffen, und wenn wir sie so ansehen, wie wir es sollten, als ein Volk nämlich, das geisteskrank ist, wird uns die Erinnerung helfen, daß Schocks erfolgreich gegen alle möglichen Formen von Geisteskrankheit eingesetzt werden. Der
Schock der Invasion hat schon manchen Patienten wieder zu
Verstand gebracht, und ich glaube, die Einschätzung ist nicht
zu optimistisch, daß der Schock der Niederlage eine ähnliche
Wirkung auf die Deutschen haben wird. Das Gift des Nazis-

mus wird ihnen zumindest teilweise ausgetrieben werden. Es wird an uns sein, die Köpfe und Herzen der Deutschen mit neuen Ideen, neuen Hoffnungen und einem besseren Glauben zu füllen.

Warten auf den General

Wenn ich von Beginn an gewußt hätte, was ich heute weiß, dann hätte ich vielleicht gar nicht den Mut gehabt, um ein Interview mit dem General zu bitten. Und wenn ich zufällig meine letzte Frage zuerst gestellt hätte, wäre sie womöglich so oder so meine letzte gewesen, und auf seine Antwort hin hätte ich mich hastig verabschiedet.

Aber so erzählt man keine Geschichte. Ich fange also besser am Anfang an und berichte, wie ich mich kurz nach dem historischen Luftangriff auf Rom entschloß, Generalmajor Lewis H. Brereton aufzusuchen, den befehlshabenden General der amerikanischen Streitkräfte im Nahen Osten.

Ich wußte, daß der General, dessen Ninth U. S. Air Force gerade zur Zerstörung von Mussolinis Aufmarschplatz Littorio beigetragen hatte, überaus beschäftigt sein würde, und daß zwei oder drei Tage vergehen mochten, bevor er mich empfangen konnte. Während ich auf Befehle aus seinem Hauptquartier wartete, wagte ich nicht, Kairo zu verlassen. Egal, wer anrief, um mich zum Tee einzuladen, mir die Pyramiden zu zeigen oder mich auf einen Kamelritt mitzunehmen – jedem sagte ich, daß ich auf den General wartete und deswegen keine gesellschaftlichen Termine wahrnehmen konnte. Als die Zeit verging und einer Woche voller Erwartungen eine zweite folgte, schüttelten meine Freunde und Kollegen ihre weisen Häupter.

«Das schaffst du nie, meine Liebe», sagten sie gutgelaunt.

Es gab wichtige Ereignisse, während ich wartete. Der Duce stürzte, Orel fiel, Catania fiel, und Badoglio stand kurz vor dem Fall.

Unser eigener Kriegsschauplatz lag jedoch nicht im Zentrum des Geschehens. Colonel Parham, der zuständige Public-Relations-Offizier, setzte passenderweise eine ausgesprochene Weihnachtsmannmiene auf, als er eines schönen Tages verkündete, daß sich etwas Großes im Nahen Osten täte. Unsere Aufregung war beträchtlich, und es wurde viel herumgerätselt. Die ehrgeizigeren unter uns konnte man dabei beobachten, wie sie jede Menge spekulativer Nachrichten vorbereiteten, von denen sie annahmen, daß wenigstens eine von ihnen den Nagel auf den Kopf treffen würde. Die Leute von NBC und CBS reservierten Sendezeiten, und alle machten sich bereit, über die Neuigkeiten schnellstmöglich zu berichten.

Aber die Informationsblätter, die wir bekamen, als der große Moment schließlich gekommen war, brachten überhaupt keine Neuigkeiten. Statt dessen lasen wir eine langweilige Beschreibung der Stadt Ploesti und ihrer berühmten Raffinerien. Die eigentliche Story würde um acht Uhr abends kommen, sagte man uns. Um acht kam überhaupt nichts, und auch nicht um halb zehn, als Winston Burdetts Radiosendung ausgestrahlt werden sollte. Ich ging mit ihm zum Radiogebäude hinüber und hörte zu, wie London mit Kairo sprach, dann New York mit London, und jeder wartete auf unsere Nachrichten. Winston, der nicht einmal sagen konnte, daß die wirklichen Neuigkeiten noch nicht heraus waren, sprach kurz über die italienisch-deutschen Spannungen in Griechenland, und wir litten beide ein bißchen bei dem Gedanken, wie verrückt dies

der Columbia erscheinen mußte, die eine andere Sendung un-
terbrochen hatte, um für die ‹wichtige Nachricht› Platz zu machen.

Um zehn gab es endlich das erste offizielle Kommuniqué
zum spektakulären Luftangriff auf die Raffinerien von Ploesti, und während der Erfolg des Unternehmens noch nicht ein-
geschätzt werden konnte, wurde klar, daß der Mut und die
Waghalsigkeit der Ploesti-Piloten nur mit dem Einsatzwillen
der englischen Zerstörer der deutschen Eder- und Möhne-Tal-
sperren vergleichbar waren. Die Helden von Ploesti kamen
herein und redeten mit uns. Ihre Berichte, die sie ruhig, zu-
rückhaltend und objektiv gaben, waren dennoch voller Spannung und Dramatik. Es war keine Angeberei dabei, nein, nicht
einmal viel von diesem Understatement, mit dem Flieger die
fürchterlichste Schlacht als «ein bißchen Ärger» und das
schrecklichste feindliche Sperrfeuer als «'ne Menge Feuer-
werk» beschreiben.

«Künstler beschreiben Luftangriffe gern als flammende In-
fernos», sagte der Major, der eine der Formationen führte,
«mit Flugzeugen, die ineinanderkrachen, in der Luft explodieren oder in brennende Häuser stürzen, mit glühenden Trümmern, die durch die Luft geschleudert werden, schwarzen
Rauchsäulen, auflodernden Flammen und Desaster, wohin
man blickt. Ich habe diese Künstler immer bewundert, und
zwar nicht wegen ihrer Wahrheitsliebe, sondern wegen ihrer
grauenhaften Phantasie. Richtige Luftangriffe sehen anders
aus. Ich war bei vielen dabei, und keiner davon sah so aus.
Aber diese Geschichte in Ploesti kam den Phantasien ziemlich
nahe. Ich hätte nicht gedacht, einmal so etwas Höllisches mit-
anzusehen, und ich möchte das auch nicht noch einmal erleben.»

«Bei den Feuern entstand so große Hitze, daß sie so etwas

wie einen tropischen Sturm entfachte, der das ruhige Fliegen schwer machte», sagte ein anderer. «Als einer der Öltürme explodierte, tanzte sein Dach auf einer riesigen Feuersäule.»

Es war eine bewegende und ziemlich bestürzende Erfahrung, diesen ernsten jungen Amerikanern zuzuhören, wie sie das Unbeschreibliche beschrieben. Sie sahen abgespannt und müde aus, und sie sprachen leise und mit belegten Stimmen.

Der Angriff auf Ploesti hatte eine völlig neue, noch nicht dagewesene Qualität. Tagesangriffe von großen Fliegerformationen werden selten in so niedriger Flughöhe ausgeführt, und außerdem hatten weder die Liberator-Maschinen noch ihre Besatzungen je so etwas mitgemacht. Monatelange Vorbereitungen und zehn Tage spezielles Training waren dem Angriff vorausgegangen, für den die Maschinen mit neu entwickelten Bombardierungsvisieren ausgestattet worden waren. Trotz alledem wußten die Flieger, daß die Geisterstadt Ploesti, die man für sie in der Wüste aufgebaut hatte und auf deren Pseudoraffinerien sie im Training ihre Blindgänger abwarfen, nur ein schwacher Schatten war, der ihnen keinen Vorgeschmack auf das wirkliche Ploesti geben konnte. Abgesehen davon, wie würde das Wetter mitspielen – würde es ihnen allen erlauben, sich genau zur vereinbarten Zeit über dem Zielbereich zu treffen?

Tatsächlich kam alles anders als geplant: Während die gesamte Einheit den Zielbereich binnen einer Minute verlassen sollte, erschienen die letzten Liberators erst eine halbe Stunde, nachdem die erste Gruppe wieder abgeflogen war. Bomben mit Verzögerungszündern, die von den ersten Maschinen abgeworfen worden waren, zerplatzten vor den Nachzüglern.

«Es war wirklich unangenehm, aber das wußten wir schon vorher», sagte einer von ihnen zum Abschluß. «Wir wußten auch, daß es wichtig und notwendig war, und ich glaube, ich spreche für alle von uns, wenn ich sage, daß wir zufrieden sind mit dem, was wir getan haben.»

Die anderen nickten ernst. Dann wurden von allen Fotos gemacht, und manche der Männer versuchten zu lächeln, aber es gelang ihnen nicht so recht, und keinem von uns war danach, sie mit Fragen zu löchern. Still verabschiedeten wir uns.

In meinem Zimmer in Shepheard's Hotel wartete eine telefonische Nachricht auf mich. General Brereton würde mich am Freitag um zehn Uhr morgens empfangen! Natürlich erschien ich um Punkt halb zehn im Hauptquartier. Der General sei ausgegangen und würde wohl an diesem Morgen nicht wiederkommen, sagte man mir.

«Schön», sagte ich dem verlegenen Adjutanten, «dann warte ich eben.»

Während ich wartete, versuchte ich mir zu vergegenwärtigen, was ich über den General wußte. Er war dreiundfünfzig und stammte aus Pittsburgh, Pennsylvania. Als er dreizehn war, zog seine Familie nach Annapolis, Maryland, wo er später die U. S. Naval Academy besuchte. Er machte 1911 seinen Abschluß, verließ aber bald danach die Navy, um Offizier bei der Army zu werden. Sein wirkliches Interesse lag in der Luft, und schon 1912 wurde er einer der Pioniere der amerikanischen Luftfahrt.

Aus dem Ersten Weltkrieg brachte er das Distinguished Service Cross, das Croix de Guerre mit drei Palmen und die Mitgliedschaft in der Ehrenlegion mit nach Hause. Wenn man ihn fragt, wie er sich diese Ehrungen verdient hat, pflegt er zu antworten: «Ich bin wie der Teufel nach Hause geflogen, und dabei kamen mir eine Menge Hunnen ins Gehege.»

Von 1919 bis 1923 war er Luftfahrtattaché an der amerikanischen Botschaft in Paris. Dann bekam er Heimweh nach den Wolken, und seitdem ist er immer geflogen. Im Oktober 1941 befehligte er die Third Air Force in Tampa, Florida, doch am Ende des Monats ging er nach Manila, um das Kommando über die amerikanischen Luftstreitkräfte in Fernost zu übernehmen. Am Weihnachtsmorgen machte er sich auf, um zu General Wavell auf Java zu stoßen, und er kam gerade rechtzeitig zum Weihnachtsessen in Surabaya an.

Als gegen Mitte Februar 1942 kaum noch Hoffnung war, Java halten zu können, begleitete Brereton General Wavell nach Indien. Dort formierte er seine Air Force neu, um die Japaner durch China hindurch zu treffen. Nur nach und nach wurden sein Stab neu formiert und Schiffe zu seiner Verfügung gestellt. Er schickte seine Männer nicht in den Kampf, bevor er alles zusammen hatte, was er brauchte, um einen Angriff erfolgreich abzuschließen.

Am 3. April führte seine Air Force ihre erste Mission von Indien aus durch: den erfolgreichen Angriff auf die Andaman-Inseln. Der Angriff wurde von Brereton persönlich angeführt.

Ich fand es recht riskant für einen General, sich solch einem Vergnügen auszusetzen. Ich mußte ihn fragen, warum er das getan hatte …

In diesem Moment sprang der Adjutant auf. Ich tat dasselbe, und der General – dunkler Teint, mittlere Größe, bartlos und mit Brille – trat rasch ein. «Sie können rein», sagte der Adjutant kaum eine Minute, nachdem sein Chef in seinem Büro verschwunden war.

Natürlich sprachen wir über Ploesti, und ich gratulierte dem General zu seinem neuen großartigen Erfolg.

«Danke», sagte er und zuckte die Achseln, «aber wir wissen wirklich noch nichts Genaues und werden es vielleicht noch eine ganze Weile nicht wissen. Wir können nur sagen, daß es eine ernste Sache war und beträchtlicher Schaden angerichtet wurde. Wie beträchtlich, das bleibt abzuwarten.»

«Sie haben das seit langer Zeit geplant», sagte ich. «Darf ich fragen, wie lange, Sir?»

«Wir sind schon einmal gescheitert», antwortete er. «Erinnern Sie sich? Das war im Mai 1942. Seither ist über diesen großangelegten Tieffliegerangriff beraten worden. Für unsere Männer ist es eine harte Erfahrung gewesen.»

«Sie sind *Ihre* Männer», warf ich ein, «und sie scheinen das zu mögen. Haben Sie eine bestimmte Methode oder eine Formel, ein guter Anführer zu sein?»

«Ich mache ihnen die Hölle heiß, wenn sie nicht machen, was ich will, und klopfe ihnen auf die Schulter, wenn sie's tun», entgegnete er. «Vor allem versuche ich aber, so engen Kontakt wie möglich mit ihnen zu halten. Andauernde Überprüfung und moralische Unterstützung sind wichtig. Man muß auch bereit sein, von ihnen zu lernen, und man darf sie nie dazu auffordern, etwas zu tun, wozu man nicht selbst bereit ist.»

Ich dachte an den Angriff auf die Andamanen und frage, ob er in jüngster Zeit an weiteren Kampfeinsätzen teilgenommen hätte.

«Nun ja», antwortete er zögernd. «Ich war vor kurzem über Italien im Einsatz, aber ich glaube, das spielt keine große Rolle. Das ist nicht einmal in den Berichten erwähnt worden. Ich wollte es so. Wir machen das alle, weil es einfach gut für die Moral der Männer ist. Andernfalls sollten wir die Finger davon lassen, mit raufzugehen und unsere Kopiloten nervös zu machen. Ich bin gegen Freizeitrundflüge von Generälen, aber manchmal kann man's nicht vermeiden.»

Er lächelte und sah dabei eher wie ein verschämter Lehrer aus – weniger wie ein General. Aber was mich am meisten anzog, war seine vollkommen unprätentiöse Art. Bei ihm fand sich keine Spur von Verschlossenheit oder Einbildung, auch gab es nichts von dieser Reserviertheit, die prominente Europäer oft zur Schau stellen. Er war erfrischend natürlich.

«Sind Sie verheiratet, Sir?» fragte ich.

«Ja, das bin ich», versicherte er mir.

«Haben Sie Kinder?»

«Zwei aus meiner ersten Ehe. Sie sind aber schon erwachsen, und ich habe sie eine Weile nicht gesehen.»

Ich wollte wissen, wo seine jetzige Frau lebt, und erfuhr, daß sie zwischen Dallas und San Antonio pendelt, weil sie in beiden Städten Verwandte hat.

«Sie schreibt wirklich oft», sagte er, «und ich bekomme eine ganze Menge Post. Aber ich weiß nie, wo sie eigentlich steckt.»

An diesem Punkt stellte ich die Frage, die mich erledigt hätte, wenn ich sie am Anfang gestellt hätte.

«Und was halten Sie von Frauen in Uniform?» wollte ich wissen.

«Glücklicherweise hatte ich noch keine Erfahrung mit dieser Spezies», hörte ich ihn tatsächlich sagen.

«Verzeihung, Sir», warf ich ein, «aber sagten Sie gerade ‹glücklicherweise›?»

«Das sagte ich», bestätigte er unbarmherzig, «und außerdem will ich keine von ihnen hier haben. Auf gar keinen Fall.»

Es entstand eine kleine Pause, in der der General einen kurzen Blick auf meine uniformierte Figur warf. Dann fuhr er fort und teilte mir mit, daß es seiner Ansicht nach genügend zivile Jobs gäbe, die Frauen ausfüllen könnten und sollten. Alles, was sie tun sollten, war, die größtmögliche Zahl von Männern zu entlasten, deren Platz jetzt an der Front sei, wogegen ihr Platz, der Platz der Frauen, zu Hause sei.

Ob er denn nicht glaube, warf ich zaghaft ein, daß Frauen recht geeignet seien für manche Tätigkeiten, und daß außerdem die Jungs in der Wüste ganz gern ein bißchen weibliche Gesellschaft in ihrer Freizeit hätten?

Der General blieb hart.

«Offen gesagt, glaube ich das nicht», antwortete er. «Ich würde meine Männer viel lieber auf Urlaub in Zentren der Zivilisation schicken, so oft das möglich ist, als sie fortwährend durch die Anwesenheit des anderen Geschlechts abzulenken. Außerdem glaube ich nicht einmal, daß es ihnen viel ausmacht. Den älteren unter ihnen sicher nicht. In diesem Jahr habe ich viele Jungs der Eighth Army gesehen, und ich kann Ihnen versichern, daß sie sich ziemlich an ihr Klosterleben gewöhnt haben. Ich habe sie ja nicht mal über Frauen reden hören. Was nicht heißen soll, daß sie etwas gegen eine Verabredung mit einem gutaussehenden Mädchen hätten.»

«Tatsächlich», murmelte ich. Aber ich hielt es für durchaus möglich, daß die Jungs der Achten Armee ihre Mädchengespräche nicht gerade vor einem amerikanischen General führen wollten. Außerdem waren sie Engländer und vielleicht weniger verrückt nach Frauen als die Amerikaner – oder eben auf leisere Art.

Als ob er meine Gedanken gelesen hätte, fuhr der General fort: «Schauen Sie, mit unseren eigenen Jungs ist es das gleiche. Man schickt sie auf Urlaub, und sofort gehen sie auf Besichtigungsreise. Sie fahren nach Palästina oder Eritrea oder in irgendwelche bekannten Orte in der Umgebung. Natürlich ist alles für sie arrangiert, und man kümmert sich überall gut um sie. Dazu gibt es eine ganze Reihe amerikanischer Urlaubslager im Nahen Osten, und alles in allem geht es unseren Jungs gar nicht schlecht, selbst ohne weibliche Soldaten.»

«Danke, Herr General», sagte ich. «Ich glaube, das wär's dann.»

Auf dem Heimweg begegnete ich einem Freund.

«Ganz schön heiß heute», meinte er. «Wie wär's mit einer Limonade?» Als wir auf sie warteten, sagte er: «Übrigens gibt es Neuigkeiten, meine Liebe. Aus normalerweise gut unterrichteten Kreisen habe ich gehört, daß der General keine weiblichen Kriegskorrespondenten empfangen möchte.»

Ich schluckte. Mein Freund seufzte mitleidsvoll. «Tut mir leid, meine Liebe, aber er will es nun einmal nicht.»

Pulverfaß Palästina

Ich war dort, als sich der grelle Suchscheinwerfer des Weltinteresses wieder einmal auf Palästina richtete. Der Sensationsprozeß, bei dem die beiden angeklagten Juden schuldig gesprochen wurden, große Waffenbestände der britischen Armee gestohlen zu haben, wurde von der internationalen Presse verfolgt, und die gefährliche jüdisch-arabische Situation stand einmal mehr im Rampenlicht. Dieser unselige Vorfall erinnert uns an ein dringendes Problem der Vereinten Nationen. Es schließt die ganze jüdische Frage ein und betrifft die gesamte arabische Welt. Wenn keine Lösung dafür gefunden wird, könnte der Nahe Osten ins Chaos gestürzt werden.

Die starke Präsenz alliierter Truppen dürfte den Ausbruch von Feindseligkeiten fürs erste verhindern, aber der Frieden, den dieser Krieg Palästina gebracht hat, darf niemanden täuschen. Die Kluft zwischen den beiden Lagern wird immer tiefer, und der Nationalismus wächst und gedeiht. Von beiden Seiten weiß man, daß sie sich auf den Kampf vorbereiten. Nach privaten Schätzungen haben die Araber etwa 80 000 Gewehre, große Munitionsvorräte, Maschinengewehre, Handgranaten und Mörser versteckt. Von den Juden heißt es, sie hätten 30000 Gewehre und Revolver, 2000 größere Waffen und reichlich Munition.

Die Situation ist um so gefährlicher, als sich beide Seiten moralisch im Recht fühlen.

Seit mehr als 2000 Jahren haben Juden in Palästina gelebt. Auch als die jüdische Geschichte nach der endgültigen Zerstörung Jerusalems durch die Römer aufhörte, die Geschichte Palästinas zu sein, und die große Diaspora begann, weigerten sich die Kinder Israels, das Land ihrer Väter ganz aufzugeben, und die Verheißung des Messias blieb ihnen immer im Gedächtnis. Eines Tages, darauf bestanden sie, würde Er kommen und sie heim nach Zion führen. Zu jedem Osterfest trösten sie sich mit dem Versprechen: «Nächstes Jahr in Jerusalem!» Denn dort formten sie den Gedanken des einen unsichtbaren Gottes. Von dort aus gaben sie der Welt, was sie für Seine Gebote hielten. Dort spüren sie die Wurzeln ihrer Kraft.

Die Zähigkeit, mit der die Juden an ihrem Glauben festhielten, erhielt sie als Volk am Leben. Aber zugleich beeinträchtigte sie ihre Assimilation in den neuen Heimatländern. Sie waren anders, sie gehörten nicht dazu, und ihre andersartigen Bräuche provozierten den Zorn der Intoleranten. Die Pogrome und Verfolgungen sind blutige Geschichte.

Gegen Ende des 19. Jahrhunderts begannen die Juden infolge der Dreyfus-Affäre im Westen und der Pogrome im Osten schließlich einen weiteren Auszug. Die meisten neuen Emigranten zogen westwärts, aber viele kamen auch nach Palästina. Palästina war nicht länger nur die geistige Heimat der Juden und eine Pilgerstätte der Gläubigen, es sollte auch ihre tatsächliche Heimat werden. Die Bewegung wurde unter dem Namen Zionismus bekannt. Ihr Gründer war der Wiener Theodor Herzl.

Araber haben 1300 Jahre lang in Palästina gelebt. Das arme, dürre Palästina bildete nur einen winzigen Teil des großen arabischen Reiches. Aber das wiedererbaute Jerusalem zählte in der arabischen Welt sogar mehr als Bagdad oder Kairo. Hier steht die Moschee, in der sich Mohammed mit Gott unterhalten haben soll, und vom Felsen, der einst den jüdischen Tempel trug, soll der Prophet zum Himmel aufgefahren sein. Als die Macht Arabiens zurückging und für lange Zeit das türkische Ottomanenreich herrschte, blieb Palästinas Bevölkerung überwiegend arabisch, und es blieb die Heimstatt der Araber und der Geburtsort ihres Glaubens.

Mit der Niederlage der Türken im Ersten Weltkrieg fiel das Land in alliierte Hände, und der Völkerbund übertrug Großbritannien die Mandatsmacht. Von der türkischen Oberhoheit befreit, fühlen sich Araber wie Juden als rechtmäßige Besitzer des Landes. Zwei entgegengesetzte Nationalismen erfaßten das Land. Durch das etwas vage Versprechen der 1917 gegebenen britischen Balfour-Deklaration, wonach dort eine «nationale Heimstätte für das jüdische Volk» eingerichtet werden sollte, begannen Zionisten aus der ganzen Welt nach Palästina zu strömen. Die jüdische Bevölkerung wuchs von 55000 Menschen im Jahr 1918 auf 550000 im Jahr 1939 an.

Beeinträchtigte dieser plötzliche Zustrom die arabischen Interessen? Ganz im Gegenteil, denn nach dem besten existierenden Bericht, dem Palestine Royal Commission Report, der dem englischen Parlament 1937 vom Kolonialminister vorgelegt wurde, profitierten die Araber von jüdischem Reichtum, jüdischem Unternehmen und jüdischer Arbeitskraft. Ihre Industrien expandierten, die Beschäftigung nahm zu. Arabische Patienten wurden in jüdischen Krankenhäusern behandelt. Aber sie waren über die Entwicklung verärgert, die ihren Nationalstolz verletzte und ihren Traum von Palästina als unabhängigem arabischem Staat zu zerstören drohte.

Voller Zorn über das, was sie als einen Verrat der Briten ansahen, zettelten die Araber wiederholt Aufstände an. Und als sich der organisierte Widerstand gegen die Briten als zwecklos herausstellte, versuchten sie, die Juden durch Terror einzuschüchtern. Die Juden verteidigten sich, so gut sie konnten, aber vor allem riefen sie die Mandatsmacht um Schutz an.

Ab 1939 folgte diese Macht einer allgemeinen «Beschwichtigungspolitik». Das britische Weißbuch zu Palästina vom März desselben Jahres machte dem arabischen Aggressor gegenüber ein umfangreiches Zugeständnis. Für die nächsten fünf Jahre sollte die jüdische Zuwanderung in einem Maße ansteigen dürfen, das die Zahl der jüdischen Bevölkerung auf etwa ein Drittel des gesamten Bevölkerungsstands des Landes ansteigen ließ; danach würde keine weitere jüdische Immigration zugelassen, solange die Araber nicht einwilligten. Die Juden waren bitter enttäuscht. Dies schien die Balfour-Erklärung zu annullieren, und das zu einer Zeit, in der sie verzweifelter denn je eine «Heimstätte für ihr Volk» brauchten.

Dies ist gegenwärtig noch immer der Stand der Dinge. Die Briten begnügen sich damit, ein wachsames Auge auf die Lage zu haben, die sich, wie sie wissen, jederzeit ändern kann. Aber es könnte eine explosive Veränderung sein.

Gibt es eine Lösung?

Ich fuhr nach Palästina, um die Möglichkeit einer Lösung zu untersuchen. Nirgendwo auf der Welt habe ich Menschen getroffen, die sich so dringend äußern wollen.

Mr. Auni Bay Abdul-Hadi, ein bekannter Rechtsanwalt, Vorsitzender der Independent Party und führender arabischer Nationalist, sagte mir, die britische Palästinapolitik sei gefährlich vage. Bevor man den Juden nicht ein für allemal zu ver-

stehen gebe, daß dies nicht ihr Land sei, gebe es wenig Hoffnung auf eine dauerhafte Lösung. «Das wird nicht friedlich
ausgehen, sondern schrecklich enden!» Es sei eine große Ungerechtigkeit gegenüber den Arabern, sagte er, daß so viele Juden hatten herkommen dürfen. Aber nun sei das Maß voll.
Jede weitere Zunahme durch Einwanderung werde auf harten
arabischen Widerstand stoßen.

«Auf bewaffneten Widerstand?» fragte ich.

Er lächelte ein schlaues asiatisches Lächeln. «Wir sind nicht
bewaffnet», sagte er. «Das wissen Sie.»

Auch ich lächelte. Mr. Abdul-Hadi zuckte mit den Achseln.
«Ein paar Leute mögen hier und da ein paar Waffen gekauft
haben», gab er zu. «Aber das ist ihre Sache und hat nichts mit
der arabischen Politik zu tun. Diese Politik ist im wesentlichen
friedlich. Wir verlassen uns darauf, daß unsere gerechte Sache
gewinnt. Aber wenn es nötig ist, werden wir kämpfen, um uns
zu verteidigen, und die gesamte arabische Welt wird hinter
uns stehen.»

Aber hatten die Araber nicht von der jüdischen Wirtschaft
profitiert? Warum war er so gegen weitere jüdische Zuwanderung?

«Weil wir die Herren im eigenen Haus bleiben wollen»,
sagte er rasch. «Weil wir keine Minderheit werden wollen. Es
gibt jetzt gut eine Million von uns – etwa 875 000 moslemische
und etwa 125 000 christliche Araber – gegenüber mehr als
einer halben Million Juden. Das ist die Grenze. Das muß sie
sein – wenn wir nicht dazu verurteilt sein wollen, unter jüdischer Herrschaft zu leben. Deswegen. Ich könnte Ihnen andere
Gründe nennen – praktischere, wenn Sie wollen. Im großen
und ganzen sind wir ein Volk von Landwirten, aber die Juden
haben so viel von unserem Land aufgekauft, daß kaum genug
für uns zum Bebauen übrig ist. Und was unsere Industrie be-

trifft, so kann sie schon jetzt kaum noch mit der der Juden konkurrieren. Sie würde in den Ruin getrieben, wenn die jüdische Industrie weiter expandieren dürfte. Ganz abgesehen davon wollen wir einfach nicht noch mehr Juden in Palästina. Das ist alles. Das sollte genügen.»

Als nächstes sprach ich mit dem Chefsekretär der Mandatsregierung, Mr. Macpherson, einem hochintelligenten Mann. Es sei bedauerlich, sagte er, daß man die beiden Seiten nicht zu Friedensverhandlungen zusammenbringen könne. Es gäbe einige Araber und Juden, die sich nach einem gerechten Kompromiß sehnten. Aber obwohl manche von ihnen als Person den höchsten Respekt genießen, hätten sie bis jetzt keinen Erfolg damit gehabt, die Unterstützung der organisierten öffentlichen Meinung für sich zu gewinnen. Was diejenigen in beiden Lagern betraf, die zur Zeit jeden Gedanken an einen Kompromiß ablehnten, kannte er viele von ihnen gut und glaubte, daß er ihre Einstellung verstünde. Es sei schwer, das nicht zu tun – aber noch schwerer, sich eine Lösung vorzustellen, bevor nicht wenigstens eine Basis gefunden würde, auf der sich aufbauen ließe. Ich sollte mir wohl am besten selbst ein Bild machen.

Das tat ich.

Laut Mandatsgesetz dürfen weder Araber noch Juden ihre eigene Regierung haben. In der Praxis fungieren jedoch einerseits das Supreme Moslem Council und andererseits die Jewish Agency als Regierungsbehörden neben der britischen Mandatsregierung.

Im Jerusalemer Gebäude der Jewish Agency sprach ich mit Moshe Shertok, dem Leiter der politischen Abteilung. Gibt es irgendeine Kompromißlösung, die er akzeptieren könnte?

Er schüttelte energisch den Kopf. «Sehen Sie», rief er, «dies ist keine Verhandlungssache. Dies ist eine Frage von Leben und Tod für unser Volk. Selbst wenn ich wollte, könnte ich auf keinen Fall seine Rechte durch eine Unterschrift veräußern. Selbst wenn ich das täte, würden weiter Juden nach Palästina kommen. Das Fassungsvermögen dieses Landes ist noch lange nicht erschöpft. Um alle Möglichkeiten auszuschöpfen, werden wir mehr Leute brauchen, und so wie es aussieht, werden mehr und mehr Juden herkommen müssen. Wie viele Palästina genau aufnehmen kann, vermag ich nicht zu sagen. Vielleicht zwei Millionen, vielleicht vier –»

«Und die Araber?» warf ich ein.

«Ja, die Araber!» sagte er. «Die Araber! Sie kämpfen immer noch gegen die Dinge. Und warum? Wir haben nichts getan, um sie zu beunruhigen. Ihre Rechte sind nicht verletzt worden. Außerdem würden wir keine ihrer legitimen Interessen in Frage stellen. Das sollten sie wissen, weil wir immer peinlich darauf geachtet haben, unsere Fähigkeiten nicht zu ihrem Nachteil auszunutzen. Wir haben nicht ohne Erfolg versucht, ihnen beizubringen, wie sie ihre eigenen Geschäfte effektiv und zum Wohle der Allgemeinheit führen können. Wovor haben sie also Angst?»

«Sie haben Angst vor Ihrem Nationalismus.»

«Nationalismus! Davon gibt es viele Sorten. Unserer ist jung und geschmeidig. Er muß gut genährt werden, wenn er groß werden soll. Wie jede andere junge Nation brauchen wir ein gewisses Maß an gesundem Nationalismus, und wir haben von Natur oder von unserer Geschichte aus eher zuwenig davon!»

Die Araber, fuhr er fort, seien selbst gute Nationalisten. Die Juden wären ganz damit einverstanden, ihnen bei der Einrichtung einer panarabischen Föderation zu helfen. Auch jetzt sei die Tatsache, daß Palästina völlig von arabischen Ländern eingeschlossen sei, die beste Garantie arabischer Sicherheit. Die

Araber könnten nämlich in Palästina Minderheit sein und wären doch immer noch Teil einer riesigen Mehrheit! Und niemand könne abstreiten, daß ein wirtschaftlich voll entwickeltes Palästina der arabischen Welt von großem Nutzen sein dürfte.

Palästina ist kein reiner Agrarstaat mehr. Eine ganze Reihe größerer und viele kleinere Industriezweige sind aufgebaut worden. Der Krieg hat eine Entwicklung beschleunigt, die lange vor 1939 begann. Armeeaufträge und der Anstieg bei der zivilen Nachfrage haben die Produktion angeregt. Inzwischen versorgt Palästina die meisten Märkte des Mittleren Ostens mit den Produkten seiner hochentwickelten Apfelsinenverarbeitung wie Marmelade, Saft, Konzentrat, Alkohol, Vitamin C und einer Reihe von Ölen. Das Tote Meer mit seinem ungewöhnlich hohen Anteil an Magnesiumchlorid versorgt die pharmazeutische Industrie des Landes, die auf recht hohem Niveau produziert. Viel wird von der alliierten Handelspolitik nach dem Krieg abhängen.

Ich besuchte einige der jüdischen Landgenossenschaften und Siedlerkommunen. Was dort erreicht wurde, ist erstaunlich. Weder Gras noch Wasser ist in den steinigen Hügeln zu finden, wo sie eine ihrer mustergültigen Milchfarmen aufgebaut haben. Jeder Regentropfen muß gesammelt, das Gras für die Kühe aus fünfzig Kilometer Entfernung hergebracht werden. Die Anstrengung, die es gekostet haben muß, dieses Stück öde Wildnis in die Gartenlandschaft zu verwandeln, die ich sah, ist fast unvorstellbar. Aber das haben sie vollbracht, wo man auch hinschaut. Und während die Juden außerhalb von Palästina eher als clevere Geschäftsleute, Doktoren oder Anwälte denn als Bauern oder Arbeiter bekannt sind, sind sie hier zu wahren Pionieren geworden.

Die wohl eindrucksvollste Persönlichkeit, die ich traf, war

David Ben Gurion, Arbeiterführer, Vorsitzender des Exekutiv-komitees der Jewish Agency und de facto jüdischer Premier-minister. Er lag krank im Bett, als ich ihn besuchte. Er war mir als «der jüdische John Lewis» beschrieben worden, aber er äh-nelte mehr einem proletarischen Einstein.

«Sehen Sie mich an!» rief er aus. «Ich kam mit einem Besu-chervisum hierher, das mir zwei Monate Aufenthalt erlaubte. Das war vor 34 Jahren, und seitdem bin ich hiergeblieben – il-legal, wenn Sie so wollen, obwohl ich es nicht so nennen würde. Es gibt so etwas wie eine natürliche Legalität und ein unveräußerliches Recht. Niemand auf der Welt kann uns un-sere natürlichen Rechte auf Palästina absprechen. Ganz egal, was jetzt passiert, am Ende werden wir siegen!»

«Unsere Rechte!» Wie oft hatte ich diese Formulierung ge-hört. Araber aller Stände – Studenten, Reiseführer, Politiker – stimmten darin überein, daß es ‹ihr Recht› sei, die Juden nicht zur Mehrheit werden zu lassen, ‹ihr Recht›, alle Landverkäufe an Juden zu stoppen; ‹ihr Recht›, die jüdische Expansion ein-zudämmen. Die Juden pochten ebenso hartnäckig auf ‹ihr Recht›, obwohl sie mehr praktische Argumente hatten und ihre Leistungen für sie sprachen.

Nein, es wird nicht leicht sein, wenigstens zu einem vor-übergehenden Kompromiß zu kommen, geschweige denn zu einer dauerhaften Lösung. Solch eine Lösung muß das größt-mögliche Maß an Gerechtigkeit mit dem größtmöglichen Maß an Durchführbarkeit verbinden. Einem neutralen Beobachter drängt sich der Eindruck auf, daß Palästina noch nicht sich selbst überlassen werden kann, sondern für eine Weile Man-datsgebiet bleiben muß. Daß Großbritannien weiterhin erheb-lichen Einfluß ausüben soll, scheint gleichzeitig logisch und wünschenswert, aber viele Bewohner Palästinas hoffen, daß die USA zusammen mit Großbritannien an einer endgültigen

Einigung arbeiten werden. Die USA, so argumentiert man, könnten keiner imperialistischen Interessen verdächtigt werden, noch hätten sie einen Grund, eine der beiden Seiten zu beschwichtigen. Zudem könnte es für die Engländer einfacher sein, das durch das Weißbuch von 1939 geschaffene Patt aufzubrechen, weil Amerikas Interessen jede Veränderung rechtfertigen würden, die den Vereinten Nationen zugute käme.

Unter den zahlreichen Konzepten, die verwirklicht werden könnten, werden diese fünf am ernsthaftesten diskutiert:

1. Palästina könnte ein unabhängiger arabischer Staat werden.
2. Es könnte ein unabhängiger jüdischer Staat werden.
3. Das Land könnte geteilt werden.
4. Es könnte ein unabhängiger Zweivölkerstaat werden, in dem die jüdische Bevölkerung entweder bei ihrer jetzigen Stärke (etwa ein Drittel der Gesamtbevölkerung) gehalten würde oder bis zu 50 Prozent anwachsen könnte.
5. Palästina könnte ein unabhängiger Zweivölkerstaat werden, der die Einwanderung aus rein ökonomischen Gesichtspunkten begrenzt.

Offensichtlich wäre Lösung Nummer eins für die Juden unannehmbar, während Nummer zwei von den Arabern abgelehnt würde. Nummer drei ist eingehend untersucht worden, aber laut Auffassung von unabhängigen Spezialisten wie den Mitgliedern der British Partition Commission ist Palästina ein zu kleines Land, um aufgeteilt zu werden. Kein Teil würde allein überleben können. Lösung Nummer vier hat sich, so vernünftig sie klingen mag, bereits für beide Seiten als unannehmbar erwiesen. Die Juden wollen die «willkürliche Einwanderungsbegrenzung», wie sie sie nennen, nicht hinnehmen. Fortgesetzte illegale Einwanderung ihrerseits würde die Araber dazu veranlassen, sich weiter «zu verteidigen». Kriegsähnliche Unruhen würden die Entwicklung des Landes endlos stören, und

Palästina würde für die Vereinten Nationen bei weitem kein Gewinn, sondern eine lästige Verpflichtung werden.

Realistisch gesehen ist Lösung Nummer fünf am erfolgversprechendsten, und zugleich ist sie vom Standpunkt der Gerechtigkeit vertretbar. Ein Zweivölkerstaat mit gleichen Rechten für beide Parteien wäre für ein von zwei Völkern bewohntes Land die logische Antwort.

Es gibt eine Anzahl bedeutender Persönlichkeiten, die sich in der B'rith Sholom (Friedensliga) zusammengeschlossen haben und solch eine Lösung befürworten. Eine der prominentesten unter ihnen ist der Amerikaner Dr. Judah L. Magnet, der Ehrenpräsident der Hebräischen Universität Jerusalem.

Der Zweivölkerstaat würde Arabern und Juden gleichermaßen den Zuzug nach Palästina erlauben, bis die Aufnahmefähigkeit des Landes erschöpft wäre. Die Juden würden zwar vollen Gebrauch von dieser Erlaubnis machen, aber die Araber würden eher ökonomisch profitieren als unter der verstärkten jüdischen Einwanderung zu leiden, und die religiösen Bindungen, die sie an das Land des Propheten haben, würden nicht beeinträchtigt.

Tatsächlich sind die Vorteile, die Lösung Nummer fünf bietet, erheblich. Sie würden den Juden die nationale Heimstatt geben, nach der sie sich so sehr sehnen – und – die Leiden, die ihnen unsere faschistischen Feinde aufgebürdet haben, rechtfertigen es durchaus, daß die Juden ein gewisses Maß an Hilfe und Trost bekommen. Lösung Nummer fünf könnte dazu beitragen, Palästina lebensfähig zu machen, zu einem Partner, mit dem wir Handel treiben können, ein stabilisierendes Element im Nahen Osten.

Ein solches Palästina wäre politisch und militärisch vollkommen verläßlich; es wäre ein Verbündeter, auf den die Vereinten Nationen zählen könnten.

Paris heute

Paris hat sich gar nicht sehr verändert, seit ich das letzte Mal dort war – im Sommer 1939. Der Verkehr ist natürlich nicht derselbe geblieben. Motorisierte Gefährte sind heute – abgesehen von Militärfahrzeugen – selten. Statt dessen findet man eine seltsame Mischung von Kutschen, Karren und «Vélotaxis», dazu Schwärme von Fahrrädern. Nein, Paris hat sich kaum verändert – sein berühmtes Gesicht ist nicht von Narben entstellt.

Die Beamten der Zivilbehörden fanden die Verhältnisse viel besser vor, als sie angenommen hatten. Obwohl es Hunger hatte, war Paris doch nie am Verhungern, und die Beamten versichern, daß es wieder genug Verpflegung geben wird, wenn die Transporteinrichtungen erst repariert und die Verkehrswege wieder für den Zivilverkehr geöffnet sind. Einer von ihnen stellte fest: «Paris wird wieder gut essen.»

Einige Pariser tun das schon jetzt. Der Schwarzmarkt blüht ganz offen – er ist eine halboffizielle Einrichtung, über die sich niemand aufregt. Für Geld kann man praktisch alles kaufen, und obwohl die Armen ärmer als anderswo sind, geht es den Wohlhabenden augenscheinlich viel besser als der gleichen Schicht in England. Verglichen mit London oder praktisch jeder anderen umkämpften Stadt diesseits des Ozeans erscheint Paris vom Krieg nahezu unberührt.

Es ist schwer zu sagen, wie trügerisch dieser Anschein wirklich ist. Alles in allem scheinen die Deutschen die Hauptstadt, die sie als Europas Vergnügungspark auserkoren hatten, mit Samthandschuhen angefaßt zu haben. Doch während sich viele Pariser mit diesem erniedrigenden Zustand abgefunden hatten, spielte eine ganz erkleckliche Zahl von ihnen dabei nicht mit.

Anführer der Résistance versichern, daß nicht weniger als 75 000 Männer und Frauen von den Deutschen hingerichtet wurden. Sie sagen auch, daß Paris trotz seines fröhlichen Äußeren gelitten hat. In der Gegenwart der Gestapo konnte niemand, konnten nicht einmal die kooperativsten Franzosen sicher sein, daß sie morgen noch am Leben sein würden. Die Luft war voller Furcht.

Paris ist nicht Frankreich. Aber Frankreich ist sehr zentralisiert, und sein Herz und sein Kopf sind in Paris zu suchen. Ich verbrachte ein paar Wochen damit, den Leuten zuzuhören und herauszufinden, was in den Köpfen derer vorgeht, an deren gemeinsame Entscheidungen sich das offizielle Frankreich wird halten müssen. Hier sind ein paar Bürger von Paris.

Capitain Pierre Neuville, zweiundzwanzig, ist Veteran einer der ältesten französischen Widerstandsbewegungen, des Corps Français. Als sein Land 1940 zusammenbrach, war der damals achtzehnjährige Pierre Student der Ingenieurwissenschaften. Mit einigen falschen Namen, von denen Neuville vermutlich der letzte ist, und mit einem Haufen falscher Papiere entkam dieser 96 Pfund schwere Taschenpartisan sieben Verhaftungsversuchen, einem davon durch die Vichy-Polizei. Einem seiner Papiere läßt sich entnehmen, daß Pierre Neuville aus einem Kriegsgefangenenlager als «überflüssiger Mediziner und als Kaplan» entlassen wurde.

Er selbst hat zehn Deutsche getötet und gibt an, für den Tod von mindestens 250 weiteren verantwortlich zu sein. Am 19. August – dem «D-Day» für den Pariser Untergrund – gewannen Capitain Pierre und seine Männer die erste entscheidende Runde der Schlacht von Paris für die F. F. I., indem sie die Île de la Cité einnahmen und verteidigten. Die Order des jungen Veterans wurden von Colonel Rol unterzeichnet, dem

obersten Befehlshaber der Pariser Streitkräfte des Inneren.
Das Papier ist Capitain Pierres stolzester Besitz.

Er erklärte mir, daß die F. F. I. in den ländlichen Regionen
Frankreichs mit alliierten Waffen ausgerüstet war, die mit
Fallschirmen abgeworfen wurden, die Kämpfer in Paris aber
damit auskommen mußten, was sie den Deutschen abgenom-
men hatten. «Das ging zum Beispiel so, daß man sich irgendwie ein Messer beschaffte», erzählte Pierre. «Mit diesem Messer bringt man einen Deutschen um und kriegt seine Pistole;
mit der Pistole erschießt man ein paar Deutsche und übernimmt ihr Maschinengewehr; mit dem Maschinengewehr
tötet man fünf Deutsche und schnappt sich ihren Panzer. Ich
wünschte, es wären noch mehr Deutsche da, oder die Alliierten würden nicht so schnell vorstoßen, damit wir mit ihnen
gleichziehen können.»

Als die Deutschen in Paris weniger wurden, begann Pierre
unruhig zu werden. Bei seinem letzten Fang – 200 Gefangene
am 1. September mitten in Paris – waren nur noch ein paar
Deutsche, Gestapomänner, die sich als F. F. I.-Angehörige ver-
kleidet hatten. Die übrigen waren Franzosen von Joseph Dar-
nands Vichy-Miliz. Seitdem hatte Pierre weder Glück noch
Benzin. Seine große Hoffnung ist, in die reguläre französische
Armee aufgenommen zu werden. «Dann kämen wir wenigstens dahin, wo bestimmt Deutsche sind – nach Deutschland!»

Aber Capitain Neuvilles Status bleibt zweifelhaft. Eine der
wichtigsten Fragen für General de Gaulle ist, was aus der F. F. I.
werden soll. Er fand eine Teillösung Ende September, die aber
nicht auf ungeteilte Zustimmung stieß. Er gliederte die F. F. I.-
Kämpfer und -Reserveoffiziere als F. F. I.-Einheiten in die französische Armee ein, ohne aber zu entscheiden, ob die F. F. I.-Of-
fiziere ihre alten Kommandos behalten sollten. Viele F. F. I.-
Angehörige sind als Ersatz für französische Divisionen an die

Front gekommen, aber die Lösung hat keinesfalls jedem gefallen.

Pierres Horizont ist ebenso begrenzt, wie es seine Wünsche sind. Wenn der Krieg einmal beendet und die Jagd vorüber ist, wird er es vielleicht schwer haben, sich wieder zurechtzufinden. Die politische Zukunft seines Landes interessiert ihn nicht. Er kümmert sich nur ums Kämpfen, obwohl er feststellen mußte, daß es eine teure Leidenschaft ist. Gegenwärtig hat Pierre, der wie die übrigen F. F. I.-Angehörigen ohne Sold diente, Schulden in Höhe von 325 000 Francs. Seine Männer mußten verpflegt werden, und es war Pierre, der das übernahm. Ihre Kleidung war ihnen nicht so wichtig. Trotzdem sehen die Befreier von Paris dem herannahenden Winter mit Besorgnis entgegen, denn ihre leichten Schuhe sind rissig, und ihre «Uniformen» sind eine bunte Mischung aus zivilen und militärischen Elementen, letztere von den Nazis; Regen- oder Wintermäntel haben sie nicht.

Mademoiselle Yvonne, sechsundzwanzig, arbeitet in einem Schönheitssalon. Obwohl ihr Einkommen bescheiden ist, ähnelt ihr Aussehen dem ihrer reichen Kundschaft. Ich hätte die schicke Yvonne niemals kennengelernt, wenn sie sich nicht so brennend für ihren eigenen Beruf und zugleich für meine amerikanische Uniform interessiert hätte, wegen der sie annehmen mußte, daß ich eine sprudelnde Informationsquelle sei.

«Entschuldigen Sie, daß ich Sie anspreche, aber wir sind hier so lange eingesperrt gewesen, daß wir nicht wissen, was im Rest der Welt vorgeht», sagte sie. «Was für Nagellack nimmt man jetzt in New York? Ich hörte, daß der Lippenstift jetzt dunkler ist als früher. Aber das sind nur Gerüchte, die ich mitbekommen habe. Stimmt es, daß es in London kaum noch Parfüm gibt?»

Ich wußte nichts über Nagellack und war mir nicht einmal hinsichtlich des Lippenstifts sicher. Aber als ich ihr erzählte, daß nicht nur diese, sondern auch alle anderen Schminkutensilien in London derzeit nicht zu bekommen seien, machte das einen tiefen Eindruck auf sie. «Mon Dieu!» waren ihre Worte. «Wie wenig man doch erfährt!»

Hier ist laut Yvonne alles ganz gutgegangen. Es gab keine Materialknappheit. Sogar Fett (für Gesichtscreme) und Alkohol (für Parfüm) waren reichlich vorhanden. Die Preise auf dem Schönheitsmarkt waren stabil geblieben, aber andere Preise waren in die Höhe geschnellt. Nylonstrümpfe waren beispielsweise so teuer geworden, daß sie sich keine mehr leisten konnte. Sie trug jetzt einfache Seidenstrümpfe.

Mein verwunderter Gesichtsausdruck veranlaßte sie zu erklären, es sei ganz gut gewesen, daß all diese Seide zu Strümpfen wurde. Sonst wäre sie nämlich zu deutschen Fallschirmen verarbeitet worden.

Paris sei eine leichtlebige Stadt und würde es immer sein, erklärte sie. Natürlich fühle man sich in Zeiten wie diesen «ein bißchen überflüssig», aber glücklicherweise war der Krieg ja so gut wie vorbei. Wenn Frieden sei, würde eine Menge Schönheitsprodukte aus den USA kommen, und man könnte in einen hübschen Laden an den Champs-Élysées ziehen. Ob ich sie nicht dort besuchen würde? Sie sei froh, mich kennengelernt zu haben!

Ich kannte Paul Eluard schon lange, bevor Hitler eine Bedrohung wurde. Der junge Dichter war ein prominenter Surrealist, ein hervorragendes Mitglied einer Gruppe französischer Schriftsteller, deren literarischer Stil so radikal war wie ihre politische Haltung.

Eluard ist ein leidenschaftlicher Kämpfer und ein glühender

französischer Patriot. Aber sein Nationalismus steht keinesfalls im Widerspruch zu seiner kommunistischen Einstellung.
Ganz im Gegenteil, denn zur Zeit schreibt die Partei eine
strenge «Frankreich zuerst»-Linie vor, und auf dieser Basis
treffen Kommunisten und Gaullisten zusammen. Die Kommunisten sind sehr aktiv in der Résistance gewesen. Im in-
dustriellen Paris machten sie einen Anteil von etwa fünfundvierzig Prozent beim kämpfenden Untergrund aus, in den
ländlichen Gebieten bis zu dreißig Prozent. Dementsprechend
erwarten sie, bei der Errichtung eines neuen Frankreich nicht
nur eine Nebenrolle zu spielen.

Ebensowenig sind sie geneigt, zu vergessen und denen
zu vergeben, die sie für Verräter halten. Als wir uns über die
Notwendigkeit einer geistigen Führung unterhielten, die von
unzuverlässigen Elementen gereinigt werden sollte, nannte
Eluard eine Reihe von Autoren, die man demnächst zur Verantwortung ziehen wolle. Er erwähnte Céline, de Monther-
lant, Jouhandeau, Jaloux, Pascal, Giono und Benoist-Méchin.
Sacha Guitry, der berühmte Dramatiker und Schauspieler, sei
schon gefaßt worden. Als ich bemerkte, daß die Liste kurz sei,
zuckte er die Achseln. «Sie ist unvollständig», meinte er, «aber
der Welt mitzuteilen, daß es einen noch höheren Anteil von
Verrätern gibt, wäre nicht im Interesse Frankreichs.»

Als es daran ging, bekannte Résistance-Schriftsteller zu
nennen, war er gesprächiger. Unter den vielen von ihm ge-
nannten waren Mauriac, Duhamel, Aragon und der Nobel-
preisträger Roger Martin du Gard. Von André Malraux, über
den er mit besonderer Sympathie sprach, hieß es, daß er ver-
schollen sei, aber später tauchte er wieder als Kommandeur
der F. F. I. im Bezirk Limoges auf. Der berühmte Autor von «La
Condition Humaine» war aus einem Gestapogefängnis ausgebrochen und hatte sich wieder in den Kampf gestürzt.

Einen anderen Schriftsteller, den jungen Jean Prévost, nannte Eluard einen der vielversprechendsten Autoren der zeitgenössischen französischen Literatur. Dieses Versprechen wird niemals eingelöst werden können. Prévost ist von den Deutschen gefangengenommen und hingerichtet worden. André Gide, der große Romancier, der noch vor unseren Truppen Tunis erreichte, kommt demnächst zurück. Seine zwanzigjährige Tochter Catherine half mit, Paris zu befreien.

Zuerst nannte er mir seinen richtigen Namen. Aber dann überlegte er es sich und bat darum, Monsieur Geo genannt zu werden. In seiner Position müsse man immer noch vorsichtig sein, sagte er. Monsieur Geo war der Leiter der Pariser Dienststelle, die vorübergehend für politische Gefangene zuständig war. Er zeigte mir die Liste der Gefangenen, die in der Polizeizentrale festgehalten werden. Die Anschuldigungen gegen sie lauten: «Handel mit dem Feind», «Kollaboration», «Mitgliedschaft in der Miliz», «verdächtiges Auftreten», «prodeutsche Aktivitäten» usf.

Eine Angeklagte, die Pressefotografin Julie Bizzari, wurde nicht nur «antifranzösischer Aktivitäten» beschuldigt, sondern auch, daß sie ihren Ehemann von den Deutschen habe erschießen lassen. Trotzdem war Julie kein Opfer des Volkszorns geworden. Sie war wohlbehalten bei der Präfektur eingetroffen. Nicht alle haben soviel Glück gehabt. Ob ich jemand sehen wolle, den die F. F. I. bestraft hatten?

Eine rumänischstämmige Französin mittleren Alters wurde hereingebracht. Angesichts der Tatsache, daß sie zugegeben hatte, 57 französische Patrioten an die Gestapo verraten und ausgeliefert zu haben, war es ihr bei ihrer Gefangennahme noch nicht allzuschlecht ergangen. Man hatte ihr die Haare abrasiert, aber ihr erlaubt, ihre Schande unter einem hübschen

Turban zu verbergen. Doch auch so war sie abgrundtief häßlich.

Eine andere «Collaboratrice», eine blasse Nachtclubsängerin
mit unruhigen Augen, wurde vorgeladen. Darnand hatte sie
dafür bezahlt, gegen die F. F. I. zu arbeiten; sie hatte sich aber
unterbezahlt gefühlt und tauchte bei der Präfektur auf, um
ihre Vichy-Freunde zu verraten. Ihr Kopf war nicht rasiert,
und sie schien sich nicht im mindesten zu schämen.

Die politische Säuberung von Paris ist alles andere als einfach.
Monsieur Geo erwähnte zwei Schwierigkeiten. Jede Säuberung
solcher Art ist eine Versuchung für viele, die sich persönlicher
Feinde entledigen wollen. Ständig gehen Denunziationen bei
der Präfektur ein, und es wird lange dauern, bis sie aufgenommen und bearbeitet sind, erklärte er. Außerdem suchten eine
Menge kleiner Verräter Schutz in den Reihen der F. F. I., als
ihnen der Boden zu heiß wurde. Und da die F. F. I. nicht jeden Fall
prüfen konnten, neigten sie dazu, jeden aufzunehmen, der
kämpfen wollte. Diese späten Wendehälse zu enttarnen, von
denen einige in der Tat bei der Befreiung von Paris mitgeholfen
haben mögen, wird schwierig sein.

Eine dritte Schwierigkeit, die Monsieur Geo nicht erwähnte,
betrifft zahllose wohlhabende und einflußreiche Männer und
Frauen, die womöglich ohne verräterische Absicht mit dem
Feind Handel trieben oder kooperierten. Wenn alle von ihnen
angeklagt werden sollten, wäre das ein revolutionärer Haus-
putz von unabsehbaren Dimensionen. Falls die Widerstandsbewegungen nicht größten Druck auf General de Gaulle ausüben, dürfte es unwahrscheinlich sein, daß er sich auf so ein
riesiges Unternehmen einläßt.

Aber politische Säuberungen werden in jedem Bereich des
öffentlichen Interesses geplant. Der Verband der Untergrund-
presse, das Komitee für die Befreiung des Kinos und der Be-

auftragte für die Säuberung des Theaters sind kaum weniger lautstark in ihren Forderungen als das Nationale Schriftstellerkomitee. Es bleibt abzuwarten, wie gründlich die Reinigung sein wird. Aber schon jetzt ist klar, daß eine Vielzahl von Problemen auf die Säuberungsbeauftragten zukommt. Vor kurzem wurde bei einem Treffen zur Bildung eines Komitees für die Säuberung des Verlagswesens eine Liste mit zwölf Namen vorgelegt, aber es stellte sich heraus, daß einige dieser Kandidaten selbst nicht über jeden Verdacht erhaben waren. Sie hatten «ein bißchen» kollaboriert und könnten wohl kaum über ihre Kollegen richten. Zwölf Pariser Verleger zu finden, die hohe fachliche Kompetenz mit vollständiger politischer Integrität vereinigen, war alles andere als einfach. Als ich das Treffen verließ, war noch keine Entscheidung gefallen.

Die Schlacht von Paris war im August vorbei.

Aber war sie das wirklich? Und ist sie es jetzt? Es gibt manche, die das bezweifeln, und manche, die denken, daß der Kampf vielleicht auf andere Weise weitergeht und daß Paris trotz aller offensichtlichen Fröhlichkeit eine Stadt ist, die Anlaß zur Sorge gibt.

Vier Jahre Besatzungszeit haben genausoviel Apathie, Ignoranz und Korruption wie Mut und den Willen zur moralischen Erneuerung hervorgebracht. Wer sich geweigert hat, dem Feind Hilfe zu leisten, mag es jetzt schwer finden, irgend jemandem zu helfen. Das Gesetz zu brechen, sehr langsam oder überhaupt nicht mehr zu arbeiten, Sabotage und passiven Widerstand zu üben, das war alles eine wunderbare Sache vor der Befreiung. Heute ist es das nicht mehr. Und während damals die glühende «Frankreich zuerst»-Einstellung vieler für alle annehmbar war, ist sie es jetzt nicht mehr. Auch wird der politische Waffenstillstand, auf den man sich angesichts der Invasion stillschweigend geeinigt hatte, voraussichtlich nicht von langer Dauer sein. Schon jetzt prallen die Standpunkte aufeinander. Die Frage, was man mit der F. F. I., also mit einer Million bewaffneter Franzosen, anfangen soll, ist ein Beispiel dafür.

Frankreich ist nicht Europa, und Europa ist nicht die Welt. Aber Europa wird friedlich sein müssen, damit die Welt Frieden findet. Und Frankreich ist das eine Land auf dem Kontinent, das die Führung übernehmen kann. Die Gesundheit Westeuropas wird von der moralischen, physischen, politischen, militärischen und wirtschaftlichen Kraft Frankreichs abhängen. Damit trägt Paris, das Herz und der Kopf Frankreichs, die Bürde der schwersten Verantwortung. Seine Erholung, seine Wiedergeburt und seine umfassende Wiederbelebung sind für den Frieden auf der Welt unabdingbar.

Schreiben in der Nachkriegszeit

1945 – 1969

Das befreite Berlin

Was einmal Berlin war – eine europäische Hauptstadt wie andere auch –, ist heute der unwirklichste Ort, den man sich nur vorstellen kann. Während ich Sie herumführe, möchte ich, daß Sie Berlin aus drei Blickwinkeln betrachten. Sie werden
1. die Stadt selbst;
2. ihre deutschen Einwohner;
3. ihre Eroberer kennenlernen.
Schon der erste Aspekt – Berlins äußere Erscheinung – ist schwer zu beschreiben. Wir hatten gewußt, daß die Stadt zerstört war, und wir hatten viele andere Städte in Ruinen gesehen. Aber noch nie zuvor waren wir auf solch gigantische Verwüstung gestoßen. Gäbe es nicht eine Reihe von Wahrzeichen, die, obwohl teilweise zerstört, erkennbar bleiben, man

würde sich in den einst bekannten Straßen leicht verlaufen. Besonders der Westen, aber auch das Zentrum und der Osten sind nur noch eine Art Mondlandschaft – ein Meer der Zerstörung, uferlos und unendlich.

Gegenüber von den Überresten der Kaiser-Wilhelm-Gedächtniskirche erkennen Sie die Tauentzienstraße und den Kurfürstendamm, die modischsten Boulevards des Westteils. Wenn Sie durch das Brandenburger Tor gehen, sehen Sie die berühmte Straße Unter den Linden. Da dies der Kanal ist, muß das der Lützowplatz sein. Das Wasser riecht faul und süßlich. Wie viele Tote mögen unter diesen Ruinen begraben sein?

Sie sehen genügend lebendige Menschen. Da gibt es Reihen von Frauen, die meisten von ihnen schon älter, die den Platz von Trümmern räumen und ganze Karren mit Schutt und zerbrochenen Ziegeln weiterschieben. Gut gekleidete Herren mit Aktentaschen klettern geschäftig über kleine Schutthaufen. Deutsche Mädchen mit Fahrrädern lächeln amerikanischen G.I.s zu. Und ein russischer Soldat, sein asiatisches Bauerngesicht ganz voller Lächeln und Stolz, konsultiert seine frisch «befreite» Armbanduhr.

Es ist Musik in der Luft – eine alte preußische Melodie, fröhlich und militärisch. Wenn Sie dem Klang folgen, kommen Sie zu dem, was einmal ein großes Mietshaus gewesen sein muß. Es ist vollkommen zerstört. Daß irgend jemand hier leben und Lust dazu haben sollte, einen Marsch auf einem rätselhafterweise geretteten Klavier zu spielen, ist kaum zu glauben. Berlin ist kaum zu glauben. Es ist ein Alptraum, wie noch keiner geträumt wurde.

Was ist es, das diese Stadt so unwirklich macht? Die Ruinen selbst sind nur das vorhersehbare Ergebnis von Monaten alliierter Bombardierung und wochenlangem russischem Sperrfeuer. Man könnte auch sagen, daß sie der physische Ausdruck

eines moralischen Verfalls ohnegleichen sind. Der gegenwärtige Zustand Berlins ist auf eine schreckliche Art gerecht und
logisch.

Und was ist mit seinen Menschen? Passen sie in das Bild?
Harmonieren ihre Gesichter und Stimmen mit dem Aussehen
ihrer Stadt?

Das tun sie nicht, und es ist genau diese Diskrepanz, die den
Alptraum hervorruft.

Die Berliner sind überwiegend gut angezogen und insgesamt ziemlich gut ernährt. Sie bewegen sich zügig, sprechen
laut und lassen nicht die geringste peinliche Berührtheit erkennen, geschweige denn eine Spur von Schuldgefühl. Weil
Hitler den Krieg verloren hat, nehmen viele von ihnen Anstoß
an Hitler. Aber sie denken nicht, daß jemand an ihnen Anstoß
nehmen könnte. Im Gegenteil: Die Feinde von gestern, so
hofft man, werden die großzügigsten Freunde von morgen
sein. Von den Westalliierten erwartet man, daß sie es schaffen,
Berlin wieder auf die Beine zu bringen: Sie werden Nahrungs-
mittel schicken – eine Menge davon; sie werden dabei helfen
zu reparieren, was sie zerstört haben; und sie werden Deutschland vor den Russen schützen. Goebbels' Lieblingsverspre-
chen ist noch immer nicht aufgegeben worden, und der
Durchschnittsberliner sieht freudig einem Bruch in unseren
Beziehungen mit den Sowjets entgegen. Wenn Letztere von
der Bühne entfernt werden könnten, wäre alles gut. Denn, wie
ein Berliner es ausdrückte: Die Franzosen werden uns hassen,
aber die Franzosen zählen nicht. Die Briten werden uns igno-
rieren, aber das tut nicht weh. Aber die Amerikaner werden
uns helfen, und das ist entscheidend.

Schon jetzt kann man sich in Berlin gut amüsieren. In An-
betracht der geringen Zahl von bewohnbaren Gebäuden ist das
Angebot an Unterhaltung erheblich. Drei Theater, über ein

Dutzend Kabaretts und unzählige Bars haben neu eröffnet und sind immer voll. Es gibt Konzerte und Shows. Bald wird es auch eine Oper geben.

Während sich nur ein winziger Bruchteil der 2 750 000 Einwohner (Vorkriegsbevölkerung viereinhalb Millionen) diese Annehmlichkeiten leisten kann, scheint das die meisten Menschen nicht zu stören. «Nach so viel Leid», meinen sie, «ist es normal, daß die Leute sich entspannen möchten.»

Sie sagen auch, daß viele Kellner, Barmänner, Musiker und Köche ein gutes Auskommen in diesen Unterhaltungseinrichtungen haben, die nebenher häufig als Zentren für den Schwarzmarkt dienen.

Hier ist jeder an Schwarzmarktaktivitäten beteiligt. Wenn Sie sehr reich sind, sind Sie lediglich ein Käufer. Sonst verkaufen Sie zuerst und kaufen dann. Eine Handvoll Kleidermarken verwandeln sich in ein paar tausend Mark, die sich gegen ein paar Pfund Butter, Zucker und Fleisch tauschen lassen. Die Mark ist offiziell abgewertet worden, und der Kurs steht zur Zeit bei 10 Invasions-Cent. Aber auf dem heimischen Markt ist ihre angebliche Kaufkraft 41 Cent.

Hier ein paar Preise, die im Moment für Schwarzmarktware gezahlt werden:

Butter 1000 Mark das Pfund; Zucker 175 Mark; Kaffee 500 Mark; Tee 600 Mark. Was amerikanische Zigaretten angeht, kosteten sie 30 Mark das Stück, als unsere Truppen ankamen.

«Und können Sie sich vorstellen, was dann passiert ist?» fragte ein Schwarzmarkthändler verärgert. «Heute nachmittag habe ich ein paar von euren Jungs gesehen, wie sie Zigaretten für fünf und sechs Mark das Stück verschleudert haben. Ich bin mir sicher, daß die das nicht noch mal machen; ich kann Ihnen heute nicht mehr als zehn Mark pro Stück bieten.»

Während des Krieges wurde der Schwarzmarkt im wesentlichen aus zwei Quellen gespeist. 75 Prozent der Ware kamen von der Gestapo, der Wehrmacht und dem Außenministerium, die ihre europäische Beute losschlugen. Die restlichen 25 Prozent waren undeklarierte Bestände aus deutschen Fabriken und Warenlagern.

«Und wer machte den Verkauf?» fragte ich.

«Flüchtlinge», erfuhr ich, «Zwangsarbeiter, die aus Arbeitslagern entkommen waren; Juden, die abgeholt werden sollten; Deserteure; Kriminelle; ein bunter Haufen – die neue Unterwelt. Viele waren von Natur aus anständig. Aber Illegalität ist teuer. Man braucht den Schwarzmarkt, um sie zu bezahlen. Meine eigene Schwarzmarktmiete lag nie unter 1000 Mark im Monat.»

Da der deutsche Handel und die Industrie so gut wie brachliegen und europäische Beute nicht mehr zu haben ist, beginnen die Schwarzmarktaktien in den Keller zu gehen. Die jetzige Ware wurde kurz vor dem Ende gestohlen, als das Chaos regierte und Plünderung an der Tagesordnung war.

«Die Anständigkeit», sagte mein Lieblingsschwarzmarkthändler, ein blasser junger Belgier, «hat Berlin verlassen, aber Berlin weiß es noch nicht.»

«Sie wissen es nicht», sagte Johannes R. Becher, der deutsche Dichter und Patriot, der im Geleit der Roten Armee aus Moskau zurückgekehrt ist. «Weder erkennen sie die Größe der Katastrophe, die Deutschland befallen hat, noch verstehen sie ihre Ursachen. Hitler, sagen sie, mag schuldig sein. Aber wir, das Volk, sind es nicht.»

«War sich der durchschnittliche Deutsche voll über die Verbrechen im Klaren, die in seinem Namen begangen wurden?» fragte ich.

Er nickte.

«Unser Volk», sagte er, «ist moralisch aus der Bahn gekommen – Zivilisten und Soldaten gleichermaßen. Ich wünschte, ich könnte Ihnen sagen, daß es die Gestapo und eine Clique degenerierter Junker waren, die in Rußland gemordet haben. Aber ich habe die Wehrmacht bei der Arbeit gesehen; ich habe mit Soldaten gesprochen und habe gelesen, was sie schrieben. Nehmen Sie folgendes, durchaus typisches Beispiel. Ein junger Leutnant, sehr gebildet, an seinen Eltern hängend, ein eher sentimentaler als brutaler Typ, machte zwei Eintragungen in sein Tagebuch – machte sie wohlgemerkt auf zwei gegenüberliegenden Seiten und unter dem gleichen Datum. Die eine war ein Gedicht von Goethe, das er auswendig konnte und nicht vergessen wollte. Die andere las sich wie folgt: ‹Es ist eine seltsame Sache. Als ich die erste Russin in den Rücken schoß, zitterte ich. Jetzt fühle ich mich nicht wohl, wenn ich nicht zehn pro Tag erschieße. Jedesmal, wenn ich abdrücke, kriecht etwas Warmes und Angenehmes mein Rückgrat hoch.›»

Er hielt inne.

«Was wir überwinden müssen», sagte er schließlich, «ist nicht nur die Nazi-Infektion, sondern auch die Prädisposition, die die Nation so anfällig für Hitlers Gift gemacht hat. Wir müssen ihnen diese fatale Disposition bewußtmachen – oder, in weniger klinischen Worten, wir müssen Deutschland von seiner historischen Schuld überzeugen.»

Ich verließ ihn voller Erstaunen. Hier war ein deutscher Kommunist, der wie Lord Vansittart sprach. Dazu war er – wie ich bald feststellte – nicht das einzige Exemplar seiner Gattung.

Darf ich vorstellen: Hans Mahle, Intendant des Rundfunks von Berlin, der hier im August 1944 mit dem Fallschirm ankam. Nach dem Attentat auf Hitler am 20. Juli entschied man in Moskau, die Zeit sei reif, um die deutschen Massen durch eine Reihe von geschulten Widerstandskämpfern zum revolutionären Handeln anzustacheln. Der in Rußland ausgebildete Hans Mahle war unter denen, die für die Aufgabe ausgewählt wurden.

«Wir hätten es schaffen können», erzählte er mir, «wenn unser Volk nicht so träge gewesen wäre.»

«Und jetzt», sagte ich, «geben Sie ihnen – allen von ihnen – die Schuld für das, was passiert ist?»

«Unser gesamtes Erziehungsprogramm basiert auf dem Eingeständnis der deutschen Schuld – etwas, das für viele unserer Hörer schmerzhaft ist. Sie schreiben nach wie vor ablehnende Briefe; auf die bezeichnendsten von ihnen antworten wir im Funk.»

Er zeigte mir eine Reihe von Funk-Manuskripten. Das folgende wurde am 16. Juni 1945 gesendet.

«Hier spricht Berlin. Unser Sonderprogramm: ‹Sie fragen, wir antworten›. Herr Willi Lehmann, Metallarbeiter aus Neukölln, Bergstraße 52/53, bezeichnet unsere Behauptung als ungerecht, die deutschen Arbeiter seien für die Taten des Hitlerregimes mitverantwortlich. Waren es nicht gerade die Arbeiter, fragt er, die am schwersten bei ihrem Kampf gegen den Faschismus litten? Wir antworten: Obwohl wir uns der Opfer der deutschen Arbeiter in ihrem Kampf gegen die Nazis voll bewußt sind, betonen wir dennoch, daß die riesige Mehrheit keinen Widerstand leistete. Passiv ließen sie Hitler regieren und bejubelten seine militärischen Siege.

Die Arbeiterschaft, sagt Herr Lehmann, war ihrer Führer beraubt, und Goebbels' Propagandamaschine war allmächtig. Aber – antworten wir – hätte Hitler je an die Macht kommen können, wenn die, die vor 1933 vor ihm gewarnt hatten, von einer vereinten und entschiedenen Arbeiterklasse unterstützt worden wären? Viele – sagt Herr Lehmann – fielen auf Hitlers

Versprechungen herein. Unsere Antwort: Vielleicht taten sie
das, ganz am Anfang. Bald mußte ihnen jedoch klar sein, daß
Hitler einen Krieg vorbereitete. Denn sicherlich wußten sie,
was sie selbst in den Rüstungsfabriken produzierten. Und als
der Krieg da war? War es nicht der deutsche *Arbeiter*, der weiterhin Hitlers Waffen schmiedete und der mit der Waffe in der
Hand für seine verbrecherischen Ziele kämpfte? Bekamen
nicht zahllose Arbeiterfamilien Pakete – Pakete mit Dingen,
die in anderen Ländern gestohlen worden waren? ... Viele
versichern heute, man hätte nichts tun können. Das ist vollkommen falsch. Nie zuvor war die Nation derart bewaffnet
wie in den gerade vergangenen Jahren. Aber obwohl einige
wenige mutige Söhne unseres Volkes bewiesen haben, daß
Widerstand möglich war, machte die überwältigende Mehrheit bis zum letzten mit. Sie machte damit sogar zu einer Zeit
weiter, als die Terrormaschine der Nazis vollkommen desorga-
nisiert war und gegenüber einer entschlossenen Opposition
zusammengebrochen wäre. Nehmen Sie die italienischen
Arbeiter aus Turin, die schon 1943 losschlugen; die Arbeiter
des kleinen Dänemark, die eine deutsche Militäranlage nach
der anderen in die Luft jagten; die Arbeiter von Frankreich,
die schreckliche Verluste erlitten, als sie für ihre Befreiung
kämpften. Nein! Wir müssen es klar und deutlich zugeben:
Unser Volk, einschließlich der Arbeiterklasse, ließ sich zu Hitlers Werkzeug machen. Nur wenn wir diese unsere Schuld erkennen, können wir aus der Vergangenheit lernen und die
richtigen Schlüsse für die Zukunft ziehen.»

Die Sendung – eine von vielen ihrer Art – war eine erstaunliche Lektüre. Was sie mit solch glühender Beredsamkeit ver-
trat, war purer und einfacher Vansittartismus. Die deutschen
Programme, die von der amerikanischen Armee übertragen
wurden, wirkten im Vergleich dazu zahm.

«Aber im wesentlichen», sagte Herr Mahle, «ist Ihr Ansatz und unserer der gleiche. Es sind nur die Methoden, die sich unterscheiden. Während wir eine Menge Unterhaltung zusammen mit unserem Erziehungsmaterial bieten, verzichten Sie darauf, ihre Hörer zu amüsieren. Und wo wir Deutsche zu Deutschen sprechen lassen, setzen Sie Amerikaner ein.»

Diese Definition des Unterschieds zwischen der russischen Einstellung gegenüber Deutschland und der angloamerikanischen betrifft nicht nur Radiosendungen. Auch sind es nicht lediglich die «Methoden», die sich unterscheiden. Unsere Politik basiert auf folgenden Grundsätzen, im Unterschied zur russischen:

Die Deutschen haben bewiesen, daß sie sich nicht selbst regieren können. Bis auf weiteres müssen die Besatzungsarmeen die Zügel in der Hand behalten. Während gewisse administrative Vollmachten an bestimmte Deutsche verliehen werden können, ist es Sache der Alliierten, über das kulturelle und geistige Leben der Nation zu bestimmen. Was die deutsche Politik anbetrifft, darf es überhaupt keine geben. In den amerikanischen wie auch in den britischen Sektoren sind die Presse und der Rundfunk in den Händen der jeweiligen Armee. Eine Tageszeitung pro Stadt ist alles, was zulässig ist. In Wirklichkeit bekommen die Einwohner benachbarter Orte oft die gleiche Zeitung, wenn auch mit anderem Titel. Die Auswahl internationaler, nationaler und lokaler Nachrichten, die sie enthält, wird in objektiver, nicht-propagandistischer Weise präsentiert. Eher durch ihren Ursprung als durch ihren Charakter wird sie trotzdem von vielen Deutschen als «alliierte Propaganda» angesehen. Was die Schulen anbetrifft, sind sie dort wiedereröffnet worden, wo genug Bücher aus der Zeit vor Hitler gefunden wurden, um einen entnazifizierten Lehrplan zu garantieren. Neue Bücher sind noch nicht publiziert worden. Den alten Lehrern, selbst wenn sie für akzeptabel gehalten werden, wird nicht gestattet, ihren eigenen Unterricht zu gestalten. Deutsche dürfen zur Kirche gehen, aber sie dürfen sich ansonsten nicht an öffentlichen Plätzen versammeln. Auch dürfen sie keine politischen Gruppen oder Parteien bilden. Alliiertes Personal wird von deutschen Künstlern unterhalten. Deutsche werden überhaupt nicht unterhalten. Theater und Kinos sind in unseren Sektoren geschlossen, während Restaurants, Bars und Bierkeller geöffnet sind.

Dagegen argumentieren die Russen folgendermaßen: Wenn die Deutschen bewiesen haben, daß sie sich nicht selbst regieren können, dann müssen sie es jetzt lernen. Alle demokratischen, antifaschistischen Kräfte sind ermutigt, aktiv an der Entnazifizierung des Landes teilzunehmen. Im Interesse der nationalen Einheit können nicht mehr als vier politische Parteien zugelassen werden. In der neu geschaffenen «Einheitsfront» werden Kommunisten und Sozialdemokraten dazu aufgerufen, mit Mitgliedern der Christlich Demokratischen Union (der früheren katholischen Zentrumspartei) und der gemäßigt rechten Liberalen Partei (der früheren Demokratischen Partei) zusammenzuarbeiten. Die Einheitsfront wird von Wilhelm Pieck geleitet, dem Vorsitzenden des Zentralkomitees der Kommunistischen Partei Deutschlands. Die Berliner Presse, obwohl strikt von den Russen kontrolliert, wird von Deutschen gemacht und soll alle zulässigen politischen Meinungen widerspiegeln, wie auch der Rundfunk von Berlin, obwohl von Hans Mahle geleitet, (zumindest im Prinzip) alle Standpunkte vertreten soll.

Papier und Transportmittel sind knapp in Berlin. Während eines zehntägigen Aufenthalts hatte ich nicht einmal das Glück, eine Zeitung auf der Straße zu kaufen. Man kann Zeitungen in einem Büro bekommen oder sie in einer Menschenmenge an einer öffentlichen Anschlagtafel lesen. Wenn man Radio hören will, muß man vielleicht noch weiter laufen. Rundfunkempfänger, die der Zerstörung entgingen, entgingen selten der Aufmerksamkeit der Roten Armee. Letztere ist sehr dafür, daß man sich informiert, aber erwartet, daß man das aus eigener Kraft tut. Die Kinder müssen in die Schule gehen, ob Bücher da sind oder nicht.

«Wo es keine Bücher gibt», wurde mir von Otto Winzer berichtet, einem 43 Jahre alten, von den Russen ausgebildeten Kommunisten, Leiter der Abteilung Volksbildung im Berliner Magistrat, «werden ganze Schulklassen von ihren Lehrern zum Aufräumen der Straßen mit hinausgenommen. Und es wird ihnen gesagt, warum das getan werden muß; warum Berlin zerstört werden mußte; und warum sie selbst, die frühere Hitlerjugend, es ausgraben müssen.»

«Wie viele Jahre wird es dauern», fragte ich, «um den deutschen Geist neu zu gestalten?»

«Unser Haar», sagte er, «kann über der Arbeit weiß werden, und vielleicht erleben wir noch nicht einmal ihr Ende. Wir wissen nur, daß sie getan werden muß und daß wir hier sind, um sie zu tun ...»

Er hielt inne, ohne die Stimme gesenkt zu haben, und als ob ihn die Ungeheuerlichkeit seiner Aufgabe plötzlich zum Schweigen gebracht habe. Seine Zuversicht war von einer verzweifelten Aufrichtigkeit, aber sie klang wie die Äußerung eines Mannes, dem auferlegt ist, das Meer trockenzulegen.

Es gibt nichts Verzweifeltes an der Zuversicht, die man an den alliierten Machthabern von Berlin beobachten kann – obwohl auch sie weit davon entfernt sind, die Kompliziertheit ihrer Mission zu unterschätzen. Berlin, das wissen sie, ist ein Testfall. Deutschland muß von hier aus regiert werden. Und die Fähigkeit, sich über Deutschland zu einigen, ist das Maß aller interalliierten Zusammenarbeit.

Als die westlichen Besatzungsmächte nach Berlin kamen, stießen sie auf eine Reihe russischer faits accomplis, die ihre Befehlshaber in eine schwierige Lage versetzten. Ein Beispiel: Nach unserer ursprünglichen Konzeption waren weder Theatervorstellungen noch politische Aktivitäten in unseren Zonen zulässig. Aber wären sie wirklich verboten worden, dann hätten vergnügungssuchende und politisch interessierte Berliner den russischen Sektor überschwemmt, und nichts wäre damit gewonnen worden. Obwohl beide Seiten eine Strategie des Gebens und Nehmens verfolgen und keiner mit dem anderen wetteifern will, kann man sagen, daß die Sowjets folgende Vorteile genießen:

1. Ihre Anwesenheit hier neun Wochen vor unserer Ankunft.
2. Eine langfristige Politik, die darauf zielt, sich Freunde zu machen und die Menschen zu beeinflussen.
3. Ihren Einfluß auf eine große Zahl von Agenten, deutschen Kommunisten, von denen man sicher sein kann, daß sie jeden russischen Vorschlag nicht nur akzeptieren, sondern leidenschaftlich unterstützen werden.

Während die Berliner Verwaltung, wie sie von den Sowjets eingerichtet wurde, auf einer breiten, demokratischen, antifaschistischen Basis aufgebaut ist, hat man die meisten politischen und erzieherischen Schlüsselpositionen mit bewährten Genossen besetzt. Weniger wichtige Stellen in der Stadtregierung und anderswo werden von bekannten Nicht-Kommunisten eingenommen. So ist der Oberbürgermeister, der 68-jährige Dr. Arthur Werner, parteilos. Sein Stellvertreter ist Sozialdemokrat. Einen früheren Zentrums-Abgeordneten im Deutschen Reichstag, Dr. Andreas Hermes, in der Weimarer Republik Landwirtschaftsminister und letzter überlebender politischer Anführer der Verschwörung der Generäle gegen den «Führer», hat man zum Beauftragten für das Ernährungswesen gemacht. Sogar im «Freien Deutschen Gewerkschaftsbund» werden alle wesentlichen Strömungen vertreten sein. Ein vorbereitendes Komitee für Groß-Berlin ist schon gegründet worden, und 230 000 Berliner Arbeiter haben bereits die Mitgliedschaft beantragt. Drei der Komiteemitglieder (einschließlich des geschäftsführenden Sekretärs) gehören der Kommunistischen Partei an; die übrigen fünf (darunter der 75jährige Präsident) dienen als Beweis für seine wirklich demokratische Zusammensetzung.

Da die Russen das Zentrum von Berlin (Berlin-Mitte) besetzen, kontrollieren sie den alten Verwaltungsbezirk der Stadt. Alle zentralen Dienststellen, die sich in unseren Sektoren befanden, sind in die schrecklich zerstörte Sowjetzone verlegt worden.

Im Interesse eines reibungslosen Ablaufs und der interalliierten Einigkeit haben die Westalliierten den Aufbau Groß-Berlins im wesentlichen so belassen. Von den Sowjets ernannte Amtsinhaber in unseren Sektoren werden weder blind akzeptiert noch willkürlich entlassen.

«Wir behandeln sie, wie wir jeden empfohlenen Bewerber behandeln würden», sagte mir Colonel Frank L. Howley, amerikanischer G.5-Offizier des Berlin District Headquarter. «Wenn sie uns nach genauer Überprüfung und Befragung nützlich erscheinen – alright. Wenn nicht, fliegen sie raus.»

Die alliierte Militärregierung funktioniert auf mehreren Ebenen. Von den 21 Verwaltungsbezirken der Stadt sind 6 von den Amerikanern besetzt. Jeder Bezirk hat seinen eigenen Bürgermeister, seine eigenen Gerichte und Polizeiwachen und seine eigenen besonderen Probleme. Wann immer möglich, werden solche Probleme auf örtlicher Ebene von Abgesandten der zweiten oder G.5-Ebene behandelt. Mit Unterstützung eines Stabs von Spezialisten und mit sektorenweiten Vollmachten listet Colonel F. L. Howley jede in unserer Zone auftretende Schwierigkeit auf und bekämpft sie. Da eine Großstadt außerdem ein organischer Körper ist, dessen Glieder nicht einzeln existieren können, trifft sich der Colonel regelmäßig mit seinen britischen, russischen und französischen Kollegen. Fragen, die nicht auf der G.5-Ebene entschieden werden können, werden an die Stadtkommandanten von Berlin weitergeleitet – Generalmajor Parks (für die Amerikaner), Generalmajor Lyne (für die Briten), Generaloberst Gorbatov (für die Russen) und Generalmajor Koenig (für die Franzosen). Wie ihre ausführenden Offiziere der G.5-Ebene stehen die vier Militärgouverneure in ständiger Verbindung. Auf höchster Ebene werden politische Fragen vom Alliierten Kontrollrat für das besetzte Deutschland behandelt. Seine Mitglieder, die Generäle Eisenhower, Montgomery, Schukow und Delattre, sind nur ihren jeweiligen Regierungen gegenüber verantwortlich.

So erhebt sich der riesige Baum, in dessen Schatten alle Deutschen lernen müssen zu leben, von den Ruinen von Berlin bis zum Himmel über Paris, London, Moskau und Washington.

Wer das Schwert nimmt ...

Während sich der Vorhang in Nürnberg hebt und die Vorstellung beginnt, ist sich kaum jemand im Publikum klar darüber, wie gründlich diese Inszenierung – der Prozeß gegen die

Kriegsverbrecher der Achsenmächte – geprobt wurde, auf wie viele Bühnen, in wie vielen Ländern und mit welchem Aufwand an Zeit, Anstrengung und Geld.

Die sensationelle Besetzung ist auf seltsame Weise inkongruent. Die Stars nämlich werden um ihr Leben spielen; die Diener des Rechts, die über den Ausgang entscheiden werden, sind dagegen weniger spektakulär.

Gegen ihr Urteil kann übrigens keine Berufung eingelegt werden.

Die «Stars» probten hinter Stacheldraht. Während nicht alle an gleichem Ort geprobt haben, wurde die größte Gruppe – zweiundfünfzig an der Zahl – in Mondorf-les-Bains festgehalten, einem bezaubernden kleinen Badeort im Großherzogtum Luxemburg.

Dort machte ein ausgeklügeltes Tarnungs- und Verteidigungssystem aus dem ehemaligen Palace-Hotel das wohl am strengsten bewachte Gefängnis der Geschichte. Zwei Tage schon hatte ich die Anlagen umrundet, ohne einen Blick auf ihre Insassen werfen zu können. Schließlich bekam ich meine Befehle, und als erste und einzige Frau passierte ich den Doppelzaun, der das «große Haus» des Mondorf-Komplexes umgab.

Meine Begleiter waren Colonel Burton C. Andrus aus Washington, ein Westpoint-Absolvent, Einsatzkommandeur und Chef im «Palace», und Lieutenant Colonel Richard W. Owen aus New Haven, Connecticut, ein ehemaliger Reporter und Kommandeur des 391. amerikanischen Flugabwehrbataillons, das in Mondorf stationiert war und es bewachte. Beide Offiziere sind Meister der einzigen Sprache, die ihre Schutzbefohlenen verstehen: die der strengen, unanfechtbaren Autorität.

«Zuerst haben diese Typen an allen möglichen Halluzinationen gelitten», erklärte Colonel Andrus. «Einer gab vor, ein Fürst von irgendwas zu sein. Als solcher fühlte sich der Häftling Horthy befugt, einen Schlips zu tragen. Ich sagte ihm, daß er nichts dergleichen sei und genauso wie alle anderen zu gehorchen habe.»

Es gab Zeiten, in denen der frühere Reichsmarschall Göring noch darauf bestand, seinen Zylinder bei den Mahlzeiten zu tragen, nur um auffällig gekleidet zu sein. Da man sich mit solch einem Hut nicht wie mit einem Schlips umbringen kann, wurde Görings Ersuchen nachgegeben.

Mein Besuch in Mondorf war ein Abenteuer, auf das ich mich seit mehr als zwölf Jahren vorbereitet hatte. Seit Hitler an die Macht gekommen war, standen meine Familie und ich auf der Liste der Verräter des Dritten Reiches weit oben. Den Plänen der Nazis zufolge – und neben ein paar Millionen anderen Dingen, die die Männer von Mondorf zu ihren besseren Zeiten in ihre schwarzen Bücher notiert hatten – hätte ich liquidiert werden sollen, sobald ich deutschen Boden betrat. Ich meinerseits hätte mich vor 1933 strikt geweigert, diese Männer zu treffen oder zu interviewen. Hier waren sie nun also – ein trauriger, gottverlassener Haufen.

Etwa zwanzig von ihnen saßen im Wohnzimmer, lasen zerstreut, schrieben oder taten überhaupt nichts. Durch die halb geöffnete Tür konnte ich den Raum überblicken, ohne von seinen Insassen bemerkt zu werden. Sie waren sehr still. Ein paar von ihnen trugen undefinierbare Uniformen, und keine Abzeichen verrieten ihren früheren Rang; andere waren wie Zivilisten angezogen – ohne Schlipse, und der größere Teil trug den ausgebleichten Drillich, den die U. S. Army ihren Gefangenen gibt. Auf ihren Rücken standen in fetter schwarzer Schrift die Buchstaben «P. W.». Obwohl sie nicht gerade kleidsam sind, scheint man die P. W.-Anzüge im «Palace» zu mö-

gen. Wer sie trägt, fühlt sich als «irgendein deutscher Gefan-
gener» statt als ein «Hauptkriegsverbrecher», der seinen Prozeß erwartet.

Nur die, die schrieben, schienen wirklich in ihre Beschäftigung vertieft zu sein. Der Gefangene Karl Dönitz – der frühere Großadmiral und Möchtegernführer – kritzelte fieberhaft vor sich hin. Die Royal Navy hatte ihm einige Fragen
gestellt, und er war dabei, sie mit typisch deutscher Gründ-
lichkeit zu beantworten. Er hatte seit Tagen gearbeitet. Der
Gefangene Karl Warlimont, einst General an der Ostfront,
war vor kurzem von russischen Vernehmungsoffizieren befragt worden. Er vervollständigte nun seine mündliche Aus-
sage mit einem weitschweifigen schriftlichen Bericht. Sogar
Robert Ley, früherer Chef der Nazi-Arbeitsfront, bekannter
Schnapsliebhaber und ein völlig unbelesener Mensch, hatte
angefangen, vor sich hin zu schreiben. Der Erfinder von
«Kraft durch Freude» verfaßte seine Memoiren. Andere
schrieben Briefe, in denen sie Präsident Truman und General
Eisenhower alles über ihre Unschuld und die Grausamkeit
ihres Schicksals erzählten.

Tatsächlich tat die ganze Bande jedoch ein und dasselbe: Sie
schrieben und feilten an ihren Rollen, die sie eifrig für *den Tag*
vorbereiteten.

«Stören wir sie nicht», sagte Colonel Andrus. «Sie sind auch
so schon nervös genug, und ich hätte nicht gern, daß sie hysterisch werden.»

Verhätschelt wurden die «großen Zweiundfünfzig» nie,
aber man kümmerte sich aufs beste um ihre Gesundheit. Sie
werden gebraucht in Nürnberg, um Fragen zu beantworten
und als Zeugen zu dienen, und mußten darum gut in Form
gehalten werden. Als ein leichtes Gewitter Göring so erschreckte, daß er einen genauso leichten Herzanfall erlitt, be-

kam der Erfinder des «Blitzkriegs» eine Matratze für seine Pritsche, und sein Frühstück wurde ihm ans Bett gebracht.

Die Army-Kommandeure sind sich einig darüber, daß ihr Häftling in so guter körperlicher Verfassung wie schon seit Jahren nicht mehr ist. Er war mit dreiundzwanzig morphium-abhängig, nachdem er beim Münchener Putsch verletzt wurde, und stieg auf das schwächere Parakodein um, als das Morphium seine politische Karriere gefährdete. Das war nicht allein sein Verdienst; eine Behandlung im Sanatorium half ihm dabei. Als er gefangengenommen wurde, hatte er aller-dings eine Reserve von viertausend bis fünftausend Parako-deinpillen bei sich und gab an, daß seine tägliche Dosis bei zweihundert läge, in etwa die gleiche Menge wie dreiunddrei-ßig Gran Morphium pro Tag.

Captain Clinton C. Miller, der amerikanische Arzt des «gro-ßen Hauses», berücksichtigte die Statistik des Luftmarschalls und ließ ihn bei vierzig am Tag anfangen. Am 8. August war er auf sechs herunter, am 9. August auf vier. Seitdem hat er keine mehr bekommen. Göring sieht seinem Prozeß als nüchterner und gesunder Mann entgegen – zumindest körperlich. Major Kelley, der erste Psychiater, der die Gefangenen von Mondorf untersuchte, sagt, daß Göring an «akutem Narzißmus» leidet, obwohl er für die Richter gesund genug ist. Seine Wachen sa-gen nur, daß sie noch nie jemanden gesehen hätten, der so oft dermaßen enthusiastisch von sich selbst spricht.

Ich traf den Gefangenen im Bett an. Er blickte mich stumm an. Es gibt keine Pressekonferenzen oder Interviews mehr. Die Häftlinge waren allzu interessiert daran gewesen, ihre Fälle publik zu machen.

Das Geschöpf, das «Meier» heißen wollte, wenn alliierte Bomber je bis nach Berlin durchkommen würden, hatte neben seiner Wette auch dreißig Pfund Gewicht verloren. Seine sonnenverbrannte Haut schien für seine Figur zu weit, und seine grünlichen Augen, die normalerweise schon hervorstanden, glotzten nun wie die eines Karpfens.

Die Vernehmungsoffiziere befanden, «Meier» sei nach meinem Besuch verstört gewesen. Wenn er nur gewußt hätte, wer ich war, so Göring, hätte er alles erklärt. Mehr noch, hätte er damals im «Fall Mann» das Sagen gehabt, hätte er ihn anders gehandhabt, versicherte er ihnen. Zweifellos hätte ein Deutscher vom Rang eines Thomas Mann dem Dritten Reich angepaßt werden können.

Beim Friseur traf ich Alfred Rosenberg, Julius Streicher und Ley. Als sie meine Identität erfuhren, rief Ley: «Assez!» (französisch für «genug»), Rosenberg murmelte «Pfui Teufel», und Streicher, dessen Zelle ich inspiziert hatte, jammerte: «Du lieber Gott! Und diese Frau ist in meinem Zimmer gewesen!»

Hans Frank, der frühere Münchener Anwalt, dem der Mord an Millionen von Polen und Juden zur Last gelegt wird, teilte sich ein Zimmer mit Joachim von Ribbentrop. Frank kam schwer verletzt nach Mondorf – mit vier Wunden, die er sich selbst beigebracht hatte. Als ihm im bayerischen Tegernsee die Verhaftung drohte, schnitt er sich die Kehle durch, ebenso die Venen des linken Arms und die linke Pulsader, und rammte sich ein Messer in den Bauch. Die Ärzte der Army retteten ihm das Leben; sein linker Arm ist allerdings nicht mehr zu heilen. Er änderte sich auch ohne Zwang und ist jetzt davon überzeugt, daß er wirklich ein Krimineller ist, nicht wegen der Dinge, die er anderen antat, sondern wegen allem, was er sich selbst angetan hat. Nachdem Frank allergisch gegen Selbstmord geworden war, beobachtete er die anderen und entschied schließlich, daß Ribbentrop ein Kandidat sei. Die Kommandeure stimmten ihm zu. Wegen des guten Einflusses, den er auf das Sorgenkind haben mochte, durfte der Konvertit mit dem Verdächtigen zusammenziehen. Als ich sie besuchte, las der Schlächter von Polen dem Ex-Champagnerhändler gerade aus der Bibel vor.

Den Gang hinunter wohnte Graf Schwerin von Krosigk, der designierte Außenminister des «Führers» Dönitz, der seine Mitgefangenen vor kurzem mit einem Vortrag über Shakespeare entzückt hatte. Der pädagogisch veranlagte Dr. Wilhelm Frick, Himmlers Vorgänger als Innenminister, versicherte seinen Vernehmungsbeamten freimütig, daß die deutsche Jugend für immer nazifiziert sei, während Ley fest davon überzeugt ist, daß Mondorf eine Pilgerstätte für künftige deutsche Generationen sein wird. Sie alle schwören, daß Hitler den Märtyrertod starb.

Es war eine unheimliche Erfahrung, diesen Männern im «Palace» von Angesicht zu Angesicht gegenüberzutreten. Als ich sie verließ, machten auch sie sich zur Abreise bereit. Die ersten fünfzehn, die vor dem alliierten Tribunal erscheinen sollten, wußten genauso wenig, wo sie hinsollten, wie die übrigen siebenunddreißig, die ins Dulag Luft kommen würden, das berüchtigte frühere Nazi-Vernehmungslager bei Wiesbaden.

Deutschlands gefallene Führer wurden in einem von Jeeps begleiteten Konvoi aus Krankenwagen mit geschwärzten Fenstern zum Flughafen gebracht. Manche von ihnen trugen mit bunten Federn verzierte Tirolerhüte. In jedem Jeep saßen vier Wachen, und jede Wache hatte ein Maschinengewehr. Die Army ging kein Risiko ein.

Währenddessen gingen in London die Proben weiter, wo zwei alliierte Stellen ihre Anstrengungen zu verbinden suchten.

Lord Wright, der Vorsitzende der Kommission für Kriegsverbrechen bei den Vereinten Nationen (U. N. W. C. C.), sagte mir, daß «die Dinge jetzt anders liegen als in den Tagen, in denen die U. N. W. C. C. als objektive Instanz der internationalen Justiz allein zu stehen schien».

Er erklärte, wie andere Dienststellen im Lauf der Zeit zunehmend die Arbeit seiner Kommission ergänzt hätten. Zunächst wären da die Nationalen Ämter, eingerichtet von den Staaten, die von den Deutschen überrannt worden waren; diese Ämter hatten die Aufgabe, Beweise für Greueltaten zu sammeln und die Schuldigen so weit wie möglich zu identifizieren.

Das nächste Glied in der Kette war die Kommission für Kriegsverbrechen, der jedes Nationale Amt seine Befunde mitzuteilen hatte. Die am 1. November 1943 in London gegründete Kommission untersuchte die Berichte und trug die Namen der Beschuldigten in seine Liste ein, wenn es mit den vorgelegten Beweisen zufrieden war. Lord Wright konnte nicht sagen, wie viele Verbrecher bisher auf der Liste stünden, erklärte aber, daß allein der tschechische Anteil 2500 Namen umfaßt.

Die Listen wurden an eine dritte Dienststelle gesandt, nämlich an die Streitkräfte, die die Verantwortung dafür trugen, daß die verdächtigten und beschuldigten Kriegsverbrecher gefaßt, bewacht und ausgeliefert wurden. In gewisser Weise war die Funktion des Militärs die wichtigste und schwierigste von allen. Die Alliierten hatten ein paar Millionen Kriegsgefangene, und es mußten immer noch viele nicht aufgespürte Kriegsverbrecher unter ihnen sein. Manche würden wohl unentdeckt bleiben. Aber die Army war eifrig, fähig und einfallsreich, und man konnte auf sie zählen, wenn es um eine gründliche Prüfung ging.

Was seine eigene Kommission betrifft, meinte Lord Wright, daß es immer noch erhebliche Verwirrung bezüglich ihrer Tätigkeit in manchen Bereichen gebe. Die Moskauer Erklärung vom 1. November 1943 unterschied zwischen zwei Haupt-gruppen von Kriegsverbrechern: deutschen Offizieren und Soldaten, die in den Ländern vor Gericht gestellt werden soll-ten, in denen sie ihre Greueltaten begangen hatten, und jenen Hauptverbrechern, deren Vergehen keine bestimmte geogra-phische Bindung haben und die durch gemeinsames Urteil der alliierten Regierungen bestraft werden sollen.

Zur zweiten Gruppe gehören die meisten Männer von Mon-dorf. Lord Wright glaubt, daß zu ihr auch Finanzmagnaten und Industriebosse gehören, die das Naziregime unterstützt und seine Verbrechen erst möglich gemacht haben. Das U. N. W. C. C. befaßt sich prinzipiell *nicht* mit Hauptkriegsver-brechern, sondern verfolgt diejenigen, die im ersten Teil der Moskauer Erklärung angesprochen werden. Nur wenige pas-sen in beide Kategorien. So wurde Karl Hermann Frank, der frühere «Reichsprotektor» der Tschechoslowakei, sowohl als regionaler Kriegsverbrecher als auch als Hauptkriegsverbre-cher gesucht. Arthur Seyss-Inquart, der frühere Gauleiter von Holland, der vor das alliierte Tribunal treten soll, könnte auch von der niederländischen Regierung gesucht werden. Jeder dieser Angeklagten wird an das Land ausgeliefert, das ihn be-klagt, unter der Bedingung, daß sein Leben geschont wird, so-lange er für die alliierte Justiz Wert besitzt. Die Hinrichtung von Frank, der in Prag zum Tode verurteilt wurde, mag ausge-setzt werden, bis er seinen Zweck in Nürnberg erfüllt hat.

Lord Wright klärte auch ein weiteres Mißverständnis be-züglich der Funktionen des U. N. W. C. C. auf.

«Es ist noch nicht allgemein klar geworden, daß die Kom-mission weder gesetzgebende noch ausführende Gewalt hat, sondern eine Art Aufklärungsinstanz ist, wo alle Mitglieds-staaten Beistand und Rat bekommen», sagte er. Jedes Land muß die Verfahren gegen seine Verdächtigen und Verbrecher selbst vorantreiben oder sich für seine Nachlässigkeit vor dem Urteil der Geschichte verantworten. Wenn sich das Fiasko von 1918 wiederholen würde, wäre es wohl für alle Zeit entschieden, daß es kein Gesetz und keine Gerechtigkeit unter den Völkern gibt.»

Das Fiasko von 1918!

Damals wie heute hatten die Vorbereitungen lange Zeit gedauert, aber die Liste, die schließlich herauskam, umfaßte weniger als 900 Namen. Die Angeklagten sollten vor alliierten Militärtribunalen erscheinen, aber die Alliierten gaben letztendlich einem deutschen Kompromißvorschlag nach. Alle Personen, denen Kriegsverbrechen vorgeworfen wurden, sollten vor dem Obersten Gerichtshof zu Leipzig erscheinen. Die «vollständige Verantwortung» sollte bei der deutschen Regierung liegen, und um diese Bürde zu erleichtern, wurde am 7. Mai 1920 eine verkürzte Liste vorgelegt. Sie umfaßte noch fünfundvierzig Namen. Mehr als ein Jahr später – am 23. Mai 1921 – trat der Leipziger Gerichtshof zusammen. Zu dieser Zeit waren nicht mehr als zwölf von den ursprünglich 896 Namen übriggeblieben. Die sechs Handlanger, die tatsächlich schuldig gesprochen wurden, wurden zu Strafen zwischen zwei Monaten und vier Jahren Gefängnis verurteilt. Keine der härteren Strafen wurde je angetreten.

Am 26. Juni 1945 begannen in London die Vier-Mächte-Gespräche über die Kriegsverbrecher der europäischen Achsenmächte. Diese Gespräche betrafen den zweiten Teil der Moskauer Erklärung.

Richter Robert H. Jackson für die Vereinigten Staaten, Generalstaatsanwalt Sir Maxwell Fyfe für das Vereinigte Königreich, Monsieur Falco und Professor André Gros für die Französische Republik und Generalmajor J. T. Nikitschenko und Professor A. L. Trainin für die Sowjetunion machten sich daran, erstens die Gestalt des Internationalen Militärtribunals und zweitens seine generelle Vorgehensweise festzulegen, drittens die Arten von Vergehen zu definieren, über die es Recht sprechen sollte. Ihre Beratungen, trafen auf folgende Schwierigkeiten:

1. Der amerikanische Vorschlag, die Verhandlungen in Nürnberg abzuhalten, der vom Nazismus gefeierten «Stadt der Reichsparteitage», wurde von England und Frankreich akzeptiert, aber von den Russen abgelehnt, die die Hauptkriegsverbrecher in der sowjetisch besetzten Zone vor Gericht stellen wollten.

2. Die Methoden der Rechtsprechung unterscheiden sich in den vier Staaten, und jeder wollte gern seine Gesetze anwenden. Ein völlig neuer Weg, der Elemente aller vier Systeme enthielt, wurde prinzipiell begrüßt, aber solch eine gemeinsame Basis zu erstellen, war nicht leicht.

3. Die Frage, ob die Führung eines Angriffskrieges allein als kriminell anzusehen ist, wurde von Richter Jackson bejaht, der dabei die volle Rückendeckung seiner Regierung hatte. Kompetente Beobachter sagten, vor allem offizielle britische und französische Stellen hätten gegen diese amerikanische Position opponiert.

Zwischen fünfzehn und vierzig Hauptkriegsverbrecher werden vom Internationalen Tribunal angeklagt. Während diese Zahl erstaunlich niedrig klingt, wird hervorgehoben, daß jeder Fall wesentlich mehr als den individuellen Angeklagten betrifft. Zusammen mit ihm werden auch die Armee, die Partei oder die Regierungsorganisation angeklagt, deren herausragendes Mitglied er war. Zusätzlich zu ihrer eigenen Verteidigung werden die Angeklagten aufgefordert, ihre jeweiligen

Organisationen zu rechtfertigen. Sobald eine Organisation vom Tribunal als kriminell eingestuft wird, werden die alliierten Gerichte in ganz Deutschland davon in Kenntnis gesetzt, worauf alle freiwilligen Mitglieder für schuldig erklärt werden sollen, soweit sie nicht auf Unzurechnungsfähigkeit plädieren und diese ihnen attestiert wird.

Insofern könnten die fünfzehn bis vierzig Fälle, die vor dem Tribunal verhandelt werden, auf die Verurteilung und Bestrafung von Millionen hinauslaufen. Allein die SS mit ihren verschiedenen Unterorganisationen konnte auf fast zwei Millionen freiwillige Mitglieder verweisen.

Was soll aus ihnen werden? Ihre Organisation war auf Mord spezialisiert. Sachverständige in Sachen Kriegsverbrechen sind sich einig, daß es weder technisch unmöglich noch moralisch verwerflich wäre, alle Personen zum Tode zu verurteilen, die sich freiwillig auf diesen Weg des Bösen begeben haben. Jedoch werden die einfachen Mitglieder der SS der Hinrichtung entgehen. Laut Richter Jackson werden sie zu schwerer Zwangsarbeit verurteilt und in Länder deportiert werden, die sie aufnehmen wollen.

Die Moskauer Erklärung umfaßt zwei Arten von Kriegsverbrechern, und die Ämter, die im Anschluß gegründet wurden, beschäftigen sich mit beiden. Aber es gilt noch drei weitere Klassen von Kriegsverbrechen zu berücksichtigen. Diese sind:

1. Verbrechen gegen Menschen, deren Länder nicht überfallen wurden, wie etwa der Mord an gefangenen alliierten Fliegern in von den Deutschen besetzten Gebieten. Unsere Besatzungstruppen haben bereits viele Täter dieser Kategorie abgeurteilt und hingerichtet.

2. Ausschreitungen gegen Bürger von Nichtmitgliedstaaten der Vereinten Nationen wegen ihrer Rasse, Religion oder politischen Einstellung. Die Gruppe dieser Verbrechen ist

sehr groß und muß noch genauer untersucht werden. Da die bestehenden Stellen nicht mit der Beweissammlung in diesen Fällen betraut sind, gibt es noch keine offiziellen Listen mit solchen Verbrechern.

3. Verbrechen, die von Bürgern von Mitgliedsstaaten der Vereinten Nationen gegen ihre jeweils eigenen Staaten begangen wurden. Meist blieben diese «Quislinge» im Lande und können daher rasch nach den dort geltenden Gesetzen vor Gericht gestellt werden. Im Ausland gefaßte Verräter werden auf Ersuchen an ihre eigenen Regierungen ausgeliefert, solange es feststeht, daß sie als Verbrecher und nicht allein wegen ihrer politischen Einstellung verfolgt werden.

Es wird eine erhebliche Anzahl von Verfahren geben müssen. Die Galapremiere in Nürnberg, obwohl das herausragende Ereignis der Saison, ist nicht bedeutender als die Hunderte von kleineren Inszenierungen in anderen Theatern. Sie alle verdienen unsere volle Aufmerksamkeit. Es ist für die Zukunft der Menschheit unermeßlich wichtig, vor den Augen der Welt festzustellen, daß bestimmte Rechte und Gesetze für alle Völker der Erde gelten und daß jeder, der diese Normen verletzt, zur Verantwortung gezogen wird.

Die Nürnberger Prozesse

Ein Gespräch

Hier ist Nürnberg. In unseren Berichten vom Nürnberger Prozeß bringen wir heute ein Interview mit der amerikanischen Kriegskorrespondentin Miss Mann. Nachdem wir am Montag

*einen der deutschen Verteidiger im Nürnberger Prozeß hier in
unserem Studio hatten, freuen wir uns, heute einen amerikanischen Korrespondenten hier begrüßen zu dürfen, Miss Erika
Mann. Miss Mann, vielleicht erzählen Sie uns zuerst, welche
Erfahrungen Sie als Korrespondent hatten, bevor Sie diese
neue Aufgabe in Nürnberg übernahmen.*

Ich habe den Krieg als Korrespondent ziemlich von Anfang
an oder doch vom Jahr '40 an mitgemacht. Ich war damals in
London während der ganzen schweren Luftangriffe auf die
englische Hauptstadt als Berichterstatter und auch als Rund-
funksprecher. Ich war am BBC tätig und habe auf Einladung
des englischen Propagandaministeriums nach Deutschland
gerundfunkt, gebroadcasted, wie wir sagen. Ich bin dann nach
Amerika zurückgegangen für eine lecturetour, für eine Vortragsreise, bin in Afrika gelandet, bin nach Persien gegangen,
wo ich die amerikanische Hilfeleistung für Rußland aus nächster Nähe mitansehen konnte. Und zwar habe ich damals am
Persischen Golf zum erstenmal einen Eindruck bekommen
von dem Ungeheuerlichen, was Amerika auf zwei Gebieten zu
leisten imstande war und ist, nämlich auf dem Gebiet der Produktion und auf dem Gebiet der Organisation. Die Kriegsma-
terialien, die damals, und damals war das Mittelmeer noch
nicht für unsere Schiffahrt offen, von Amerika nach Persien
gebracht wurden und von dort weiter nach Rußland, waren
ungeheuerlich in Quantität. Es hat damals einen Konvoi,
einen Begleitzug von Schiffen, neunzig Tage gekostet, um von
Amerika nach Persien zu kommen, und alle Begleitschiffe sind
unversehrt angekommen. Ich war damals schon absolut überzeugt davon, daß unsere Invasion von Europa, von Frankreich,
ein Erfolg sein würde.

*Und haben Sie den Prozeß hier von Anfang an mitgemacht,
wenn ich fragen darf?*

Ja, das habe ich getan. Ich habe vergessen zu sagen, daß ich natürlich auch bei der Invasion von Frankreich zugegen war und als wir zum erstenmal in Deutschland einzogen in der Aachen-Gegend, und nun war ich hier in Nürnberg vierzehn Tage bevor der Prozeß anfing, um bereits an den Vorbereitungen beobachtend teilzunehmen.

Haben Sie die Angeklagten je gesehen, bevor die erste Sitzung des Prozesses stattfand?

Ja und nein. Ich habe sie natürlich in Deutschland nie gesehen oder nur ganz von weitem, ehe sie zur Macht kamen, und wollte sie auch niemals sehen bis zu dem Augenblick, wo sie da saßen, wo sie meiner Ansicht nach schon immer hingehörten, nämlich hinter Schloß und Riegel. Das war zum erstenmal in Mondorf, in Luxemburg, wo sie alle zusammengebracht waren, die einundzwanzig hier und noch viele andere, es waren zweiundfünfzig Kriegsverbrecher, deutsche Kriegsverbrecher, und da habe ich sie zum erstenmal zusammen gesehen. Ich muß sagen, es war einer der geisterhaftesten und absurdesten und auf eine grauenhafte Art komischsten Anblicke, die ich je gehabt habe. Ich habe sie gesehen dort zusammen in dem Lese- und Wohnraum dieses Hotels, wo sie einquartiert waren. Es war kein Hotel in diesem Sinn, es war kein Hotel mehr, es war zu einem Gefängnis umgestaltet worden, aber immerhin hatte es noch viele der äußeren Anzeichen eines Hotels, und der Leseraum war in der Tat ganz gemütlich. Sie saßen da, und während ich sie später einzeln, direkt, aus größerer Nähe noch zu Gesicht bekommen habe, wollte der Leiter, der Kommandant dieses Gefängnisses, Colonel Andrus, nicht, daß ich in den Leseraum eintrete, um die Leute nicht, wie er sagte, noch hysterischer zu machen, als sie ohnedies schon seien. Ich beobachtete sie also, ohne von ihnen gesehen zu werden, durch die halboffene Tür, und sie wußten nicht, daß sie beobachtet seien.

Sie saßen da in sonderbar zusammengewürfelten Aufzügen. Etwa ein Drittel von ihnen trug Uniform, aber natürlich Uniform ohne Abzeichen, ohne Grad und Orden, ohne irgend etwas, keine Krawatten, keine Hosenträger, wenn man so sagen darf, keine Gürtel, so daß sie also einen etwas verwahrlosten Eindruck machten. Etwa ein Drittel war in Zivil, wiederum ohne diese Beitaten des Zivilaufzuges, und etwa ein Drittel war in Kriegsgefangenenanzügen, die sie freiwillig angelegt hatten mit den großen Buchstaben «PW», Prisoner of War, am Rücken gemalt, und zwar psychologisch erklärt sich das wahrscheinlich aus der folgenden Erwägung: In den Kriegsgefangenenanzügen konnten sie sich selber vormachen, bis zu einem gewissen Grad wenigstens, daß sie eben nur halt Kriegsgefangene wären und keine Leute, keine Kriegsverbrecher, die demnächst abgeurteilt werden würden, und sie fühlten sich ein bißchen leichter in dieser Tracht, offenbar. Da saßen sie, und zwar schrieben sie fieberhaft, die meisten von ihnen. Sie schrieben an ihren Verteidigungsschriften und an Eingaben, die sie machen wollten, sie schrieben sinnlose Briefe an General Eisenhower und Präsident Truman und arbeiteten wie die Irren an tausend Dingen, die ganz sinnlos waren, aus schierer Nervosität. Sie waren alle außerordentlich nervös.

Sehr interessant. Und was sind denn nun so Ihre Eindrücke, wenn man so sagen darf, des Prozesses selber hier in Nürnberg?

Ja, die sind mannigfach. Ich muß sagen, daß der erste Eindruck natürlich ein ungeheuer starker war. Es war der erste Anblick dieser zwanzig Leute, die mehr als irgendwelche anderen zwanzig Leute auf der Welt verantwortlich sind für das beispiellose Unheil, das über den ganzen Erdball heraufbeschworen worden ist. Die nun so unscheinbar zusammengepfercht sitzen zu sehen, nicht wahr, war ein äußerst merkwürdiges Bild. Etwas späterhin kann man sagen, daß manche von uns, manche von den Zuschauern, Zuhörern und vielleicht auch manche von denen, die nun unsere Berichte oder Radioberichte oder etwas hören, daß denen vielleicht zumute gewesen sein könnte, als ob der Prozeß nicht aufregend, nicht dramatisch, nicht sensationell genug aufgezogen sei. Ich habe diesen Eindruck auch zunächst vielleicht gehabt, aber ich muß heute sagen, daß nach längerem Zuschauen und Nachdenken ich zu der Überzeugung gekommen bin, daß die Prozeßführung so, wie sie ist, die richtige ist. Und zwar aus folgendem Grund: Der Prozeß ist kein Sensationsprozeß, so sensationell sein Gegenstand zweifellos ist, er soll keiner sein. Er ist weniger zur Aufregung und Unterhaltung der Gegenwart als zur Belehrung für die Zukunft, für die Geschichte gedacht. Und die ungeheuer gewissenhafte und manchmal vielleicht beinahe pedantische Art, in der diese ungeheure Fülle von Tatsachenmaterial ruhig und undramatisch präsentiert ist, hat, glaube ich, ihre großen Vorzüge im Angesicht der Geschichte.

Und welchen Eindruck machten Ihnen denn die Zeugen, die bisher vorgeführt wurden?

Ja, die Staatsanwaltschaft hat bisher, wenn ich mich richtig erinnere, und ich glaube, ich erinnere mich richtig, nur einen einzigen Zeugen vorgeführt. Das war der General Lahousen, der Assistent, Adjutant, des berühmten und rätselhaften Admirals Canaris, des deutschen Gegenspionagechefs, und der hat zweifellos einen sehr starken Eindruck gemacht. Es mag aufgefallen sein, daß so wenige Zeugen, oder bisher eigentlich überhaupt nur ein Zeuge aufgetreten ist, und ich habe in der Tat vor ein paar Tagen den amerikanischen Chief Prosecutor, Chief Justice Jackson, gefragt, was es damit auf sich hat. Und der hat mir nun das Folgende gesagt, was ich sehr interessant gefunden habe. Er hat mir gesagt: Wir haben natürlich Hunderte von Zeugen zur Verfügung. Jeder einzelne von diesen Hunderten könnte wesentliche und aufschlußreiche Äußerungen tun, und wir hatten auch daran gedacht, viele von denen, wenn auch nicht alle, vorführen zu lassen. Wir sind nun aber zu folgendem Entschluß gelangt: Wir haben uns gesagt, um von den Naziuntaten aus nächster Nähe aussagen zu können, d. h., um also wirklich Bescheid zu wissen, persönlich Bescheid zu wissen über das, was diese Nazis getan haben, muß man entweder ein Gehilfe von ihnen gewesen sein, ein Nazi gewesen sein, wie zumindestens auch technisch Lahousen einer war, oder man muß eines ihrer Opfer gewesen sein, wie z. B. Schuschnigg oder Hodža Opfer waren. Nun, in beiden Fällen sprechen gewisse Dinge gegen solche Zeugen. Nazizeugen sind moralisch nicht besonders hochwertig, möchte man meinen, und wir könnten gewisse Bedenken haben, gar zu viele Nazizeugen zu vernehmen. Was nun die Opfer angeht, so könnte die Geschichte zum Mindesten sagen, daß sie notwendigerweise nicht unvoreingenommen sein konnten, da sie ja gegen die Angeklagten etwas auf dem Herzen hatten. Also auch da wieder sprach etwas gegen die Verwendung solcher Zeugen. Und da wir eine solche Fülle von Material, von Dokumenten haben, eine Fülle, gegen die sich auch nicht das Geringste einwenden läßt, gegen die weder die Angeklagten selbst noch die Umwelt jetzt, noch später die Geschichte irgend etwas einwenden könnte, bevorzugen wir in der Tat dieses Material zu den Zeugen (das ist kein Deutsch, ich vergesse Deutsch allmählich).

Ich verstehe. Also soviel zu den Zeugen. Und nun vielleicht noch ein Wort über die Verteidiger. Haben Sie, die Korrespondenten, irgendwelche Beziehungen zu den deutschen Verteidigern?

Ja, das haben wir, das heißt, natürlich machen wir Gebrauch von jeder Informationsquelle, die uns zur Verfügung steht, und eine von diesen Informationsquellen sind natürlich die deutschen Verteidiger. Wir haben das Recht und machen Gebrauch von diesem Recht, diese Herren zu interviewen, und manche von unseren interessanten Nachrichten betreffend die Reaktionen der Angeklagten usw. kommen aus dieser Quelle. Es war nicht leicht, übrigens, es kann nicht leicht gewesen sein, erstklassige und / oder gar berühmte Strafverteidiger für die Angeklagten zu finden, und zwar aus einem sehr einfachen Grund: in einem Land ohne Gesetz – oder doch mit Gesetzen, vor denen kein Strafverteidiger im Ernst Respekt haben kann – war der Beruf des Strafverteidigers in Verruf geraten unter den Anwälten. Tatsächlich haben sich eine große Anzahl von Strafverteidigern aus diesem Beruf zurückgezogen, besonders in den letzten Jahren unter dem Naziregime, und es besteht eine gewisse Armut auf diesem Gebiet, die uns sehr aufgefallen ist, als wir anfingen, nach Verteidigern zu suchen. Wir sind der Überzeugung, und Chief Justice Jackson hat auch dieser Überzeugung mir gegenüber Ausdruck gegeben, daß die Anwälte, die wir nun dort haben, die besten sind, die aufzufinden waren. Und übrigens, das muß ich noch hinzufügen, die Angeklagten hatten, ehe ihnen irgendeine Auswahlliste von Verteidigern vorgelegt wurde, das Recht, jeden Verteidiger in Deutschland in jeder der besetzten Zonen sich auszubitten, ganz gleichgültig, ob dieser Verteidiger ein Nazi war oder nicht, ob er vielleicht sogar wegen Naziverbrechen im Gefängnis schon saß oder nicht, wir waren bereit, für diese Angeklagten Verteidiger sogar aus dem Gefängnis zu holen. Also, man kann ganz bestimmt mit Sicherheit aussagen, daß die Angeklagten jede Chance hatten, genau den Verteidiger zu bekommen, den sie sich gewünscht haben.

Ich fürchte, Miss Mann, unsere Zeit ist beinahe abgelaufen. Vielleicht sagen Sie uns noch ein Wort über die Aufgaben der Berichterstattung, so wie Sie sie sehen.

Die Aufgaben der Berichterstattung in diesem welthistorisch bedeutenden Prozeß sind natürlich sehr große, die Verantwortung ist eine sehr große, und wir sind uns alle dieser Verantwortung voll bewußt. In gewissem Sinne glaube ich, daß kein Land so interessiert an diesem Prozeß sein kann, wie die Deutschen es sein müssen oder sollten oder doch wahrscheinlich sind. Aber auch in unseren Ländern, in Amerika, herrscht ein ungeheures Interesse an diesem Prozeß. Täglich erscheinen viele Spalten auf der ersten Seite unserer Zeitungen und Magazine über den Prozeß, und wenn wir eine Sorge haben, so ist es die der Auswahl. Wir haben so viel zu schreiben, wir hätten so viel zu schreiben, daß wir manchmal besorgt sind, unser Platz möchte nicht ausreichen. Das ist unsere schwerste Sorge, wie wir das Wichtigste jeden Tag herausgreifen für unsere Leser. Aber es ist eine hochinteressante und schöne Aufgabe.

Ich danke Ihnen, Miss Mann.

Die Ovationen für Furtwängler

An den Chefredakteur der europäischen Ausgabe [der «New York Tribune»]:

In einer Notiz aus Berlin vom 25. Mai [1947] beschrieb John Elliott den «tumultartigen Applaus», den Dr. Wilhelm Furtwängler erlebte, der vor kurzem entnazifizierte deutsche Dirigent, als er die Berliner Philharmoniker zum ersten Mal nach dem Krieg dirigierte. «Ein kosmopolitisches Publikum vergaß alle Landesgrenzen und die Erinnerungen an den Krieg», so Mr. Elliott. Dann zitierte er Eric Clarke, Chef des Theater-, Film- und Musikzweigs der Informationskontrollabteilung von AMG, wie folgt: «Ich war froh, Menschen zu sehen, die einmal die ganze Politik vergaßen und vollkommen in der Musik aufgingen.»

Das Publikum applaudierte fünfzehn Minuten lang und ließ den Dirigenten sechzehnmal zum Pult zurückkehren, wo er den Beifall seiner Bewunderer entgegennahm.

Wer waren diese «Bewunderer», und was brachte sie dazu, fünfzehn Minuten lang Beifall zu klatschen? Laut Mr. Elliott war es ein internationales Publikum, das einem Dirigenten aus dem guten und einfachen Grund Beifall zollte, weil es seine Musik mochte. Und zweifellos beherrscht Dr. Furtwängler seine Kunst – wie an diesem Abend – sogar dann, wenn er nur ein oder zwei Proben hatte und das Orchester, von dem nur ein Drittel mit ihm spielte, als der Maestro Anfang 1945 zum letzten Mal auftrat, nicht höchsten Ansprüchen genügt. Lassen Sie uns also annehmen, das Konzert war gut. Dank eines kleinen Wunders mag es sogar ausgezeichnet gewesen sein.

Aber ausgezeichnete Konzerte gibt es auch andauernd in New York, Boston und Philadelphia, ohne daß amerikanische Musikliebhaber fünfzehn Minuten lang applaudieren. Auch kann ich mich an kein so herausragendes Konzert in Paris oder London erinnern, bei dem das Publikum den Dirigenten sechzehnmal ans Pult zurückholte. Ich kann nicht für Moskau sprechen, aber es ist unwahrscheinlich, daß die Sowjetrussen «alle Landesgrenzen und die Erinnerungen an den Krieg» zu Ehren einer Person vergessen hätten, die sie zusammen mit den anderen Alliierten für beinahe zwei Jahre am Auftreten gehindert haben.

Es scheint also, als ob Dr. Furtwängler diesen Triumph hauptsächlich seinen Landsleuten verdankt. Hatten diese aber wirklich «die ganze Politik vergessen und waren vollkommen in der Musik aufgegangen»? Oder benutzten beziehungsweise mißbrauchten sie nicht die Musik für eine politische Demonstration?

Es spricht einiges für letztere Annahme. Die «Entnazifizierung» – soviel ist bekannt – ist bei den Deutschen höchst unbeliebt, und sie lassen keine Gelegenheit aus, ihre «Opfer» und «Überlebenden» lautstark, gezielt und aggressiv zu feiern. Um nur ein Beispiel zu nennen, haben sie dies im Fall von Gustaf Gründgens getan, dem Schauspieler, Regisseur, Nazi-«Staatsrat», Senator und engen Freund Görings, als ihm die Russen schließlich erlaubten, wieder in Berlin aufzutreten. Sie haben es im Fall von Dr. Furtwängler getan, dem Lieblingsdirigenten Hitlers, einem musikalischen Aushängeschild des Dritten Reiches im Ausland. Und sie werden es weiter tun, solange alliierte Berichterstatter ihre rein politischen Demonstrationen weiterhin mit kunstliebenden Ovationen verwechseln.

Daß eine Gruppe Nichtdeutscher (und man wüßte gern, wie groß diese Gruppe eigentlich ist) zu Furtwänglers Eroberung von Berlin beitrug, ändert nicht viel am Charakter der deutschen Vorstellung. Dieser Charakter wird außerdem von der Tatsache unterstrichen, daß bisher kein großer antifaschistischer Dirigent zu einer Rückkehr nach Berlin eingeladen wurde. Weder Toscanini noch Bruno Walter, weder Huberman noch Adolf Busch, deren weltbekannte Kunst der «Führer» seiner musikalischen Nation vorenthielt, scheinen erwünscht zu sein.

Freitod des Bruders Klaus : Briefe

AN PAMELA WEDEKIND   Zürich, 16. 6. 1949
                                      Baur au Lac

Liebe Pamela, –

(mein Gott, seit wie langem habe ich keinen Brief so begonnen!) ich war sehr froh, von Dir zu hören, – und so zu hören.
Trotz den Jahren der Trennung und der traurigen Entfrem-
dung, weißt Du gewiß und kannst es ganz ermessen, was dieser Tod mir bedeutet. Daß er auch Dich getroffen hat, lese ich
dankbar aus jeder Deiner Zeilen.

Er liegt in Cannes begraben, – ich komme eben von dort zurück. Zur Beerdigung – von Stockholm aus – konnte ich nicht
fahren, – der Eltern wegen, oder doch unserer Mutter wegen,
und so ging ich erst jetzt.

Der Stein, den ich ihm bestellte, wird die Inschrift tragen,
die dem Roman, an dem er zu arbeiten begonnen hatte, als
Motto voranstehen sollte. Ich lege Dir – und weiß selbst nicht
genau warum – den Zettel bei, auf dem er sich (er war krank,
damals, und lag) ein paar Wochen vor seinem Tode diesen Satz
exzerpierte.

Viel Fertiges war noch nicht da, was den Roman angeht, –
nur eine Unmenge von Vorarbeiten, Notizen und Exzerpten.
Besonders eindringlich hatte er sich mit Kierkegaard beschäftigt.

«Gebrochen aber wird nur, wer über Einzelnem verzweifelt;
und er wird deshalb gebrochen, weil er nicht total verzweifelt.» (Auch dies eines der Exzerpte.)

Es ist entsetzlich viel mit ihm dahingegangen – und nicht
nur für mich und uns. Wüßte ich meinerseits nichts weiter
über den Zustand unseres unseligen Planeten, als daß Klaus
nicht mehr leben konnte, auf ihm, mir bangte erheblich.

Im Winter erscheint auf deutsch seine Autobiographie, «Der Wendepunkt», deren englische Originalfassung 43 drüben herauskam. Ich will dafür sorgen, daß ein Exemplar Dir zugeht.

Leb wohl, meine Liebe und sei nochmals bedankt. Wie ich leben soll, weiß ich noch nicht, weiß nur, daß ich muß; und bin doch gar nicht zu denken, ohne ihn.

Die Deine: E.

AN EVA HERRMANN   Zürich, 17. 6. 1949
                                   Baur au Lac

Evbev, –
sei sehr bedankt. Ich weiß, wie Du's meinst, – nämlich GUT, – und akzeptiere gern, was unter Deinen Rat- und Trostworten irgend verwendbar ist, für meinereinen. Sogar reden tu ich mit ihm [Klaus], – wenn freilich nicht in Deinem Sinne, sondern bloß, wie man mit sich selber spricht. Waren wir doch Teile von einander, – so sehr, daß ich ohne ihn im Grunde gar nicht zu denken bin. Nur, daß mir nicht gegeben und nicht erlaubt ist, mich davon zu machen, und daß ich bleiben muß, wiewohl ich im Entferntesten so reich an Gaben, so liebenswert, so *lebendig* nicht bin wie er es war. Unerfindlich ist das Walten der Oberen. Wenn es aber wahr ist, daß sie züchtigen, wen sie lieben, dann sind sie offenbar völlig *vernarrt* in mich.

Meine Pläne sind ungewiß. Fest steht nur, daß meines Bleibens hier nicht überlange mehr sein wird. Z. (mit Frau Mieleinlieb) scheint definitiv Ende Juli ins Vaterland zu gehen, und während ich, wie Du weißt, nichts tue oder rede um ihn zu hindern, sind schon die Vorbereitungen, – Besprechungen, Ferngespräche und Korrespondenzen – mir allzu quälend.

Vermutlich gehe ich zunächst und bald nach Amsterdam, wo es mit Friederich [Fritz Landshoff] vieles zu ordnen und zu entscheiden gilt, – K's literarisches Erbe betreffend.

Sei umhalst und nochmals bedankt!   E.

AN LUDWIG MARCUSE   Zürich, 19. 6. 1949

Lieber Marcuse
mit Ihrer *Trauer* haben Sie mich sehr gekränkt, – natürlich, ohne es zu wollen, vielmehr das helle Gegenteil dringlich wollend. Wenn und da Sie ihn aber so wenig kannten, WARUM *mußten* Sie schreiben? – Daß Klaus mit Leidenschaft der Literatur lebte und mehr davon verstand, als manch steriles Rudel von Literarhistorikern, heißt nicht, daß er nichts gewesen wäre als eben ein «Literat». Es wird sich herausstellen, daß er keineswegs (wie etwa ich!) «viele Talente», sondern *das* reichste, blühendste, übrigens gescheiteste und ehrlichste Talent war oder besaß, das diese Generation aufzuweisen hatte. Und «Charakter» hat er also auch keinen gehabt, der «nicht mehr ganz junge Jüngling»? Gewiß: Sie schränken das ein und konzedieren, unser «Verstecker» sei nicht geradezu «charakterlos» gewesen. Daß er aber in Wahrheit einer der integersten, unbeirrbarsten, konsequentesten und in jedem Sinne treuesten Charaktere «in existence» war – sich selber treu und allem woran er glaubte, allen, denen er sich verpflichtet fühlte, wissen Sie nicht, wiewohl mancher, der ihm und uns ferner stand, es begriff. – Den *Mephisto* nennen Sie, ganz wie die Nazis dies tun, einen «Schlüsselroman». Als ob das Buch nichts enthielte, wäre und sein wollte, als ein Porträt des Staatsrates Gründgens, von dem Sie – umsichtig und wie erläuternd – aussagen, daß ich mit ihm verheiratet gewesen sei. Für derlei «Analysen»

bedürfen wir, sollte man meinen, nicht Ihrer, eines *Freundes*, und des «Aufbaus», einer *freundlichen* Publikation. *Dafür* haben wir die *deutschen* Blätter, deren eines, die «Neue Zeitung» in einem sehr lustig *Rundherum* überschriebenen Nachruf den Dahingegangenen «den deutschen André Germain» genannt hat.

So weit, nun, gehen Sie nicht. Und doch ist das verhuschte und verklatschte Bild, das Sie von ihm entwerfen, durchaus unter einen Hut zu bringen mit jener «Charakterisierung», und einer, der Sie läse, ohne Klaus gekannt zu haben, möchte wohl geneigt sein, sich etwas André-Germain-artiges vorzustellen, unter dem hin- und widerflitzenden Nichts-als-Literaten, den Sie da schildern, um ihn am Ende zu «betrauern», niemand weiß, warum.

Nochmals: ich weiß, Sie meinen es gut, und ich bin Ihnen ergo nicht böse. Nur sagen mußte ich Ihnen, wie sehr Sie mich betrübt und gekränkt haben. Ohnedies erscheint so viel Abscheuliches – absichtlich Abscheuliches – und Gemeines über den Wehrlosen, daß ihm Gerechtigkeit hätte widerfahren sollen an einer der wenigen Stellen, die dafür offen standen.

Ich sehe fast niemanden im Augenblick, hätte Sie und Sascha aber gewiß angerufen, wäre mir nicht angst gewesen, vor einer mündlichen Auseinandersetzung.

«Daheim» wird man sich hoffentlich sehen und Sie werden mir hoffentlich Ihrerseits nicht böse sein. – *Ein* wirklich schöner und adäquater Nachruf, übrigens, *ist* erschienen. Ein Mann, der nichts von ihm kannte, als seine Bücher und ein paar Briefe, hat ihm – in der Basler Nationalzeitung – durchaus keine Eulogie, wohl aber ein stimmiges und ergreifendes Abschiedswort gewidmet. Sie sehen! Man *kann* es mir recht machen.

Herzlich die Ihre: E.M.

TELEGRAMM AN LUDWIG MARCUSE

Zürich, 27. 6. 1949

Mephistovorwurf de facto ungerecht da fraglicher Satz redaktionell stop alles übrige gleich wichtig und gleich betrüblich stop nochmals zürne Ihnen nicht und hoffe Sie entschuldigen Irrtum. Herzlich   E.M.

AN PAMELA WEDEKIND   Amsterdam, 27. 7. 1949

Liebe Pamela, –
sei sehr bedankt. Aber ich glaube, er ist so unschuldig gestorben, wie er gelebt hat. Diese Depressionen kamen über ihn und waren umnachtend, – so sehr, daß er, bei aller Umsicht in dem, was er tat, kaum wußte, daß er es tat und «warum». Natürlich entstammten sie der tiefsten, der entscheidenden Schicht seines Wesens, so wie es nach allem, was ihm widerfahren, schließlich war. Und nämlich war sterben zu dürfen sein sehnlichster Wunsch. Da er aber wußte, daß er *nicht* «durfte», hätte er, der so bemüht, so brav, so treu war, es nicht über sich gebracht, wäre er wirklich Herr seiner Sinne gewesen. Man hat in Cannes alles nach Abschiedsbriefen, nach irgendeinem «letzten Wort» abgesucht.

Aber mir stand völlig fest, daß man *nichts*, – keinen Zettel, keinen Gruß, – *gar* nichts finden würde. Hätte er unser, – unserer Mutter und meiner auch nur *gedacht*, oder hätte er uns gar angeredet, er hätte es nicht vermocht. – So mischt sich in meinen Jammer kein Vorwurfstropfen und keine Bitterkeit. – Ich möchte, daß Du dies wissest und daß auch Dir sein Bild rein bleibt.

Ich habe seinen letzten, sehr schönen, sehr sehr traurigen

Aufsatz, «Die Heimsuchung des Europäischen Geistes» ins Deutsche übersetzt und in der «Neuen Rundschau» erscheinen lassen. Ein Exemplar geht Dir dieser Tage zu.

Danke dafür, daß Du mich eingeladen hast, – aber ich kann jetzt nicht nach Deutschland kommen, – habe vielmehr, wie Du vielleicht aus den Gazetten ersahest, schwersten Herzens die Eltern allein fahren lassen. Dir zu erklären, warum, würde zu weit führen.

Laß mich nur hoffen, daß man sich doch in diesem Leben, – etwa in der Schweiz – nochmals zusammenfindet. – Jetzt gehe ich bald nach Amerika zurück, – bin nur hier mit K.s Verlagsdingen noch ein Weilchen befaßt. – Alles alles Gute Dir, liebe Pamela.

Wie gern kenne ich Deine Kinder!

Und wie dankbar bin ich Dir für die tröstliche Unmittelbarkeit Deines Mit-Leides!

Sehr die Deine: E.

Enttäuscht von Amerika

AN EDWARD J. SHAUGHNESSY
Director of Immigration and Naturalization
New York District Office
                                Pacific Palisades, 11. 12. 1950
Einschreiben
Sehr geehrter Herr:
Hiermit möchte ich Sie von meinem Entschluß in Kenntnis setzen, meinen anhängigen Antrag auf die Staatsangehörigkeit der USA zurückzuziehen – ein Entschluß, zu dessen Ver-

wirklichung dieser Brief, wie ich zuversichtlich hoffe, beitragen wird. Ich habe diesen entscheidenden Schritt lange bedacht und möchte Ihnen versichern, daß ich ihn nur nach sorgfältigster und gewissenhaftester Erwägung tue. Bitte erlauben Sie mir, meinen Standpunkt darzulegen. Ich werde mich bemühen, wenn schon nicht kurz, so doch so kurz wie unter den Umständen möglich zu schreiben.

Durch Heirat britische Staatsbürgerin geworden, kam ich im Jahre 1936 als Besucherin erstmals in dieses Land. Im Juli 1937 immigrierte ich und besorgte mir, da ich zu bleiben beabsichtigte, meine First Papers am Tage nach meiner Rückkehr. 1942 wäre ich für die Einbürgerung in Frage gekommen. Doch inzwischen war längst der Krieg ausgebrochen, und ich war zu sehr damit beschäftigt, zuerst die britischen und dann die amerikanischen Kriegsbemühungen zu unterstützen, als daß ich mich für die erforderliche Dauer von sechs Monaten an einem Ort der USA hätte niederlassen können. Unzählige Male habe ich mein Leben in Gefahr gebracht, als ich während der schweren Luftangriffe für die BBC arbeitete und als Kriegsberichterstatterin bei den US-Streitkräften akkreditiert war. Hierzu hätte ich übrigens keine Genehmigung erhalten, wenn ich nicht der eingehendsten Überprüfung unterzogen und für geeignet befunden worden wäre. Von 1939 bis 1946 verbrachte ich ungefähr die Hälfte meiner Zeit im Krieg oder bei den Besatzungstruppen und, um mir etwas Erholung zu gönnen, ein Drittel bei Vortragsreisen «daheim» in den Vereinigten Staaten. Ich bekam mehr Angebote, als ich hätte annehmen können – weitaus mehr. Meinem Agenten zufolge war ich der «meistgefragte» weibliche Lecturer in diesem Land und, nebenbei bemerkt, einer der besten, mit denen er je zusammengearbeitet hat. Hunderte von Briefen verschiedenster Organisationen – Universitäten, Schulen, Kirchen, Clubs, kommunale Diskussionskreise – bezeugen den konstruktiven und pädagogisch wertvollen Charakter meiner Bemühungen.

Ich verdiente mir meinen Lebensunterhalt gut dabei, ruinierte aber meine Gesundheit – nicht weil ich das Geld so bitter nötig gehabt hätte, sondern weil ich meinen Zuhörern begreiflich machen wollte, wofür «wir» kämpften und welche Art von Frieden «wir» zu etablieren suchten. Dies waren auch die Jahre, in denen mir zwei öffentliche Ehrungen des Finanzministeriums für besondere Leistungen auf seinem Gebiet zuteil wurden, ebenso wie eine des Kriegsministeriums, das meinen hervorragenden patriotischen Einsatz an mehreren überseeischen Kriegsschauplätzen anerkannte. Wäre ich amerikanische Staatsbürgerin gewesen, ich hätte mich nicht stärker bemühen können, dem Lande nützlich zu sein. In der Tat fühlte ich wie eine Amerikanerin, lebte wie eine Amerikanerin, *war* praktisch eine Amerikanerin. Daher bat ich, sobald sich die Gelegenheit dazu ergab, um Gewährung der amerikanischen Staatsangehörigkeit. Nicht, daß ich jemals meine Dankbarkeit gegenüber Großbritannien vergessen hätte und die Treue, die ich ihm schuldete, solange ich britische Staatsbürgerin war. Doch zwei meiner Brüder waren in die US-Streitkräfte eingetreten und hatten in ihnen gedient; meine Eltern waren ebenfalls amerikanische Staatsbürger geworden; und die Bindungen zwischen Großbritannien und den Vereinigten Staaten waren so stark, daß mir der beabsichtigte Wechsel der Staatsangehörigkeit keinen größeren Gesinnungswandel zu erfordern schien – keinen Umsturz meiner Prinzipien und Überzeugungen. Ich lebte und arbeitete nun einmal in den USA, und da ich dies auch weiterhin zu tun wünschte, hielt ich es nur für korrekt, mich dem guten Volk dieses Landes auch legal anzuschließen. Ich stellte meinen Antrag vor fast vier Jahren.

Seit diesem Zeitpunkt ist eine Überprüfung im Gange, die unvermeidlich dazu führte, Zweifel an meinem Charakter zu wecken, meine berufliche Laufbahn allmählich zu ruinieren, mich meines Lebensunterhalts zu berauben und mich – kurz gesagt – von einem glücklichen, tätigen und einigermaßen nützlichen Mitglied der Gesellschaft zu einer gedemütigten Verdächtigten zu machen. Freunde von mir sind zwei und drei Stunden hintereinander verhört worden, bis sie fast zusammengebrochen sind. Als sich herausstellte, daß ich weder Kommunistin, noch «Mitläuferin», noch Mitglied einer als «subversiv» registrierten Organisation, noch sonst irgendwie politisch unerwünscht war, begannen die Behörden in meinem Privatleben herumzustochern in einer Weise, die alle Befragten äußerst schockierte. Barkeeper, Büroangestellte, Manager, Redakteure, gute Bekannte und Leute, die mich fast gar nicht kennen, wurden gleichermaßen verhört. Kein Wunder, daß potentielle Arbeitgeber eine heftige Abneigung verspürten, mich zu engagieren. Während der letzten drei Jahre ist die Zahl meiner Lecture-Termine von gut 75 in einer viermonatigen Saison auf 1 in diesem Jahr (Winter 1950 / 51) zurückgegangen. Mein Manager hat es für angebracht gehalten, sich von mir zu trennen, und ich würde es kaum wagen, mich in einer der Redaktionen blicken zu lassen, für die ich früher als Journalistin arbeitete. Denn sogar diejenigen, die mit Recht von meiner völligen «Unschuld» überzeugt sind, neigen heutzutage zu der Befürchtung, daß der Umgang mit einer fälschlich Verdächtigten ihnen verübelt werden könnte.

Man könnte einwenden, daß meine Ansichten, die ich in meinen Lectures freimütig auszusprechen pflege, nicht mehr so populär seien wie zur Zeit des Krieges; daß ich, wenn ich auch stets ausführlich Kritik an der UdSSR geübt habe, gegenüber gewissen Entwicklungen im zeitgenössischen Amerika

kaum weniger kritisch gewesen sei; und daß meine jetzigen
Mißerfolge beim Aushandeln von «Terminen» auf mein eigenes Verhalten zurückzuführen seien und nicht darauf, daß die
endlose Überprüfung meine Situation prekär und schließlich
unhaltbar gemacht hat. Aus zwei Gründen bin ich überzeugt,
daß dies nicht der Fall ist: 1.) Jahre vor dem Krieg, zu einer
Zeit, als der Isolationismus stark verbreitet war und viele meiner Zuhörer, besonders im Mittelwesten, warm mit Deutschland – jeglichem Deutschland – sympathisierten, während
andere Frieden um fast jeden Preis wünschten, war meine
Haltung mindestens ebenso «unpopulär» wie heute, wenn
nicht sogar noch unpopulärer. Dennoch – vermutlich infolge
meiner offensichtlichen Aufrichtigkeit – schienen die Leute
sich nie daran zu stoßen, und ich kam mit den meisten gut
zurecht. 2.) Das tue ich noch immer, wenn ich Gelegenheit
habe, mir Gehör zu verschaffen. Im Oktober / November 1949
verbrachte ich vier Wochen als «Gast-Schriftsteller» an vier
Colleges und Universitäten in Südkalifornien. Und niemals –
nicht einmal während des Krieges, als meine «Linie» sich
trefflich in das allgemein akzeptierte Muster einfügte – bin
ich erfolgreicher gewesen als in dieser Zeit. Dasselbe gilt für
meine Teilnahme an der Rundfunksendung «Townhall of the
Air» im August 1948, die sich mit der Frage «Was sollen wir
in der jetzigen Berlin-Situation tun?» befaßte. Wie bei allen
«Townhall of the Air»-Sendungen wurde auch damals eine
dramatische Zuspitzung des betreffenden Problems verlangt,
woraus sich für die Diskussionsteilnehmer die Notwendigkeit
ergab, eine sehr eindeutige Haltung einzunehmen und ihre
jeweiligen Meinungen möglichst extrem zu formulieren.
Folglich hätte man erwarten können, daß ich mich noch unbe-
liebter gemacht hätte als gewöhnlich, zumal meine «Gegner»
sich beide als Experten erwiesen und unablässig genau das

sagten, was die Mehrheit hören wollte. Nichtsdestoweniger wurde ich in freundlichster Weise akzeptiert und erhielt mehr Fragen aus dem Publikum als meine beiden Partner zusammen.

All dies erwähne ich lediglich zum Beweis meiner Behauptung, daß es keinesfalls die Art meiner Vorträge war, die meine Laufbahn als Lecturer beendete, sondern daß ich durch Umstände außerhalb meiner Verantwortung zum Schweigen gebracht worden bin.

Natürlich sehe ich ein, daß jeder, der die US-Staatsbürgerschaft erwerben möchte, überprüft werden muß, selbst wenn mehrere vorausgegangene Überprüfungen keine ungünstigen Ergebnisse zutage gebracht haben. Eine Routine-Überprüfung, über den Zeitraum eines halben Jahres oder sogar eines Jahres hinweg, wäre nichts Ungewöhnliches gewesen und hätte keinen Schaden anrichten können. Doch daß eine Menge von Leuten fast vier Jahre lang ausgefragt wurden, mußte zwangsläufig Mißtrauen hervorrufen – nicht nur bei den Betreffenden selbst, sondern auch bei allen, denen sie sich anvertrauten (und das waren viele).

Mir persönlich ist es völlig unerklärlich, wieso die Überprüfung solche katastrophalen Ausmaße annehmen konnte. Man hat mir niemals einen Anhörungstermin gewährt, und nur einmal bin ich von zwei Herren befragt worden, die die Einwanderungsbehörde von Los Angeles vertraten und – soweit ich erkennen konnte – in erster Linie meine verschiedenen Aufenthaltsorte während der letzten dreizehn Jahre nachprüften. Doch ich – und nur ich – hätte die verlangten Informationen liefern können und hätte freiwillig *alle* Auskünfte erteilt, die nur irgend gewünscht worden wären. Es gibt nichts in meinem Leben, was ich nicht bereitwillig erzählt hätte; nichts, was ich aus irgendeinem Grund verheimlichen müßte; nichts, was

mich möglicherweise hätte davon abhalten können, amerikanische Staatsbürgerin zu werden.

Darf ich bemerken, daß es weniger der tatsächlich erlittene
Schaden ist als vielmehr die Ungerechtigkeit des ganzen Vor-
gehens, die mich bis ins Innerste schmerzt und beleidigt. Letztendlich wird sich bei meinem Fall mit Sicherheit herausstellen,
daß die Tatsachen gewichtiger sind als der ganze Wust von
Zweifeln, Verdächtigungen und Denunziationen, die alle miteinander unbegründet sind und daher niemals bewiesen werden können. Doch selbst wenn ich schließlich widerwillig
akzeptiert worden wäre, hätte ich mich äußerst unbehaglich
gefühlt, ebenso wie das Gespenst meiner ruinierten Laufbahn
mich mein Leben lang verfolgt hätte. Schlimmer noch – ich
hätte nicht besonders stolz sein können auf meine Staatsangehörigkeit, ein Privileg, das ich nur mit knapper Not erworben
hätte. Als britische Staatsbürgerin, entschlossen, meinem Land
und seinen Freunden und Alliierten nach besten Kräften zu dienen, habe ich nie das Gefühl haben müssen, daß meine Dienste
für unbedeutend erachtet wurden. Auch als Einwohnerin der
USA sind mir Anerkennung und höchst ermutigender öffentlicher Beifall nicht versagt geblieben. Erst als «Einbürgerungs-
bewerberin» mußte ich die allmähliche Vernichtung von allem,
was ich in mehr als einem Jahrzehnt aufgebaut hatte, mit ansehen. Dieses Schauspiel war um so quälender, als es die dritte
Existenz betraf, die ich mir selbst geschaffen hatte. Der Nazismus vertrieb mich aus meinem Geburtsland Deutschland, wo
ich ziemlich erfolgreich gewesen war; Hitlers wachsender Einfluß in Europa veranlaßte mich, den Kontinent zu verlassen, in
dem ich auf Gastspielreisen mit meiner eigenen Show über tausend Vorstellungen gegeben hatte; und jetzt sehe ich mich –
ohne eigenes Verschulden – ruiniert in einem Land, das ich
liebe und dessen Staatsbürgerin zu werden ich gehofft hatte.

Dennoch möchte ich es völlig klar machen, daß ich mich nach dem Gesetz – natürlich einschließlich des Gesetzes über Innere Sicherheit von 1950 – noch immer als zur Naturalisierung geeignet betrachte; daß es in meinem Lebenslauf – meinen früheren und jetzigen Aktivitäten, Verbindungen, Überzeugungen, Äußerungen und dergleichen – nichts gibt, was mich von der Erlangung der amerikanischen Staatsangehörigkeit ausschließen könnte; daß ich meinen anhängigen Antrag allein aus den oben beschriebenen Gründen zurückziehe; daß ich keine Veranlassung habe, weiterer Überprüfung auszuweichen oder eine schließliche Ablehnung zu fürchten; daß ich mich, ungeachtet der erlittenen Kränkungen ideeller und materieller Art, die mich zu dem Entschluß brachten, keinen Gebrauch von meiner Einbürgerungs-Eignung zu machen, weiterhin so betragen werde, daß ich geeignet bleibe – theoretisch, im Prinzip und *de jure*.

Ich muß wiederholen, daß ich diesen Entschluß nicht ohne sehr ernsthafte Erwägung getroffen habe. Da er nun jedoch getroffen worden ist, muß ich sagen, daß ich keinerlei Bedauern verspüre bei der Aussicht, den Rest meines Lebens als britische Staatsbürgerin verbringen zu müssen. Und Sie können ganz sicher sein, daß ich als britische Staatsbürgerin stets bemüht sein werde, den Interessen anglo-amerikanischer Zusammenarbeit nach besten Kräften zu dienen.

Ihre sehr ergebene   Erika Mann-Auden

Das Wort im Gebirge

Ein Sketch zum 80. Geburtstag Thomas Manns (6. Juni 1955)

Herr Roßgoderer: Hier ist die Radiostation «Das Wort im Gebirge», Roßgoderer sprechend. Meine lieben Hörer und Hörerinnen, mir ha'm da heute jetzt eine Feierstunde – ne'woa, denn
es stellt sich heraus, daß ein hoher Geburtstag ist, von einem
deutschen Dichter, naa', also a Dichter ist er eigentlich nicht,
also ein Schriftsteller is' er – mit dem Namen, dem im Ganzen
also ziemlich wohlbekannten Namen: Thomas Mann. Ich darf
da gleich am Anfang amal einen Druckfehler – äh – feststellen,
richtigstellen, der sich in unsere Zeitungen eingeschlichen zu
haben scheint – jedenfalls in der, die wo ich halte; da ist drin gestanden, daß dieser Mann jetzt heute am 6. Juni achtzig Jahre alt
wird, also das stimmt nicht. Ich habe da diesen Thomas Mann
zufällig selbst auf meinem Fernsehschirm, hab'n ferng'sehen
vor einiger Zeit, und da hat sich herausgestellt, daß das ein
Mann von Ende sechzig ist, also, so daß das heut' der siebzigste
Geburtstag sein dürfte und nicht der achtzigste. Also mir feiern
den siebzigsten Geburtstag von diesem Thomas Mann. Jetzt
sin' ja mir «Das Wort im Gebirge», wie Sie wissen, liebe Hörer
und Hörerinnen, mir sind ja also kein Buchradio, nicht! Mir
sind ja keine Bücherwürmer und eigentlich keine literarische
Radiostation, aber natürlich in einem solchen Fall muß man
doch eine Ausnahme machen und die Sache also würdig begehen, und infolgedessen habe ich mich hing'setzt zusammen mit
der Frau Motzknödel, gell, Frau Motzknödel?

Frau Motzknödel: Ja, natürlich Herr Roßgoderer, wir hab'n
uns zusammengesetzt, gell? 's hat sich gelohnt auch, und tele-
foniert hab'n wir.

Herr Roßgoderer: Ja, das wollt' ich grade sagen. Mir haben also auch telefonisch noch einige Kunde eingezogen, weil mir selber da nicht so genau auf'm Laufenden war'n, und hä'm also da hoffentlich die richtigen Sachen jetzt drin, so daß wir also jetzt diese Feierstunde würdig begehen können. Ich fang jetzt an und erzähl a bissel was von den Werken, ne'woa, von den Schriften und Werken von diesem siebzigjährigen Thomas Mann. Also der hat seinen ersten großen Bucherfolg, einen Romanerfolg hat er g'habt mit einem Buch, einem zweibändigen Buch, einem Roman namens «Puddenbruch – Abfälle einer Familie». Und es ist ja nur zum Bewundern, wie eigentlich so ein Schriftsteller hergeht, ne'woa, und aus den Abfällen von einer einzigen Familie dann einen zweibändigen Roman macht und auch noch einen Erfolg damit hat.

Frau Motzknödel: Ja, ich weiß nicht, Herr Roßgoderer, wenn man sich denkt eigentlich, was so eine einzige Familie in Jahren also für Abfälle z'samm'bringt, net, da kann man schon mit a bissel a Dingn dann, so a Ding, a Einbildungskraft, gell, a Phantasie, kann man da wahrscheinlich schon …

Herr Roßgoderer: Ich sag's ja, ich sag's ja, muß es ja; es war ja ein erfolgreiches Buch, also ich nehme an, daß dieses «Puddenbruch – die Abfälle der Familie» also ein schön geschriebenes, phantasievolles Buch ist. Fernerhin hat er dann – kurz darauf, glaub' ich, war das – hat er ein sehr nettes Mädchenbuch geschrieben, des heißt: «Lotte Kröger». Und da sagt mir die Frau Motzgoderer, die Frau – äh – Motzknödel, ich bitte sehr um Entschuldigung, ich bin da natürlich mit einer literarischen Sendung bin ich a bissel verlegen jetzt, da versprech ich mich leicht, weil ich ja kein Bücherwurm also wie gesagt nicht bin. Also die Frau Motzknödel, die sagt mir, sie hat das Mädchenbuch «Lotte Kröger» hat sie gelesen und 's hat ihr gut …

Frau Motzknödel: Nein, ich hab's nicht selber gelesen; ich hab Ihnen nur g'sagt, daß also meine Damen, die ich gefragt hab' drüber, ham g'sagt, das ist ein sehr nettes Buch, also so ungefähr wie Lotte und Grete Bachs Brausejahre, net, oder «Der Trotzkopf» oder so, also ein sehr hübsches Buch soll's sein – «Lotte Kröger».

Herr Roßgoderer: Ja, also offenbar hat auch das einen schönen Erfolg eingebracht. Fernerhin ha'm wir dann zu vermelden eine größere Erzählung, die auch einiges Aufsehen aufgewirbelt hat, die heißt «Der Tod in' Weimar». Ich persönlich habe keine Ahnung, was in dem Ding also da drinsteht, aber . . .

Frau Motzknödel: Ja, ich hab's schon gehört, ich weiß da schon bissel mehr, Herr Roßgoderer. Und zwar also hab' ich g'hört, grad die Novelle, die sei also äußerst – Ding, net – also schwül, schwül.

Herr Roßgoderer: Was verstehen Sie unter schwül, äh, Frau Motzknödel?

Frau Motzknödel: Ja, des ist nur so ein Ding, so ein Fachausdruck. Ich weiß natürlich net, ob ich ihn ganz richtig beisammen hab', aber das ist ein anderes Wort, net, für – eh, Ding – für . . . für homoerotisch.

Herr Roßgoderer: Ja, verzeihen Sie, verzeihen Sie, Frau Motzknödel – wollen Sie andeuten, daß unser Jubilar, also der jetzt nunmehr siebzigjährige Thomas Mann, also da ein Ding geschrieben hat, ein . . . ein . . . ein perverses Buch?

Frau Motzknödel: Ja, pervers – mein Gott, also ich mein, natürlich – es is' halt Ding . . . es is' eben halt schwül, net. Also die Geschichte ist glaub' ich die, hab' ich mir sag'n lassen, daß ein blutjunger Bub, net wahr, verliebt sich also wie verrückt, also zum Sterben verliebt er sich in einen älteren Herrn, einen Schriftsteller . . .

Herr Roßgoderer: Ach –

Frau Motzknödel: ... und zwar so sehr, also dermaßen, daß das Kind, der Bub, der blutjunge, schließlich dann also an der Beulenpest stirbt.

Herr Roßgoderer: Ja, Frau Motzknödel, ich kann mir nicht vorstellen, daß Sie sich da richtig haben berichten lassen, denn um Gottes Willen, also wenn schon so 'was Furchtbares vorkommt, daß sich ein so blutjunger Bub in einen älteren Herrn verliebt, einen Schriftsteller, wie kommt er denn dann noch zur Beulenpest? Das ist ja äußerst unwahrscheinlich, das ist ja gar nicht recht glaubwürdig. Also wirklich nicht glaubwürdig, Frau Motzknödel.

Frau Motzknödel: Ja, ich mein, glaubwürdig muß er's selber gemacht haben dann in der Geschichte, «Tod in Weimar», denn ich hab das gehört, und das Buch ist ja erfolgreich.

Herr Roßgoderer: Ja, ja, also der Erfolg natürlich zählt, und wenn es so ist, wie die Frau Motzknödel sagt, dann müss' mer's eben dabei bewenden lassen, dann hat sich also der blutjunge Bub in den alten Mann verliebt und ist dann also aus diesem Grunde tatsächlich an der Beulenpest gestorben. Da kamma aa' nix mach'n.

Jetzt das fernere Buch, das er g'schrieben hat, was mich auch schon im Titel etwas seltsam anmutet, ein Roman isses, das heißt: «Königliche Roheit». I' woaß net, was er da g'meint hat, was für einen König er überhaupt im Sinn g'habt hat, denn also so viele Könige, die so roh sind, des hammer ja gar nicht g'habt. Also mindestens mir in Bayern ham's nicht g'habt.

Das führt mich aber nun zu seinem nächsten Werke, und das war also ein prachtvolles Buch, nämlich das bayerische Heimatepos «Der Bergzauber». In zwei Bänden. Gell? Und da also, da kann ich überhaupt nur loben, da gibt's nix wie zu loben, das ist ein nobles Buch, ein feines Buch, ein sehr nobles Buch – und infolgedessen, weil das Buch so nobel war, hat er

daher auch sofort diesen Noblpreis, gell, den bekannten Noblpreis, hat er für dieses Buch «Der Bergzauber» auch gewonnen.

Frau Motzknödel: Ja, verzeihen Sie, Herr Roßgoderer, ich
weiß nicht, ich kenn mich schon nicht g'nau aus, aber sicher
unsere lieben Hörer und Hörerinnen auch nicht genau – der
Noblpreis, wo kommt denn der her und wo besteht er denn
drin, was kriegt man da, wenn man den Noblpreis kriegt, für
ein nobles Buch?

Herr Roßgoderer: Ja, Geld kriegt ma', Geld, Frau Motzknödel! Aber wo's herkommt, kann ich Ihnen jetzt a net g'nau
sag'n; ich glaub, daß das eine Stiftung ist, die also da in Finn-
land oder so wo droben halt gemacht worden ist, daß also
Leute mit noblen Werken da ausgezeichnet werden, net? Und
da hat er also an Haufen Geld 'kriegt. Und dieses Geld – also,
ich finde, eine Feierstunde soll man nicht machen, ohne daß
man auch die Nachteile aufzählt, ehrlich, immer ehrlich,
nicht? Also dieser Noblpreis scheint unseren Schriftsteller da
ziemlich, also ziemlich – äh – wie soll ich sagen – also erledigt
zu haben. Denn dann danach hat er eigentlich sechzehn Jahre
lang, wenn Sie das bedenken, sechzehn Jahre lang, hat dieser
Thomas Mann überhaupt fast gar nix g'macht. Das heißt, er
hat sich also hingesetzt, net, und hat eine ganz kurze Passage,
net, a ganz a kurzes Paragräphlein aus der Bibel hat er nacher-
zählt. Und i' bitt' Sie um ois in der Welt, da hat er sechzehn
Jahre g'braucht, um Joseph hat sich's gehandelt, ich kenn die
Passage selber, es ist a ganz a kurzes Dingerl, und mir kennen's ja alle aus unseren Schulzeiten noch, wie also diese
Nacherzählungen uns ja auch dann mit einiger Übung flott
von der Hand gegangen sind. Und wenn da also ein gelernter
Schriftsteller wie der Thomas Mann sechzehn Jahre nichts
weiter tut wie diese kleine Nacherzählung anfertigen, dann

muß man schon sagen, das ist ein Schneckentempo, daß es einem also beinah' leid tun könnte. Auf der anderen Seite bin ich überzeugt davon – ich hab's nicht gesehen, ne'woa – bin ich überzeugt davon, daß er mit größter Gewissenhaftigkeit vorgegangen ist, denn wie könnte er sonst für diese kleine Nacherzählung also sechzehn Jahre gebraucht hab'n? Aber er hat auch sonst einiges geschrieben, was uns lieb und wert ist und zu sein hat. Äh, zum Beispiel die Novelle «Herr Tonio und Hund», scheint's ein sehr liebes Geschichtchen. Fernerhin die berühmte Boxer-Erzählung «Schwere Runde», wo er mit unerhörter Meisterschaft also zeigt, wie der Boxer es also in einer bestimmten Runde im Ring, ne'woa, im Boxring besonders schwer g'habt hat. Ferner auch die Erzählung «Der Gewählte» …

Frau Motzknödel: Ja, ja, da hab' ich auch – da hab ich mir auch meine Überlegungen gemacht, hab' ich mir gedacht, ob das nicht, Herr Roßgoderer, ob das nicht vielleicht eine ziemliche Selbstbeschreibung ist, weil er doch so gewählt schreibt, net, daß er sich selber also da dargestellt hat, net, wenn er sagt: «Der Gewählte».

Herr Roßgoderer: Ja, das ist sehr leicht möglich, natürlich, das ist durchaus einleuchtend, Frau Motzknödel, durchaus einleuchtend, äh – genau so wie schon früher, ne'woa, die viel frühere Geschichte, die geheißen hat, also die den Titel getragen hat: «Wälzerblut». Die dürfte auch wie man sagt autobiographische Züge tragen, insofern als er offenbar das Blut g'habt hat zu Wälzerschreiben, net; sowohl «Die Puddenbruch» als auch das bayerische Heimatepos «Der Bergzauber» sind ja zweibändige Romane, also ziemliche Wälzer. Und wenn er da das Ding «Wälzerblut» g'schrieben hat, da hat er sicher auch sich selber dabei im Auge g'habt. Ich darf aber jetzt berichten, meine lieben Hörer und Hörerinnen, daß er außer diesen Wälzern und allgemein bedeutenden Dichtungen bzw. Schriftstellererzeugnissen, hat er auch also sehr schöne allgemeingültige – äh – Maximen gemacht, wie man sagt: Apersus, hat er g'macht ...

Frau Motzknödel: Apersus?

Herr Roßgoderer: Ja, ich sag's ja g'rad, Maximen; Sie wissen doch, was a Maxime ist, Frau Motzknödel, das wissen Sie doch?

Frau Motzknödel: Ja, nicht genau, aber was hat er denn zum Beispiel ...

Herr Roßgoderer: Ja, zum Beispiel neulich hat er zum achtzigsten Geburtstag von dem berühmten Theodor Körner hat er doch in Wiesbaden eine Rede gehalten, ne'woa, die war sehr schön, und da zum Beispiel kommt das berühmte Apersu vor, was schon jetzt allgemein im Volksmund übergegangen ist, das heißt: Regen sei mein Segen. Ein sehr tiefgründiges und schönes und wirklich also der Menschheit auch nützliches Apersu. Ja –

Frau Motzknödel: Ja woas, wirklich? Schön isses natürlich schon, man merkt schon, daß es sehr tiefgründig ist, Herr Roßgoderer; aber was heißt das denn – «Regen sei mein Segen»? Ich mein, ich versteh ...

Herr Roßgoderer: Das is ja grad des! Des verstehen Sie scheint's nicht, Frau Motzknödel. Denn hier ist ja grad die Geschichte, daß natürlich ein Apersu nicht gleich an der Oberfläche so verständlich ist; es muß also tiefgründig sein, ne'woa, vielleicht sogar vielschichtig, und also unter Umständen so, daß man halt mehrere Auslegungen, die beide gleich tief und gleich schön sind, ne'woa, daß man die zur Verfügung hat. In dem Fall also auf der einen Seite kann man ganz einfach sagen, was auch für den Landmann erfreulich ist, daß der Regen natürlich mein Segen sei, das ist ja klar – der Landmann kann ja ohne Regen überhaupt nicht auskommen; und das ist also in jedem Fall sein Segen. Und auf der anderen Seite kann man sich auch sagen, daß also das Müßiggehen, ne'woa, ist also kein Segen, sondern ein Fluch, und also Regen ist dann im Gegensatz dazu mein Segen bzw. es enthält sogar die Forderung, ne'woa, den kategorischen Imperativ: «Regen sei mein Segen!» Wodurch die ganze Sache noch besonders also wirklich nützlich und tiefgründig gemacht wird. Fernerhin hat also auch unser Meister sehr schöne Artikel geschrieben und Vorträge gehalten, zum Beispiel den berühmten kleinen Vortrag, also ein essayistisches Werk: «Vom künftigen Krieg der Demokratie». Da hat er also offenbar schon in prophetischer Weise hat er schon den Präventivkrieg im Auge gehabt, ne'woa, der ja gegen den Russen nunmehr vollkommen unvermeidlich ist.

Frau Motzknödel: Ja, da hab' ich auch schon davon gehört, «Vom zukünftigen Krieg der Demokratie». Aber was mich noch mehr interessiert, ich glaub', das ist auch kürzlicher, Herr Roßgoderer, das ist die Sache, der hat doch das Kriminalfragment geschrieben, gell, «Krulls Geständnis».

Herr Roßgoderer: Ja, ja, das hat er aa' g'schrieben. Und das ist sogar ein ungewöhnlicher Erfolg gewesen, damit hat er scheint's das genau getroffen, was die Leute wissen ...

Frau Motzknödel: Ja, ich weiß schon warum, ich weiß schon warum, Herr Roßgoderer! I' weiß schon, denn ich hab' also g'hört, paß'n S' auf, Herr Roßgoderer, ich hab g'hört, daß also da in dem Kriminalfragment «Krulls Geständnis», daß er da sehr, also, Ding, net, sehr also obszön –

Herr Roßgoderer: Frau Motzknödel, obszön? Wie können denn Sie sowas sag'n, noch dazu von einem siebzigjährigen alten Herrn? Das ist ja vollkommen undenkbar! Das einzige wär' noch höchstens, daß er natürlich in dem Alter, ne'woa, kann er sich ja gewisse Lizenzen herausnehmen –

Frau Motzknödel: Ja, gibt's des?

Herr Roßgoderer: Ja, was meinen Sie – gibt's des? Natürlich gibt's des, daß sich einer Lizenzen herausnimmt –

Frau Motzknödel: Meinen's, man kann sich da eine Lizenz nehmen? Gibt's da ein Amt, Herr Roßgoderer, wo man die Erlaubnis kriegt, daß man dann obszön und unanständig –

Herr Roßgoderer: Aber geh – des is' ja doch – schau'n S' zua, Sie sollten nicht so daherreden. Wenn S' so Sachen nicht verstehen, dann sollten Sie's grad am Radio «Wort im Gebirge», sollten Sie's überhaupt gar net anschneiden, ne'woa. Was ich Ihnen sag', es wird nicht so obszön gewesen sein, und gewisse dichterische Lizenzen kann sich ein so älterer Herr schließlich herausnehmen.

Frau Motzknödel: Is' scho' recht, natürlich, mich freut's ja nur, weil ich sag, den Leuten hat das sehr, also sehr eingeleuchtet, grad dieses Kriminalfragment, weil's halt unanständig ist, net, Herr Roßgoderer?

Herr Roßgoderer: Frau Motzknödel, ich möchte nicht diese Feierstunde mit diesen törichten Anmerkungen von Ihnen schließen. Wir möchten jetzt noch einen Moment über die Person, ne'woa, dieses Schriftstellers sprechen, der sein siebzigstes Jahr jetzt also in vollkommener geistiger Frische erreicht hat.

Frau Motzknödel: Ja, wie ist es denn mit der Person? Ich mein, hat er sich immer, so daß man sagen kann – ist er immer ein guter Ding g'wesen, ein guter Deutscher, und alles?

Herr Roßgoderer: Ja, also da muß man auch wieder der Wahrheit die Ehre geben und muß sagen, er war ein sehr guter Deutscher im Ersten Weltkrieg, ne'woa, ausgezeichnet, hat er da mit der Ding, mit der Feder sich hingestellt und hat 'kämpft, net; und dann aber leider Gottes hat er sich nicht vertragen mit unserm Kanzler Hitler und ist infolgedessen fort von seiner Heimaterde, ne'woa; und hat dann leider Gottes vom Ausland her den Zweiten Weltkrieg entfacht. Und das ist natürlich eine schwere Verantwortung, die er auf sich geladen hat und die er auch womöglich mit seinen ganzen Werken nicht ganz also wieder tilgen kann bzw. nicht sühnen kann, eine solche Sache.

Frau Motzknödel: Ja, na vielleicht doch, wenn er jetzt dann recht brav –

Herr Roßgoderer: Ja, das ist wieder das Schlimme, schaun S' zu, des is ja die Sache, daß er jetzt aa' net so brav ist; denn jetzt – man sagt sich mit Recht immer, das ist einer von den besten Apersus und Maximen: aller guten Dinge sind drei, net – und jetzt, wo wir den Dritten Weltkrieg wirklich brauchen, wo's darauf ankommt, ne'woa, daß ma den Russen wirklich amal ausrotten, jetzt steht er da und sagt: i mog nimmer. Jetzt, natürlich, kann man sich auch wieder sagen: das ist ein Zeichen seines Alters, ne'woa, der alte Mann kann jetzt nicht mehr kämpfen, net, er mag jetzt den Krieg nimmer, und mit der Feder mag er a nimmer kämpfen – jetzt sagt er halt: keinen Dritten Weltkrieg! Da müssen wir nicht so sehr drauf achten, denn schließlich, auf was es hauptsächlich hier ankommt, is' ja der Schriftsteller, ne'woa, der Künstler, und nicht so sehr der Politiker. Und da kann ich nur noch wiederholen, nicht wahr, daß seine Werke, also «Puddenbruch», nicht wahr, und «Tod in Weimar» und «Lotte Kröger» und diese anderen Sachen –

Frau Motzknödel: Ja, insbesondere auch «Tod in Weimar» eben wegen der …

Herr Roßgoderer: Nicht insbesondere, sondern auch «Tod in Weimar» mit dem Ding, mit dem blutjungen Bub, und all das andere, und das Kriminalfragment «Krulls Geständnis» …

Frau Motzknödel: … mit den obszönen Dingen, ja, ja …

Herr Roßgoderer: ... nein! Also ich sag nur, daß die Werke halt das persönliche Verhalten von unserem Schriftsteller Thomas Mann bis zum hohen Grade, wenn nicht überhaupt vollständig entschuldigen und daß wir von der Radiostation «Das Wort im Gebirge» – äh – diesem Schriftsteller deutscher Sprache für sein neues Jahrzehnt, ne'woa, das achte, also alles Gute wünschen. Mit diesen Worten darf ich schließen –

Frau Motzknödel: Ja, ich schließe mich an mit dem Ding –

Herr Roßgoderer: Jawohl, Sie schließen sich an, die Frau Motzknödel schließt sich da auch an, und ich schließe hiermit, nicht wahr, also unsere Feierstunde für den siebzigjährigen Schriftsteller Thomas Mann, Schriftsteller deutscher Sprache. Hier ist die Radiostation «Das Wort im Gebirge» – Roßgoderer sprechend!

Zeittafel

1905 EM wird am 9. November als ältestes der sechs Kinder von Thomas und Katia Mann in München geboren.

1912 Privatschule «Institut Fräulein Ebermayer».

1922 Kurzfristig Besuch des Landerziehungsheims Berg-schule Hochwaldhausen, anschließend zwei Jahre Luisen-Gymnasium in München.

1924 Abitur. Schauspielstudium in Berlin. Engagements in Berlin bei Max Reinhardt und (ab 1925) in Bremen.

1926 Heirat mit Gustaf Gründgens, damals Oberregisseur an den Hamburger Kammerspielen. Engagements an Münchener Bühnen, in Hamburg, Frankfurt und Berlin.

1927 Ab Oktober Weltreise gemeinsam mit Bruder Klaus, bis Juli 1928.

1928 Beginn journalistischer Veröffentlichungen, vor allem in der Berliner Zeitschrift «Tempo».

1929 Scheidung von Gründgens. Buchveröffentlichung mit Klaus Mann: *Rundherum. Das Abenteuer einer Weltreise.*

1930 Im Sommer Nordafrika-Reise mit Bruder Klaus.

1931 Im Mai zusammen mit Ricki Hallgarten Gewinnerin eines Autorennens über 10 000 Kilometer quer durch Europa, veranstaltet vom Deutschen Automobilclub (A.v.D.). Die Komödie *Plagiat* und *Das Buch von der Riviera. Was nicht im Baedecker steht* entstehen.

1932 EMs erstes Kinderbuch, *Stoffel fliegt übers Meer*, erscheint.

1933 - 36   Im Januar 1933 Eröffnung des Kabaretts «Die Pfeffermühle» in der Bonbonniere in München. Im
März Emigration in die Schweiz. Am 30. September Wiederaufnahme der «Pfeffermühle» im «Hotel
Hirschen» in Zürich. Bis 1936 absolviert EMs Kaba-
rett-Truppe 1034 Auftritte, darunter in der ČSR, in
Holland, Belgien und Luxemburg.

1934   *Muck, der Zauberonkel* erscheint.

1935   Aberkennung der deutschen Staatsbürgerschaft.
Durch Scheinheirat mit dem britischen Dichter Wys-
tan H. Auden seit Juni britische Staatsbürgerin.

1937   Im Januar Eröffnung von «The Peppermill» in New
York; nach Auflösung des Kabaretts wegen Erfolglo-
sigkeit erster Auftritt bei einer Massenveranstaltung
im Madison Square Garden von New York und Beginn einer Laufbahn als Lecturer. Einwanderung in
die USA. Beschaffung der «First Papers» als erster
Stufe eines langwierigen amerikanischen Einbürge-
rungsverfahrens.

1938   Vortragsreisen durch die USA. Als Berichterstatterin
in Spanien. *Zehn Millionen Kinder. Die Erziehung der
Jugend im Dritten Reich* erscheint (in engl. Sprache).

1939   Vortragsreisen durch die USA. *Escape to Life. Deutsche Kultur im Exil*, verfasst zusammen mit Bruder
Klaus, erscheint in einem Bostoner Verlag.

1940   Vortragsreisen durch die USA. Ab August für die
BBC London Sendungen für deutsche Hörer. Bü-
cher: *The Other Germany* (mit Klaus Mann), *The
Lights Go Down*.

1942   Vortragsreisen. Für das «Office of War Information»
in New York tätig. *A Gang of Ten* (Kinderbuch) und
Reise mit Robin (unveröffentlicht).

1943 / 44   Im Offiziersrang der amerikanischen Armee als Kriegsberichterstatterin u. a. in Ägypten, Persien, Palästina, Deutschland, Belgien und Frankreich.

1945 / 46   Kriegsberichterstatterin in Europa und Beobachterin beim Nürnberger Hauptkriegsverbrecherprozess.

1947 / 48   Vortragsreisen durch die USA und Beginn der engeren Zusammenarbeit mit dem Vater.

1949   Europareise mit den Eltern (Besuch beider deutscher Staaten im Goethe-Gedenkjahr). Freitod des Bruders Klaus in Cannes.

1950   *Klaus Mann zum Gedächtnis* erscheint. Im Dezember zieht EM ihren seit langem anhängigen Antrag auf amerikanische Staatsangehörigkeit mit einem Beschwerdebrief an die entsprechende Behörde zurück. (Die Eltern sind seit 1944 amerikanische Staatsbürger.)

1952   Übersiedlung in die Schweiz zusammen mit den Eltern. *Unser Zauberonkel Muck* (Kinderbuch).

1953   Beginnende Mitarbeit an den Verfilmungen von Romanen Thomas Manns: «Königliche Hoheit»; später «Felix Krull» und «Buddenbrooks». Kinderbücher: *Christoph fliegt nach Amerika* und Beginn der *Zugvögel*-Serie.

1954   Umzug mit den Eltern nach Kilchberg am Zürichsee.

1955   Tod des Vaters am 12. August.

1956   *Das letzte Jahr. Bericht über meinen Vater* erscheint. Vornehmliche Beschäftigung mit dem Nachlass des Vaters und des Bruders.

1961 - 65   EM gibt eine dreibändige Ausgabe der Briefe Thomas Manns heraus.

1969   Nach wiederholter Krankheit stirbt Erika Mann am 27. August im Züricher Kantonsspital.

Quellenhinweis

«Die Qual unvermittelbaren Wissens»: Passage aus *Ausge-rechnet Ich. Fragment einer Biographie*. (1943) In: Erika Mann, *Blitze überm Ozean. Aufsätze, Reden, Reportagen*, hg. v. Ir-mela von der Lühe und Uwe Naumann, Reinbek 2000, S. 19–22. (Im Folgenden zit. als: *Blitze*)

Frühe Reiseschriftstellerei (1929 – 1932)
New York und Moskau (1929); Passagen aus: Erika und Klaus Mann, *Rundherum. Abenteuer einer Weltreise*. Reinbek 1982, S. 9–20 und 131–140.
Chaud, hot, heiß, caliente (1930); in: EM, *Blitze*, S. 74–77.
Marseille und X … (1931); Kapitel in: Erika und Klaus Mann, *Das Buch von der Riviera*, Reinbek 2004, S. 21–38 und 121–129.

Das «Pfeffermühlen»-Kabarett (1933 – 1936)
Über Herkunft und Hoffnung des kleinen Zeittheaters (1936); in: EM, *Blitze*, S. 111–118.
«Auto(angst)traum» / «Fundbüro» / «Schönheitskönigin» / «Der Koch» / «Die Dummheit» / «Kälte» / «Der Prinz von Lü-genland» / «Der Revoluzzer» – alle Texte Erika Mann, zit. n.: Helga Keiser-Hayne, *Erika Mann und ihr politisches Kabarett «Die Pfeffermühle» 1933–1937. Texte, Bilder, Hintergründe*. Reinbek 1995.

Schreiben in der Emigration (1936 – 1939)
Hitler, eine Gefahr für den Weltfrieden (1937); Aufruf zum

Boykott deutscher Waren (1937); Hilfe für Österreich (1938); Reisebrief aus Spanien (1938) – in: EM, *Blitze*, S. 118–150.

Escape to Life (1939): Passagen aus: Erika und Klaus Mann, *Escape to Life. Deutsche Kultur im Exil*, hg. v. Heribert Hoven, Reinbek 1996.

Kriegsberichterstattung (1939 – 1945)

Gegenseitige Kontrolle (1940, auf Tatsachen basierende Prosa, wie EM betont); Kapitel in: Erika Mann, *Wenn die Lichter ausgehen. Geschichten aus dem Dritten Reich*, Reinbek 2005, S. 45–60.

Eine Nacht in London (1940); In Lissabon gestrandet (1940); Die Zukunft Deutschlands. Rede auf dem internationalen PEN-Kongreß in London (1941); Warten auf cden General (1943); Pulverfaß Palästina (1944); Paris heute (1944) – in: EM, *Blitze*, zwischen S. 179 und 314.

Schreiben in der Nachkriegszeit (1945 – 1969)

Das befreite Berlin (1945); Wer das Schwert nimmt … (1945); Die Nürnberger Prozesse. Ein Gespräch (1945); Die Ovationen für Furtwängler (1947) – in: EM, *Blitze*, zwischen S. 331 und 390.

Freitod des Bruders Klaus: Briefe (1949) / Enttäuscht von Amerika: An Edward J. Shaughnessy (1950) – zit. n.: Erika Mann, *Briefe und Antworten. Band I: 1922–1950*, hg. v. Anna Zanco Prestel, München (dtv) 1988, S. 260–265 und 275–280.

Das Wort im Gebirge. Ein Sketch zum achtzigsten Geburtstag Thomas Manns (6. Juni 1955, als Platte aufgenommen); in: Erika Mann, *Mein Vater, der Zauberer*, hg. v. Irmela von der Lühe und Uwe Naumann, Reinbek 1998, S. 280–289.